企业业财一体化平台实训教程

田 原 张 伟 李玉亭 主 编

刘 凯 魏 源 副主编

清华大学出版社

北京

内 容 简 介

本书依据高等职业教育人才培养目标及会计电算化岗位的职业需求,遵循高职专业教育"必需、够用、实用"的原则,详细讲解财务软件相关操作。本书的主要内容包括：系统管理、基础设置、总账管理系统业务处理、报表管理系统业务处理、薪资管理系统业务处理、固定资产管理系统业务处理、应收款管理系统业务处理、应付款管理系统业务处理、供应链管理系统业务处理及综合实训。以工业企业购销存业务为主线,借助用友 ERP-U8 V10.1 软件,将业务流程、财务流程、管理流程有机融合；配备立体化的教学资源,提供实验账套数据、微课视频方便教学。

本书以工业企业为例,将业财深度融合,可以作为高等职业院校财会专业的教材,也可以作为从事财会工作人员的学习参考书。

本书封面贴有清华大学出版社防伪标签,无标签者不得销售。
版权所有,侵权必究。举报:010-62782989,beiqinquan@tup.tsinghua.edu.cn。

图书在版编目(CIP)数据

企业业财一体化平台实训教程/田原,张伟,李玉亭主编. —北京:清华大学出版社,2023.9
ISBN 978-7-302-63680-9

Ⅰ.①企⋯ Ⅱ.①田⋯ ②张⋯ ③李⋯ Ⅲ.①企业管理－财务软件－教材 Ⅳ.①F275-39

中国国家版本馆 CIP 数据核字(2023)第 101046 号

责任编辑：聂军来
封面设计：刘　键
责任校对：刘　静
责任印制：朱雨萌

出版发行：清华大学出版社
　　　网　　址：http://www.tup.com.cn,http://www.wqbook.com
　　　地　　址：北京清华大学学研大厦 A 座　　　邮　编：100084
　　　社 总 机：010-83470000　　　　　　　　　　邮　购：010-62786544
　　　投稿与读者服务：010-62776969,c-service@tup.tsinghua.edu.cn
　　　质量反馈：010-62772015,zhiliang@tup.tsinghua.edu.cn
　　　课件下载：http://www.tup.com.cn,010-83470410

印 装 者：三河市龙大印装有限公司
经　　销：全国新华书店
开　　本：185mm×260mm　　　　印　张：18.25　　　　字　数：461 千字
版　　次：2023 年 9 月第 1 版　　　　　　　　　　 印　次：2023 年 9 月第 1 次印刷
定　　价：59.00 元

产品编号：095919-01

前　言

随着数字技术、财务业务一体化技术向各个行业全面渗透并实现跨界融合,数字化转型、财务业务一体信息化应用正在推动企业在业务、流程、人才等方面进行全面改革。"操作业财一体化平台"作为高等院校财会专业一门核心课程,其内容随着管理理论、信息技术和企业应用的发展而不断更新。针对高职院校学生特点,为了更好地展开教学,强化学生的业财一体化实践平台的操作技能,我们编写了本书。

本书以职业技能等级标准为依据,以企业典型案例为驱动,以"必需、够用、实用"为原则,将新技术、新知识、新业务以案例的形式引入教学。全书内容对标用友《业财一体化信息化应用职业技能等级标准(中级)》,包含 9 个工作领域、29 项工作任务、119 个职业技能以及一个综合实训。本书依托用友 ERP-U8 V10.1 信息系统,将业财一体化信息化平台中系统管理、基础设置、总账系统、报表系统、薪资管理系统、固定资产管理系统、应收款管理系统、应付款管理系统和供应链管理系统的业务内容和行业新技术融入书中,通过任务资料、任务要求、温馨提示等环节设计教学内容,以清晰的业务流程、详细的操作步骤,启发学生积极思考,提高学生职业技能和素养。

为了更好地服务教学,本书编写具有以下特色。

(1) 以山东省精品资源共享课为载体,以丰富的数字化资源为辅助,实现线上+线下互动教学。本书依托山东省精品资源共享课"财务软件应用"的课程平台和课程资源,配套建设了清华在线开放课程平台及相关操作视频、微课、课件等资源,每个工作任务均配有相应的账套,同时精选部分教学资源,将其以二维码的形式嵌入书中,方便学生通过移动终端设备随扫随学,完成线下和线上学习的自由转换。

(2) 以"1+X"证书技能标准为依据,以典型案例为驱动,实现教学做一体。本书以用友《业财一体化信息化应用职业技能等级标准(中级)》为依据设计教学框架和内容,将新技术、新知识、新流程、新业务以案例形式引入教学,边讲解边操作。同时,本书设置了技能目标、知识目标、课程思政、任务资料、任务要求、背景知识、任务指导等栏目,以真实案例贯穿整个职业技能训练,实现了教学做一体化。

(3) 以岗位需求为目标,以就业需求为导向,实现职业技能提升。本书在职业技能培养上,以"急用先行、适用先行"为原则,将需求最迫切的岗位职业需求融入书中,在进行广泛调研和意见征询的基础上,确定了各个案例所涵盖的职业技能等级工作范围和工作任务。

(4) 知识讲解图文并茂,能够满足不同层次学生的需要。

(5) 以新技术为起点,以补充拓展为手段,实现书证融通。

本书设计本着在技术上"够得着、学得会",在内容上与原有课程衔接密切,不给学生增加负担,确保未来可以实现学分置换的目的,实现书证融通。

本书具体编写分工如下：工作领域一、九、十由田原编写，工作领域二、五由刘凯编写，工作领域三由魏源编写，工作领域四、八由李玉亭编写，工作领域六、七由张伟编写。

由于编者水平有限，书中难免存在不妥之处，恳请读者批评、指正。

编　者

2023 年 1 月

目 录

企业简介 …………………………………………………………………… 1

工作领域一　系统管理 ……………………………………………………… 4
　　工作任务一　用户管理 ………………………………………………… 5
　　工作任务二　建立账套 ………………………………………………… 8
　　工作任务三　财务分工与账套的输出与引入 ………………………… 12

工作领域二　基础设置 ……………………………………………………… 16
　　工作任务一　系统启用设置 …………………………………………… 17
　　工作任务二　基础档案设置 …………………………………………… 18
　　工作任务三　数据权限设置 …………………………………………… 39

工作领域三　总账管理系统业务处理 ……………………………………… 43
　　工作任务一　总账系统选项设置 ……………………………………… 44
　　工作任务二　期初余额录入 …………………………………………… 48
　　工作任务三　凭证处理 ………………………………………………… 52
　　工作任务四　出纳管理 ………………………………………………… 74
　　工作任务五　账簿管理 ………………………………………………… 81
　　工作任务六　期末处理 ………………………………………………… 85

工作领域四　报表管理系统业务处理 ……………………………………… 97
　　工作任务一　自定义报表 ……………………………………………… 98
　　工作任务二　利用报表模板生成报表 ………………………………… 105

工作领域五　薪资管理系统业务处理 ……………………………………… 112
　　工作任务一　薪资管理系统初始化 …………………………………… 113
　　工作任务二　薪资管理系统日常业务处理 …………………………… 129
　　工作任务三　薪资管理系统月末处理 ………………………………… 148

工作领域六　固定资产管理系统业务处理 ………………………………… 152
　　工作任务一　固定资产管理系统初始化 ……………………………… 153

工作任务二　固定资产日常业务处理……………………………………… 161
　　工作任务三　固定资产期末处理…………………………………………… 165

工作领域七　应收款管理系统业务处理……………………………………… 175
　　工作任务一　应收款管理系统初始化……………………………………… 175
　　工作任务二　单据处理……………………………………………………… 190
　　工作任务三　票据管理……………………………………………………… 203
　　工作任务四　转账处理……………………………………………………… 208
　　工作任务五　坏账处理……………………………………………………… 212
　　工作任务六　期末处理与数据查询………………………………………… 215

工作领域八　应付款管理系统业务处理……………………………………… 220
　　工作任务一　应付款管理系统初始化……………………………………… 220
　　工作任务二　单据处理……………………………………………………… 228
　　工作任务三　期末处理……………………………………………………… 238

工作领域九　供应链管理系统业务处理……………………………………… 240
　　工作任务一　供应链管理系统的基础设置………………………………… 240
　　工作任务二　供应链管理系统的期初余额录入…………………………… 243
　　工作任务三　供应链管理系统的日常业务管理…………………………… 246
　　工作任务四　供应链管理系统的期末处理………………………………… 258

工作领域十　综合实训………………………………………………………… 260
　　实训任务一　系统管理……………………………………………………… 260
　　实训任务二　基础设置……………………………………………………… 261
　　实训任务三　总账管理……………………………………………………… 267
　　实训任务四　薪资管理……………………………………………………… 273
　　实训任务五　固定资产管理………………………………………………… 276
　　实训任务六　应收账款模块………………………………………………… 278
　　实训任务七　应付款管理模块……………………………………………… 280
　　实训任务八　UFO 报表……………………………………………………… 282

参考文献………………………………………………………………………… 283

企业简介

青岛市海思曼股份有限公司(以下简称"青岛海思曼")是一家工业制造企业。公司为一般纳税人,法人代表为姜宏涛。

1. 企业基本信息

企业名称:青岛市海思曼股份有限公司
企业负责人:姜宏涛
企业注册地址:青岛市李沧区金水东路999号
企业经营范围:工业产品制造
企业注册登记日期:2022年01月
注册登记地点:青岛市李沧区金水东路999号
办公地址:青岛市李沧区金水东路999号
邮政编码:260000
电话:0532-82345678
基本开户银行:中国银行青岛李沧支行
纳税人识别号:110228888777765555
税款缴纳:国家税务总局青岛市李沧区税务局

2. 企业组织结构及岗位分工

青岛市海思曼股份有限公司下设总经理办公室、财务部、采购部、销售部、生产部和仓管部,现行岗位分工及工作职责如表0-1所示。

表0-1 青岛海思曼现行岗位分工及工作职责

编 码	姓 名	部 门	工作职责
201	姜宏涛	总经理办公室	主管企业全面工作
202	罗洁	财务部	财务主管
501	孙进	采购部	采购主管
401	周群	销售部	销售主管
601	陈清	生产部	生产主管
301	蓝玉	仓管部	仓管主管

3. 企业会计政策

1) 会计制度

本公司执行《企业会计准则》和《企业会计制度》及其补充规定。

2）会计年度

本公司会计年度采用公历年度,即每年自 1 月 1 日起至 12 月 31 日止。

3）营业周期

本公司以 12 个月作为一个营业周期,并以其作为资产和负债的流动性划分标准。

4）记账本位币

本公司记账本位币为人民币。

5）记账基础和计价原则

本公司采用借贷记账法,以权责发生制为记账基础,以历史成本为计价原则。

6）收入确认原则

在商品销售中,公司在履行了合同中的履约义务,即在客户取得相关商品或服务的控制权时,按照分摊至该项履约义务的交易价格确认收入。

4. 企业会计核算的基本要求

1）科目设置及辅助核算要求

企业目前的会计核算设置三级会计科目。

日记账:库存现金、银行存款。

客户核算:应收账款、应收票据、预收账款。

供应商核算:应付账款、应付票据、预付账款。

个人核算:其他应收款。

部门核算:管理费用。

数量核算:原材料、库存商品。

项目核算:生产成本。

2）会计凭证的基本规定

(1) 采用"收付转"记账凭证格式。

(2) 录入或生成"记账凭证"均由指定的会计人员操作。

(3) 含有库存现金和银行存款科目的记账凭证均须由出纳签字。

(4) 对已记账凭证的修改,需采用红字冲销法。

(5) 为保证财务与业务数据的一致性,能在业务系统生成的记账凭证不得在总账系统直接录入。

(6) 根据原始单据生成记账凭证时,除特殊规定外不采用合并制单。

3）结算方式

公司采用的结算方式包括现金结算、支票结算、商业汇票、电汇等。收、付款业务由财务部门根据有关凭证进行处理。在系统中没有对应结算方式的,其结算方式为"其他"。

4）外币业务的处理

青岛海思曼有外币核算业务,外币为美元。

5）薪酬业务的处理

由公司承担并缴纳的养老保险、医疗保险、失业保险、工伤保险、生育保险、住房公积金分别按 20％、10％、1％、1％、0.8％、12％的比例计算;职工个人承担的养老保险、医疗保险、失业保险、住房公积金分别按照 8％、2％、0.2％、12％的比例计算。

按工资总额的 2％计提工会经费;按工资总额的 2.5％计提职工教育经费;职工福利费按实际发生数列支,不按比例计提。

按照国家有关规定,公司代扣代缴个人所得税,其费用扣除标准假定为5 000.00元,附加费用0元。

工资分摊时若科目相同、辅助项相同,则合并制单。

6) 固定资产业务的处理

公司固定资产包括房屋及建筑物、办公设备、运输工具、生产设备,均为在用状态。

采用平均年限法按月计提折旧。

7) 存货业务的处理

存货按照实际成本核算,采用永续盘存制。

发出存货成本采用"先进先出法"进行核算。

8) 税费的处理

增值税:公司为增值税一般纳税人,增值税税率为13%,按月缴纳。

所得税:按应纳税所得额的25%计算缴纳。

附加税:按当期应交增值税的7%计算城市维护建设税、3%计算教育费附加、2%计算地方教育费附加。

9) 财产清查的处理

公司每年年末对存货及固定资产进行清查,根据盘点结果编制"盘点表",并与账面数据进行比较,由库存管理员审核后进行处理。

10) 坏账损失的处理

除应收账款外,其他的应收款项不计提坏账准备。每年年末,按应收账款余额百分比法计提坏账准备,提取比例为0.5%。

11) 利润分配

根据公司章程,公司税后利润按以下顺序及规定分配:弥补亏损、按10%提取法定盈余公积、按30%向投资者分配利润。

12) 损益类账户的结转

每月末将各损益类账户余额转入本年利润账户,结转时按收入和支出分别生成记账凭证。

5. 企业实施ERP需求

青岛海思曼股份有限公司在2021年12月购置了用友ERP-U8 V10.1管理软件的业财一体化平台,启用的模块包括总账、UFO报表、固定资产管理、薪资管理、应收款管理、应付款管理、销售管理、采购管理、存货核算、库存管理等模块,对公司的现金流、信息流、物流等进行信息化建设,集成业务数据、财务数据、税务数据,实现业财税一体化管理。

假设用友ERP-U8 V10.1安装配置完毕,企业准备于2022年1月1日开始使用,实现企业财务核算工作的信息化。

工作领域一

系统管理

学习目标

1. 技能目标

(1) 能够完成企业建账和修改账套、删除账套、备份账套等账套管理工作。

(2) 能够进行操作员的建立、角色的划分以及权限的分配等系统管理工作。

2. 知识目标

(1) 熟悉账套建立的操作方法和注意事项。

(2) 熟悉不同岗位操作员的分工规则与权限范围。

(3) 掌握账套备份与恢复的原理和方法。

3. 思政素养

(1) 强化行业自信,识别未来挑战。

(2) 厚植爱国情感,激发民族自豪感。

(3) 培养系统思维和全局观。

系统管理是用友 ERP-U8 V10.1 管理软件中一个非常特殊的组成部分。它的主要功能是对用友 ERP-U8 V10.1 管理软件的各个产品进行统一的操作管理和数据维护,具体包括账套管理、年度账管理、操作员及权限的集中管理、系统数据及运行安全的管理等。

该工作项目主要根据案例企业的业务范围和业务特点,在业财一体平台进行系统设置,以满足案例企业的使用需求。其内容包括新建账套、权限设置和管理账套等。

该工作领域的具体工作内容如下。

1. 新建账套

企业首次使用业财一体化平台进行信息化操作,需要对账务进行账套初始化工作,包括对账套号、启用日期、主管会计、账套名称、行业选择、凭证类型、科目长度等进行设置。

2. 权限设置

企业实施信息化后,业务财务的处理都需要由手工线下转到信息化系统中进行。由谁对哪些业务进行哪些操作需要在系统中进行界定,这种界定就是在系统中根据本公司的岗位与人员设置角色、用户,进行功能权限、数据权限和金额权限的设置。

3. 管理账套

企业完成新建账套后,在企业财务和业务信息发生改变时,需要对账套进行修改;为了保证账套信息的安全,每天上下班时需要对账套进行备份和恢复。

工作任务一 用户管理

任务资料

用户基本信息见表1-1。

表1-1 用户基本信息

编码	用户姓名	口令	角色	编码	用户姓名	口令	角色
201	罗洁	1	账套主管	204	白雪	4	无
202	李明	2	无	205	王刚	5	无
203	杨丽	3	无				

任务要求

请以系统管理员admin的身份登录业财一体化平台——系统管理模块,完成用户的增加和减少等工作任务。

背景知识

1. 用户

用户是指有权登录系统,对系统进行操作的人员,即通常意义上的"操作员"。为了保证系统及数据的安全和保密,每次登录系统,都要进行用户身份的合法性检查。

只有设置了具体的用户之后,才能进行相关的操作。用户管理包括用户的增加、修改、删除等操作。

2. 系统管理员与账套主管

系统允许以两种身份注册进入系统管理,即一种是以系统管理员的身份,另一种是以账套主管的身份。

系统管理员负责整个系统的总体控制和数据维护工作,他可以管理该系统中的所有账套,具体工作包括账套的建立、引入和输出,设置角色与用户,指定账套主管,设置和修改用户的密码及其权限等。由于系统管理员的工作性质偏技术性,所以不能参与企业实际业务处理工作。

系统管理员和账套主管.mp4

用友ERP-U8 V10.1(以下简称"U8")中默认的系统管理员为admin,初始密码为空。

账套主管是系统管理员在建账过程中为账套指定的主管,负责所选账套的维护工作,主要包括对所选账套参数进行修改、对年度账的管理(包括年度账的建立、清空、引入、输出和结转上年数据)以及该账套操作员权限的设置。

财务主管是U8中权限最高的用户,拥有U8所有子系统的操作权限。

任务指导

1. 系统管理的注册

以系统管理员admin的身份登录系统管理,密码为空。

(1)执行"开始→程序→用友ERP-U8 V10.1→系统服务→系统管理"命令,进入"系统管理",如图 1-1 所示。

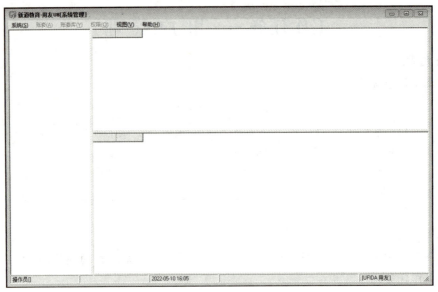

图 1-1 "系统管理"窗口

（2）执行"系统→注册"命令，打开"登录"对话框，单击"登录"按钮，如图 1-2 所示。

为了保证系统的安全性，在"登录"对话框中，可以设置或修改系统管理员的密码。操作步骤如下。

（1）选中"修改密码"复选框，单击"登录"按钮。

（2）打开"设置操作员密码"对话框，在"新密码"和"确认新密码"后面的文本框中均输入新密码，如图 1-3 所示。

（3）单击"确定"按钮，返回系统管理窗口。

图 1-2 "登录"对话框

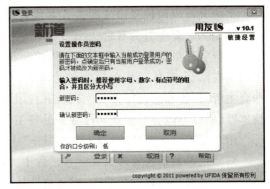

图 1-3 "设置操作员密码"对话框

2. 增加用户

增加用户.mp4

（1）执行"权限→用户"命令，进入"用户管理"窗口，如图 1-4 所示。

（2）单击工具栏上的"增加"按钮，打开"操作员详细情况"对话框，根据任务资料录入"罗洁"的信息，如图 1-5 所示。录入完成后单击"确定"按钮，继续单击"增加"按钮，分别录入"李明""杨丽""白雪""王刚"等用户的信息。

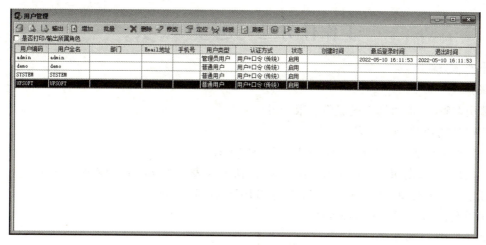

图1-4　"用户管理"窗口

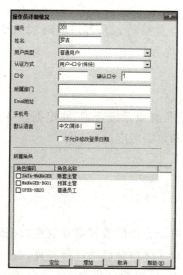

图1-5　"操作员详细情况"对话框

（3）增加完成后，单击"取消"按钮，返回用户管理窗口，所有操作员以列表方式显示。最后单击工具栏上的"退出"按钮，返回系统管理窗口。

> 温馨提示：
> （1）只有系统管理员才有权限设置角色和用户。
> （2）用户的编号、姓名必须唯一，即使不同的账套，用户的编号和姓名也不能重复。
> （3）用户增加以后，可以在用户管理界面进行修改、删除等操作，但是用户一旦被使用（即以该用户的身份登录系统进行了相关操作，或者其他用户在操作中引用了该用户的相关信息），便不能被修改和删除，如果要删除，必须将涉及该用户的工作全部删除才可以。如果某用户因为种种原因离开企业，可以在用户管理中通过修改功能将该用户进行注销。

3. 减少用户

执行"权限→用户"命令，进入"用户管理"窗口。选中要删除的操作员后，单击工具栏上的"删除"按钮。用户启用后不能删除，只能注销该用户。

工作任务二 建立账套

任务资料

账套号:008
账套名称:青岛市海思曼股份有限公司
启用日期:2022年01月
会计期间设置:2022年01月01日—12月31日
单位地址:青岛市李沧区金水东路999号;法人代表:姜宏涛;邮政编码:260000
联系电话及传真:0532-82345678;税号:110228888777765555
本币名称:人民币(代码:RMB)
企业类型:工业
行业性质:2007年新会计制度科目(建账时按行业性质预置会计科目)
基础信息:需要对存货、客户、供应商进行分类,无外币核算
编码方案:科目编码42222;存货编码223;客户编码223;供应商编码223;部门编码22;结算编码12;地区编码223;小数位均为2

任务要求

请以系统管理员admin的身份登录系统管理,并根据任务资料为青岛海思曼股份有限公司创建账套,正确设置编码方案和数据精度。

背景知识

1. 账套

在计算机管理信息系统中,每个企业的数据都存放在数据库中,这个数据库就称为一个账套。手工核算方式下,可以为会计主体单独设账进行核算,在计算机中则体现为多个账套。在用友ERP-U8 V10.1管理软件中,可以为多个企业(或企业内多个独立核算的部门)分别立账,各账套间相互独立,互不影响,系统最多允许建立999个企业账套。

2. 系统启用

从系统功能上讲,用友ERP-U8 V10.1管理软件包括以下部分:财务系统(包括总账管理、UFO报表、应收款管理、应付款管理、固定资产、成本管理等)、购销存系统(包括采购管理、销售管理、库存管理、存货核算等)、人力资源、生产制造、决策支持等。以上各功能模块共同构成了用友ERP-U8 V10.1管理软件的系统结构,各模块既可以独立运行,又可以集成使用,但两种用法的流程是有差异的。一方面,企业可以根据自身的管理特点选购不同的子系统;另一方面,企业也可以采取循序渐进的策略有计划地先启用一些模块,一段时间之后再启用另外一些模块。系统启用为企业提供了选择的便利,它可以表明企业在何时启用了哪些子系统。只有设置为启用的子系统才可登录。

系统启用有两种方法:一种是由系统管理员admin在系统管理中,在创建企业账套完成时进行系统启用的设置;另一种是如果在建立账套时未设置系统启用,则由账套主管在企业应用平台的基本信息中进行系统启用。

📝 任务指导

1. 建立账套

1) 创建账套

执行"账套→建立"命令,打开"创建账套→建账方式"命令,勾选"新建空白账套"单选按钮,如图1-6所示,单击"下一步"按钮。

2) 输入账套信息

(1) 已存账套:系统将已存在的账套以下拉列表的形式显示,用户只能查看,不能输入或修改。

(2) 输入账套号"008"、账套名称"青岛市海思曼股份有限公司"。

(3) 账套路径:用来确定新建账套将要被放置的位置,系统默认的路径为C:\U8SOFT\Admin,用户可以人工修改,也可以利用—按钮进行参照输入。

(4) 启用会计期:必须输入。系统默认为计算机的系统日期,本例为"2022年1月"。输入完成后,如图1-7所示。单击"下一步"按钮,接着进行单位信息设置。

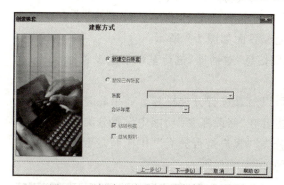

图1-6 "创建账套-建账方式"对话框

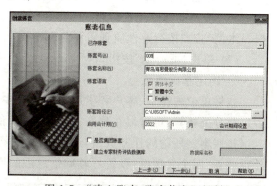

图1-7 "建立账套-账套信息"对话框

> 💡 **温馨提示:**
> (1) 标识了蓝色的项目为必录项,其他为选择性录入。
> (2) 单位全称用于发票打印,其他情况使用企业简称。
> (3) 账套号、账套名称、启用会计期不能修改,如果错误需要重新建账。
> (4) 非集团账套不要勾选"是否集团账套"选项,如果错误需要重新建。

3) 输入单位信息

(1) 单位名称:用户单位的全称,必须输入。单位全称只在打印发票时使用,其余情况全部使用单位简称。本例输入"青岛市海思曼股份有限公司"。

(2) 单位简称:用户单位的简称,建议输入。本例输入"青岛海思曼"。其他栏目都属于任选项,参照任务资料输入其他信息即可。完成界面如图1-8所示。

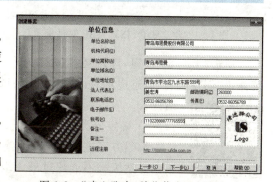

图1-8 "建立账套-单位信息"对话框

（3）输入完成后，单击"下一步"按钮，打开"创建账套-核算类型"对话框，进行核算类型设置。

> **温馨提示：**
> 如果选择按行业性质预置科目，在后续总账业务中，系统会按照选择的会计制度自动预置相应的会计科目，用户只需按照企业的需求再增加或修改一部分会计科目，使其满足自身管理需要即可。如果这里没选择行业性质预置科目，则总账中会计科目为空，用户需自己添加所有需要设置的会计科目。

4）输入核算类型

（1）本币代码：必须输入。本例采用系统默认值"RMB"。

（2）本币名称：必须输入。本例采用系统默认值"人民币"。

（3）企业类型：用户必须从下拉列表中选择输入。系统提供了工业、商业两种类型。如果选择工业模式，则系统不能处理受托代销业务；如果选择商业模式，则委托代销和受托代销业务都能处理。本例选择"工业"模式。

（4）行业性质：用户必须从下拉列表中选择输入，系统按照所选择的行业性质预置科目。本例选择行业性质为"2007年新会计制度科目"。

（5）账套主管：必须从下拉列表中选择输入。本例选择"201 罗洁"。

（6）按行业性质预置科目：如果用户希望预置所属行业的标准一级科目，则选中该复选框。本例勾选"按行业性质预置科目"总选框。完成界面如图1-9所示。

（7）单击"下一步"按钮，打开"创建账套-基础信息"对话框，进行基础信息设置。

5）确定基础信息

如果单位的存货、客户和供应商相对较多，可以对其进行分类核算。如果此时不能确定是否进行分类核算，也可以在建账完成后，由账套主管在"修改账套"功能中设置分类核算。

按照本例所给的任务资料，选中"存货是否分类""客户是否分类""供应商是否分类""有无外币核算"四个复选框，设置好基础信息后的界面如图1-10所示。

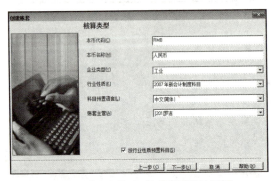

图1-9 "建立账套-核算类型"对话框

图1-10 "创建账套-基础信息"对话框

单击"下一步"按钮，打开"创建账套-开始"对话框，如图1-11所示，单击"完成"按钮。系统弹出"创建账套"信息提示对话框，如图1-12所示，单击"是"按钮，然后，打开"编码方案"对话框。

6）确定分类编码方案

编码方案主要用于设置有级次档案的分级方式和各级编码长度。设置的编码方案级次不能超过最大级数，同时系统限制最大长度，只能在最大长度范围内，增加级数，改变级长。置灰区域表示不可修改。

分类编码方案.mp4

图 1-11 "创建账套-开始"对话框

图 1-12 创建账套提示

按照任务资料所给内容修改系统默认值,科目编码级次:42222;客户分类编码级次:223;供应商分类编码级次:223;存货分类编码级次:223;部门编码级次:22;其他为默认值,如图 1-13 所示。单击"确定"按钮保存设置后,再单击"取消"按钮,打开"数据精度"对话框。

7) 定义数据精度

数据精度是指定义数据的小数位。如果需要进行数量核算,必须认真填写该项。本例各项的小数位数均为2,如图 1-14 所示。单击"确定"按钮,系统弹出"创建账套"信息提示对话框,如图 1-15 所示。单击"是"按钮,打开"系统启用"对话框。

图 1-13 "建立账套-编码方案"对话框

图 1-14 "数据精度"对话框

8) 启用系统

在"系统启用"对话框中,单击选中"GL 总账"系统,弹出"日历"对话框,选择系统启用日期"2022 年一月 1 日",如图 1-16 所示。单击"确定"按钮,系统弹出"确定要启用当前系统吗?"对话框,单击"是"按钮。

启用系统.mp4

9) 退出系统

单击工具栏上的"退出"按钮,系统提示"请进入企业应用平台进行业务操作",单击"确定"按钮,返回系统管理窗口。

温馨提示:

分类编码方案、数据精度、系统启用项目可以由账套主管执行"企业应用平台→基础信息→基本信息"命令进行修改。

图 1-15 "创建账套"信息提示对话框

图 1-16 "系统启用"对话框

2. 修改账套

以账套主管"201 罗洁"身份登录系统管理,执行"账套→修改"命令进行相应修改。

> **温馨提示:**
> (1) 只有账套主管才有权限修改本单位账套。
> (2) 编码方案、数据精度、系统启用项目可以由账套主管在"企业应用平台/基础设置基本信息"中进行修改,以上项目一经在基础档案、日常单据中使用,则不能再修改。
> (3) 账套中部分参数,例如账套编号、账套路径、启用日期、本币代码、科目预置语言、账套主管等信息一经设置不能修改,若这些参数错误,则只能删除此账套,再重新建立。

工作任务三　财务分工与账套的输出与引入

任务资料

青岛市海思曼股份有限公司的财务分工见表 1-2。

表 1-2　财务分工

编码	姓名	权限
201	罗洁	账套主管,拥有系统所有模块的全部权限
202	李明	拥有总账系统、薪资管理、计件工资和固定资产的所有操作权限
203	杨丽	拥有总账系统中凭证处理——联查辅助明细、出纳签字、查询凭证,出纳的全部权限,账表
204	白雪	负责核算采购业务,具有公共单据、公共目录设置、总账、应付款管理、采购管理、库存管理和存货核算的全部权限
205	王刚	负责核算销售业务,具有公共单据、公共目录设置、总账、应收款管理、销售管理、库存管理和存货核算的全部权限

任务要求

请以系统管理员 admin 的身份进行财务分工、账套的输出和引入等工作任务。

设置用户权限.mp4

背景知识

1. 功能权限

用友 ERP-U8 V10.1 管理软件分为财务会计、管理会计、供应链、生产制造、人力资源等功能组，每个功能组中又包含若干模块，也称为子系统，如财务会计中包含总账子系统、应收款子系统、应付款子系统等。每个子系统具有不同的功能，这些功能通过系统中的功能菜单来体现，功能菜单呈树状结构。

功能权限在系统管理中设定。用户登录 U8 后只能看到本人有权限操作的菜单。

2. 角色

角色是指在企业管理中拥有某一类职能的组织，这个组织既可以是实际的部门，也可以是由拥有同一类职能的人构成的虚拟组织。例如，实际工作中最常见的会计和出纳两个角色，他们既可以是同一个部门的人员，也可以分属不同的部门，但工作职能是一样的。企业在设置了角色后，就可以定义角色的权限，当用户归于某一角色后，就相应地拥有了该角色的权限。设置角色的方便之处在于可以根据职能统一进行权限的划分，方便授权。

一个角色可以拥有多个用户，一个用户也可以分属于多个不同的角色。

3. 输出账套

为了保护数据安全，企业应定期进行数据备份。输出账套功能是指将所选的账套数据进行备份输出。对于系统管理员来讲，定时将企业数据备份出来存储到不同的介质上（如常见的软盘、光盘、网络磁盘等），对数据的安全性是非常重要的。

账套输出时，输出 Uf Erp Act.Lst 和 UFDATA 两个文件。Uf Erp Act.Lst 为账套信息文件，UFDATA 是账套数据文件。

4. 引入账套

引入账套功能是指将系统外某账套数据引入本系统中。对于集团公司来说，可以将子公司的账套数据定期引入母公司系统中，以便进行有关账套数据的分析和合并工作。

账套恢复是账套备份的对应操作。通过"账套/输出"功能备份的账套数据，无法利用其他应用程序阅读，只能通过 U8 系统管理的"账套/引入"功能恢复到系统中才能使用。

任务指导

1. 财务分工

（1）执行"权限→权限"命令，进入"操作员权限"窗口，如图 1-17 所示。

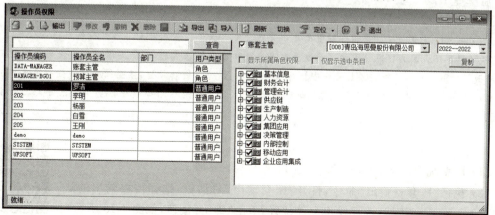

图 1-17 "操作员权限"窗口

> **温馨提示：**
> 一个账套可以设定多个账套主管。账套主管自动拥有该账套的所有权限。

（2）选择"202 李明"，单击工具栏上的"修改"按钮，进行增加和调整权限设置，选中"财务会计-总账""人力资源-薪资管理""财务会计-固定资产"，单击"保存"按钮。

（3）选中"203 杨丽"，单击工具栏上的"修改"按钮，进行增加和调整权限设置，选中"总账"前的"＋"图标，展开"总账"，选中"出纳"的全部权限；展开"总账→凭证"，选中"出纳签字"和"查询凭证"权限，单击"保存"按钮，如图1-18所示。

（4）同理，为用户"白雪"和"王刚"设置相应的操作权限。单击工具栏上的"退出"按钮，返回系统管理。

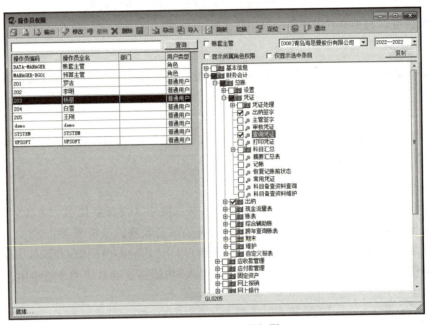

图1-18 增加和调整权限

> **温馨提示：**
> 为了保证系统运行安全、有序，适应企业精细管理的要求，权限管理必须向更细、更深的方向发展。用友ERP-U8 V10.1管理系统提供了权限的集中管理功能。除了提供用户对各模块操作权限的管理之外，还相应地提供了金额的权限管理和对于数据的字段级和记录级的控制，不同的组合方式使得权限控制灵活、有效。功能权限的分配在系统管理中执行"权限→权限"命令进行设置，数据级权限和金额级权限执行"企业应用平台→基础信息→数据权限"命令进行设置，且必须是在系统管理的功能权限分配之后才能进行。

2. 输出账套

（1）以系统管理员admin的身份注册进入系统管理。

（2）执行"账套→输出"命令，打开"账套输出"对话框，选择需要输出的账套号"008"，单击 按钮，选择输出文件位置，单击"确定"按钮，如图1-19所示。

几分钟后，系统弹出"输出成功"信息提示对话框，如图1-20所示。

账套输出.mp4

图1-19 "账套输出"对话框

图1-20 "输出成功"信息提示对话框

3. 引入账套

（1）以系统管理员admin的身份注册并进入系统管理。

（2）执行"账套→引入"命令，打开"账套引入"对话框，找到待引入账套的存储地址，单击"确定"按钮。引入完毕，系统会提示引入成功。

📖 课程思政

加快会计数字化转型　支撑会计职能拓展

当前，新一轮科技革命和产业变革深入发展，数字化转型已经成为大势所趋。数字时代对会计数字化转型提出了必然要求。加快推进会计数字化转型，一方面是贯彻落实国家信息化发展战略、推动数字经济和实体经济深度融合、建设数字中国的必然选择；另一方面对于推动会计职能拓展、提升我国会计工作水平和会计信息化水平具有重要意义。

2021年11月，财政部印发《会计改革与发展"十四五"规划纲要》（以下简称《规划纲要》）提出了"以数字化技术为支撑，以会计审计工作数字化转型为抓手，推动会计职能实现拓展升级"的总体目标和"切实加快会计审计数字化转型步伐"的主要任务。按照《规划纲要》的总体部署，2021年12月，财政部印发了《会计信息化发展规划（2021—2025年）》（以下简称《信息化规划》），提出了符合新时代要求的国家会计信息化发展体系，明确了"十四五"时期会计信息化工作的6个具体目标和9项主要任务，是做好当前和今后一段时期会计信息化工作的具体行动指引。

"十四五"时期，我国会计信息化工作的总体目标是：服务我国经济社会发展大局和财政管理工作全局，以信息化支撑会计职能拓展为主线，以标准化为基础，以数字化为突破口，引导和规范我国会计信息化数据标准、管理制度、信息系统、人才建设等持续健康发展，积极推动会计数字化转型，构建符合新时代要求的国家会计信息化发展体系。具体包括会计数据标准体系基本建立、会计信息化制度规范持续完善、会计数字化转型升级加快推进、会计数据价值得到有效发挥、会计监管信息实现互通共享、会计信息化人才队伍不断壮大6个子目标，以及加快建立会计数据标准体系等9项主要任务。

作为当代大学生，我们要具有终身学习意识和发展意识，不断学习新知识、新技术。希望同学们能够通过本门课程的学习对会计信息化工作有更深入的了解，学有所成，从容应对未来的工作和生活。

资料来源：财政部. 会计改革与发展"十四五"规划纲要[EB/OL]. http://ah.mof.gov.cn/zhengcefagui/202203/t20220318_3796136.htm. (2022-03-18)[2023-05-08].

工作领域二

基础设置

学习目标

1. 技能目标
(1) 能够进行系统启用。
(2) 能够进行基础档案设置。
(3) 能够进行数据权限设置。
2. 知识目标
(1) 熟悉系统启用的注意事项。
(2) 熟悉基础档案设置的重要性。
(3) 掌握数据权限设置的作用。
3. 思政素养
(1) 树立规则意识,遵守行业规范。
(2) 具备主动思考、发现和解决问题的能力。
(3) 具有较好的沟通技巧和良好的团队协作精神。

为了使用友 ERP-U8 V10.1 管理软件能够成为链接企业员工、用户和合作伙伴的公共平台,使系统资源能够得到高效、合理地使用,在用友 ERP-U8 V10.1 管理软件中设立了企业应用平台。通过企业应用平台,系统使用者能够访问所需的企业信息,定义自己的业务工作,并设计自己的工作流程。基础设置是系统日常运行的基础工作。

该工作项目主要根据案例企业的业务范围和业务特点,在业财一体化平台进行初始化设置,以满足案例企业的使用需求。其内容包括系统启用、基础档案设置和数据权限设置等。

该工作领域的具体工作内容如下。

1. 系统启用

系统启用为企业提供了选择的便利,它可以表明企业在何时启用了哪些子系统。只有设置了系统启用的模块才可以登录。

2. 基础档案设置

基础档案是系统日常业务处理必需的基础资料,是系统运行的基石。一个账套总是由若干个子系统组成,这些子系统共享公用的基础档案信息。应根据企业的实际情况,结合系统基础档案设置的要求,事先做好基础数据的准备工作。

3. 数据权限设置

企业完成新建账套后,在企业财务和业务信息发生改变时,需要对账套进行修改;为了保障账套信息的安全,每天上下班时需要对账套进行备份和恢复。

工作任务一　系统启用设置

任务资料

(1)需要的启用系统为"薪资管理"和"固定资产"。
(2)各系统的启用日期均为 2022 年 01 月 01 日。

任务要求

以账套主管"201 罗洁"的身份登录企业应用平台,完成系统启用。

背景知识

企业应用平台中划分了 3 个功能组:系统服务、基础设置和业务工作。

系统服务主要为系统安全正常运行而设;基础设置主要用于用友 ERP-U8 V10.1 各子系统公用的基本信息、基础档案和单据设置;业务工作中集成了登录用户在用友操作权限中的所有功能模块。操作员可以选择不同的功能单元,进入有权限的相关模块进行工作。

任务指导

1. 登录企业应用平台

以账套主管"201 罗洁"身份登录企业应用平台。

(1)执行"开始→程序→用友 U8-V10.1→企业应用平台"命令,进入企业应用平台"登录"对话框,如图 2-1 所示。

(2)操作员输入"罗洁"或"201",密码输入"1",账套选择"青岛市海思曼股份有限公司",操作日期输入"2022-01-01"。

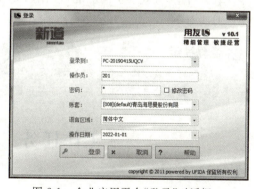

图 2-1　企业应用平台"登录"对话框

> **温馨提示:**
> (1)操作员的角色和权限决定了其是否有权登录系统,是否可以使用企业应用平台的各功能。
> (2)输入完操作员和密码后,如果账套显示栏为空白,单击后提示"读取数据源出错:不存在的用户或已被注销!",则表示该用户不是此账套的操作员,应返回"操作员权限"窗口检查并修改。
> (3)登录进入企业应用平台的操作日期必须在企业账套启用日期之后,否则系统会提示"不存在的年度"。

(3)单击"登录"按钮,登录企业应用平台,如图 2-2 所示。

图 2-2　企业应用平台

2. 启用系统

(1) 在"基础设置"选项卡中,执行"基本信息→系统启用"命令,打开"系统启用"对话框。

(2) 选中"WA 薪资管理"前的复选框,弹出"日历"对话框。

(3) 选择"日历"对话框中的"2022 年一月 1 日",如图 2-3 所示。

(4) 单击"确定"按钮,系统弹出"确实要启用当前系统吗?"信息提示对话框,单击"是"按钮,完成薪资管理系统的启用。

(5) 启用"固定资产"系统,启用日期也是"2022 年一月 1 日"。

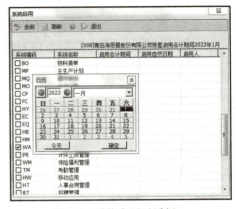

图 2-3　系统启用对话框

> **温馨提示:**
> (1) 只有安装过的系统才能进行启用,只有启用过的系统才可以登录。
> (2) 各系统的启用日期必须大于或等于账套的启用日期。

工作任务二　基础档案设置

📝 任务资料

1. 机构人员档案

1) 部门档案

部门档案见表 2-1。

表 2-1　部门档案

部门编码	部门名称	部门属性
01	综合部	管理
02	财务部	财务
03	销售部	销售

续表

部门编码	部门名称	部门属性
04	采购部	采购
05	库管部	仓库
06	生产部	生产
0601	一车间	生产
0602	二车间	生产

2)人员类别

人员类别见表2-2。

表2-2 人员类别

人员类别	类别编码	类别名称
101 正式工	1011	管理人员
	1012	销售人员
	1013	采购人员
	1014	车间管理人员
	1015	生产人员
102 合同工		
103 实习生		

注:新建账套时,系统已预置正式工、合同工、实习生三个人员类别。

3)人员档案

人员档案见表2-3。

表2-3 人员档案

人员编码	人员名称	性别	行政部门	雇佣状态	人员类别	是否操作员	是否业务员
101	姜宏涛	男	综合部	在职	管理人员	否	是
201	罗洁	女	财务部	在职	管理人员	是	是
202	李明	女	财务部	在职	管理人员	是	是
203	杨丽	女	财务部	在职	管理人员	是	是
204	白雪	女	财务部	在职	管理人员	是	是
205	王刚	男	财务部	在职	管理人员	是	是
206	张亚洲	男	财务部	在职	管理人员	是	是
301	蓝玉	男	库管部	在职	管理人员	否	是
302	王林生	男	库管部	在职	管理人员	否	是
401	周群	男	销售部	在职	销售人员	否	是
402	吴勇	男	销售部	在职	销售人员	否	是
501	孙进	男	采购部	在职	采购人员	否	是
601	陈清	男	一车间	在职	生产人员	否	是
602	陈飞	男	一车间	在职	生产人员	是	是
603	王力	男	二车间	在职	生产人员	是	是
604	洪风	男	二车间	在职	生产人员	是	是

2. 客商信息档案

1）客户分类

客户分类见表2-4。

表2-4 客户分类

客户分类编码	客户分类名称
01	本地客户
02	外地客户

2）客户档案

客户档案见表2-5。

表2-5 客户档案

客户编码	客户名称	简称	所属分类	税号	开户银行	银行账号	分管部门	扣率	分管业务员
01	青岛宏发股份有限公司	宏发	01	370206724026828	工行李沧支行	24578975	销售部	5	周群
02	青岛特汽有限公司	特汽	01	370214706465280	中行城阳支行	56894455	销售部	0	周群
03	长春润冠股份有限公司	润冠	02	220105423225432	工行南岭支行	23571236	销售部	0	吴勇
04	四川思达股份有限公司	思达	02	510114589621487	中行沙河支行	58432892	销售部	2	吴勇

3）供应商分类

供应商分类见表2-6。

表2-6 供应商分类

类别编码	类别名称
01	南方地区
02	北方地区

4）供应商档案

供应商档案见表2-7。

表2-7 供应商档案

供应商编码	供应商名称	供应商简称	所属分类	税号	开户银行	银行账号	分管部门	分管业务员
01	福建德成股份有限公司	德成	01	350105528912355	建行马尾支行	22457536	采购部	孙进
02	深圳市美天润股份有限公司	美天	01	440307842147223	建行龙岗支行	7886223231	采购部	孙进

续表

供应商编码	供应商名称	供应商简称	所属分类	税号	开户银行	银行账号	分管部门	分管业务员
03	青岛虎山股份有限公司	虎山	02	370206724458931	工行李沧支行	25443489	采购部	孙进
04	青岛正大股份有限公司	正大	02	420103587852314	建行市北支行	2874548956	采购部	孙进

3. 设置外币

外币设置为:美元;固定汇率;1月期初汇率:6.25。

4. 会计科目档案

会计科目档案见表2-8。

表2-8 会计科目档案

科目编码	科目名称	辅助核算	外币/单位	方向	受控系统	备注
1001	库存现金	日记账		借		修改
1002	银行存款	日记账、银行账		借		修改
100201	工行存款	日记账、银行账		借		新增
100202	中行存款	日记账、银行账	美元	借		新增
1121	应收票据			借		修改
112101	银行承兑汇票	客户往来		借	应收系统	新增
112102	商业承兑汇票	客户往来		借	应收系统	新增
1122	应收账款	客户往来		借	应收系统	修改
1123	预付账款	供应商往来		借	应付系统	修改
1221	其他应收款			借		
122101	应收个人款	个人往来		借		新增
1403	原材料			借		
140301	甲材料	数量核算	公斤	借		新增
140302	乙材料	数量核算	公斤	借		新增
140303	丙材料	数量核算	公斤	借		新增
1405	库存商品			借		
140501	A商品	数量核算	支	借		新增
140502	B商品	数量核算	支	借		新增
140503	C商品	数量核算	个	借		新增
1901	待处理财产损溢			借		
190101	待处理流动资产损溢			借		新增
190102	待处理固定资产损溢			借		新增
2201	应付票据	供应商往来		贷	应付系统	修改
2202	应付账款	供应商往来		贷	应付系统	修改
2203	预收账款	客户往来		贷	应收系统	修改

续表

科目编码	科 目 名 称	辅助核算	外币/单位	方向	受控系统	备注
2211	应付职工薪酬			贷		
221101	应付工资			贷		新增
221102	应付福利费			贷		新增
221103	工会经费			贷		新增
221104	职工教育经费			贷		新增
221105	社会保险费			贷		新增
221106	住房公积金			贷		新增
2221	应交税费			贷		
222101	应交增值税			贷		新增
22210101	进项税额			贷		新增
22210103	销项税额			贷		新增
22210105	转出未交增值税			贷		新增
22210109	转出多交增值税			贷		新增
222102	未交增值税			贷		新增
222103	应交所得税			贷		新增
4103	本年利润			贷		
410301	未分配利润			贷		新增
5001	生产成本			借		
500101	直接材料	项目核算		借		新增
500102	直接人工	项目核算		借		新增
500103	制造费用	项目核算		借		新增
500104	折旧费	项目核算		借		新增
6602	管理费用			借		
660201	工资费用	部门核算		借		新增
660202	折旧费用	部门核算		借		新增
660203	差旅费用	部门核算		借		新增
660204	办公费用	部门核算		借		新增
660205	其他费用	部门核算		借		新增
6603	财务费用			借		
660301	利息支出			借		新增
660302	其他			借		新增

注：指定会计科目：将"1001 库存现金"指定为现金总账科目，将"1002 银行存款"指定为银行总账科目。

5．财务档案

1）凭证类别

凭证类别见表 2-9。

表 2-9 凭证类别

凭证类型	限制类型	限制科目
收款凭证	借方必有	1001,100201
付款凭证	贷方必有	1001,100201
转账凭证	凭证必无	1001,100201

2）结算方式

结算方式见表 2-10。

表 2-10 结算方式

结算方式编号	结算方式名称	票据管理
1	现金结算	否
2	支票	否
201	现金支票	是
202	转账支票	是
3	商业汇票	否
301	银行承兑汇票	否
302	商业承兑汇票	否
4	电汇	否
5	其他	否

3）项目设置

项目设置见表 2-11。

表 2-11 项目设置

项目设置步骤	设置内容
项目大类	生产成本
核算科目	直接材料 500101
	直接人工 500102
	制造费用 500103
	折旧费 500104
	其他 500105
项目分类	自行生产
	委托加工
项目目录	101　X 型　所属分类码 1
	201　Y 型　所属分类码 2

4）常用摘要

常用摘要见表 2-12。

表 2-12 常用摘要

摘要编码	摘要内容
01	购买办公用品
02	报销差旅费

续表

摘 要 编 码	摘 要 内 容
03	提现备用
04	采购原材料
05	生产领料

任务要求

(1) 设置机构人员——部门档案;

(2) 设置机构人员——人员类别;

(3) 设置机构人员——人员档案;

(4) 设置客商信息——客户分类;

(5) 设置客商信息——客户档案;

(6) 设置客商信息——供应商分类;

(7) 设置客商信息——供应商档案;

(8) 设置财务信息——会计科目档案;

(9) 设置财务信息——凭证类别;

(10) 设置财务信息——结算方式;

(11) 设置收付结算——项目目录;

(12) 设置常用摘要。

背景知识

1. 基础档案设置

由于用友 ERP-U8 V10.1 构建的账套是由多个子系统构成的,这些子系统共享公用的基础档案信息,因此,在账套构建之初,应根据企业实际情况,结合系统档案设置的要求,实现做好基础数据的准备工作。这些基础数据虽然录入方法简单,操作便利,但是作为账套主管,在实际工作时,应该考虑如何对基础档案进行科学设置,这样既能减轻用户的工作量,又能更好地对企业进行管理。

2. 人员类别

人员类别与工资费用的分配、分摊有关,工资费用的分配和分摊是薪资管理系统的一项重要功能。人员类别设置是为工资分摊凭证设置相应的入账科目,因此可以按不同的入账科目需要设置不同的人员类别。

人员类别是人员档案中的必选项目,需要在人员档案建立之前设置。

3. 人员档案

人员档案主要用于记录本企业职工的个人信息。设置人员档案的作用:一是为总账中个人往来核算和管理提供基础档案;二是为薪资管理系统提供人员基础信息。企业全部的人员均需要在此建立档案。

4. 客户档案

客户档案是企业的一项重要资源。在手工管理方式下,客户信息一般散落在业务员手里,业务员所掌握的客户信息一般包括客户名称、联系人、电话等。企业建立会计信息系统时,需要全面整理客户资料并录入系统,以便有效地管理客户与服务客户。

5. 供应商档案

企业设置供应商档案,有利于对供应商资料的管理和业务数据的统计与分析。用友ERP-U8 V10.1中建立供应商档案,主要是为企业的采购管理、库存管理和应付款管理服务的。在填制采购入库单、采购发票,进行采购结算、应付款结算和有关供货单位统计时都会用到供应商档案。如果在建立账套时选择了供应商分类,则必须在设置完成供应商分类的情况下才能编辑供应商档案。

6. 会计科目

设置会计科目是会计核算方法之一,它用于分门别类地反映企业经济业务,是登记账簿、编制会计报告的基础。用友ERP-U8 V10.1中预置了现行会计制度规定的一级会计科目,企业可根据本单位的实际情况修改科目属性并补充明细科目。

7. 项目目录

项目可以是工程、订单或产品,一般可以把需要单独计算成本或收入的对象都视为项目。在企业中通常存在多种不同的项目,相应地,在财务软件中可以定义多类项目核算,并可将具有相同特性的一类项目定义为一个项目大类。为了方便管理,还可以对每个项目大类进行分类,在最末级明细分类下再建立具体的项目档案。为了在业务发生时将数据准确归入对应的项目中,需要在项目和已设置为项目核算的科目间建立对应关系。

任务指导

1. 设置部门档案

以主管罗洁的身份登录企业应用平台,操作员201,密码为1。

(1) 在"基础设置"选项卡中,执行"基础档案→机构人员→部门档案"命令,进入"部门档案"窗口。

(2) 单击"增加"按钮,增加部门编码"01"、部门名称"综合部"、部门属性"管理",如图2-4所示。

(3) 单击"保存"按钮,窗口左侧会以树状目录显示。同理,输入其他部门的档案。

图2-4 增加部门档案

> **温馨提示：**
> （1）建立部门档案时，应先添加上级部门，再添加下级部门。
> （2）部门编码必须符合编码规则。如果在此发现编码方案不适合，可以在部门档案数据为空时，修改部门档案编码。修改方法有两种：一种是由账套主管在系统管理中修改账套参数的编码方案；另一种是由账套主管在企业应用平台的基本信息设置中修改编码方案。
> （3）由于此时还未设置"人员档案"，部门中的"负责人"暂时不能设置。如果需要设置，必须在完成"人员档案"设置后，再回到"部门档案"中以修改的方式完善设置。

2．设置人员类别

（1）在"基础设置"选项卡中，执行"基础档案→机构人员→人员类别"命令，进入"人员类别"窗口。

（2）选中"正式工"，单击"增加"按钮，打开"增加档案项"对话框，输入档案编码"1011"、档案名称"管理人员"，其余可以不录入，如图 2-5 所示。

（3）输入完毕单击"确认"按钮，加以保存。同理，输入其他人员类别。

图 2-5 "人员类别"窗口

> **温馨提示：**
> 在人员类别中，系统已经预设了三个类别："101 正式工""102 合同工""103 实习生"，这是一级类别。在本任务中，是在"正式工"下面再添加二级类别，因此要单击"正式工"，再单击"增加"。类别编码也不能随意设置，在"正式工"之下再添加下级类别，编号前三位要输入"101"（"正式工"编码），二级编号再从 1 开始，所以管理人员编号便是"1011"。
> 操作细节要注意，如果单击"人员类别"，再单击"增加"，则是增加一级的类别，是和"正式工"等并列的类别。
> 如果企业的人员类别与预设的类别不符，可以删除预设的类别，按照企业需要自行设置。

3．增加人员档案

基础设置——增加人员档案.mp4

（1）在"基础设置"选项卡中，执行"基础档案→机构人员→人员档案"命令，进入"人员列表"窗口。

（2）单击"增加"按钮，进入"人员档案"窗口，在"基本"选项卡中，按照任务资料输入人员编码"101"、人员姓名"姜宏涛"，性别选择"男"，雇佣状态选择"在职",人员类别选择"管理人员",选中"是否业务员"复选框,其余可不录入,如图 2-6 所示。

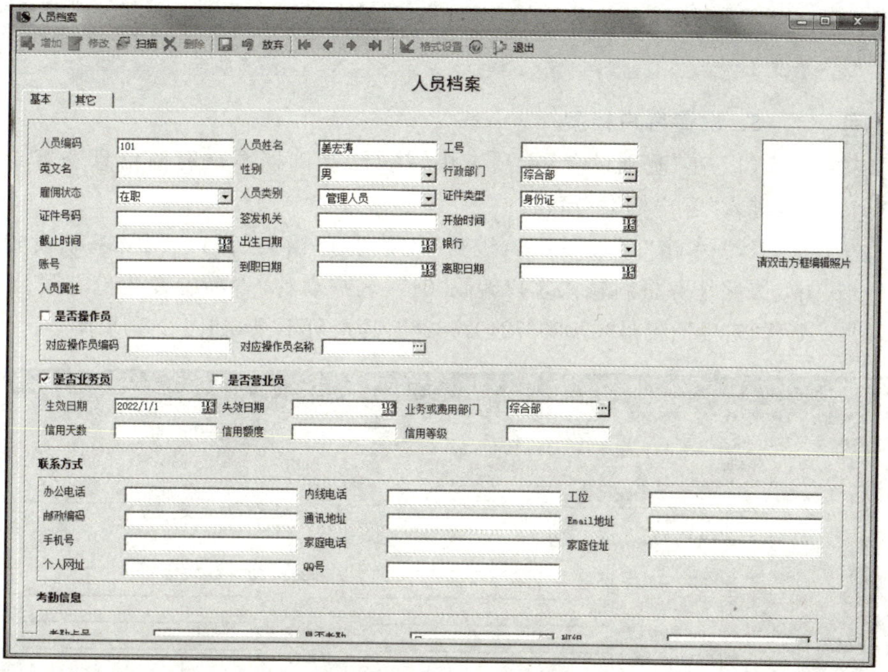

图 2-6 增加人员档案

(3) 输入完毕,单击"保存"按钮。同理,添加其他人员档案信息。

> **温馨提示:**
>
> (1) 设置人员档案之前必须先设置部门档案,否则"行政部门"下拉列表中无内容。
>
> (2) 人员编码必须唯一,行政部门只能选择末级部门。如果行政部门选错了,需要重新选择时,必须先将错误的部门删除,否则无法显示其他部门内容。
>
> (3) 如果该员工需要在其他档案或其他单据的"业务员"中被参照,需要选中"是否业务员"复选框。否则,在业务员列表中,将不显示此人的信息。

4. 设置客户分类

(1) 在"基础设置"选项卡中,执行"基础档案→客商信息→客户分类"命令,进入"客户分类"窗口。

(2) 单击"增加"按钮,按照任务资料输入客户分类编码"01"、分类名称"本地客户",如图 2-7 所示。

(3) 输入完毕,单击"保存"按钮。同理,录入其他客户分类信息。

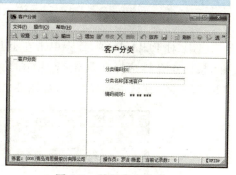

图 2-7 设置客户分类

> **温馨提示:**
>
> (1) 只有建立账套时,在"有无客户分类"的对话框打钩,选择了客户分类,才需要建立客户分类档案。如果在基础档案中无法增加客户分类档案,应考虑建账时是否忘记选择。

(2)客户分类编码必须符合编码方案规定。建立账套时规定了客户分类的编码方案是223,此处,一级客户分类编码就必须是两位数。如果还有二级分类,编码也应该是两位数,三级分类编码应该是三位数。

5. 设置客户档案

(1)在"基础设置"选项卡中,执行"基础档案→客商信息→客户档案"命令,进入"客户档案"窗口。

(2)单击"增加"按钮,进行"增加客户档案"窗口。在"基础设置"选项卡中,按照任务资料输入客户编码"01"、客户名称"青岛宏发股份有限公司"、客户简称"宏发"、税号"370206724026828",其余可不录,如图2-8所示。

基础设置——设置客户档案.mp4

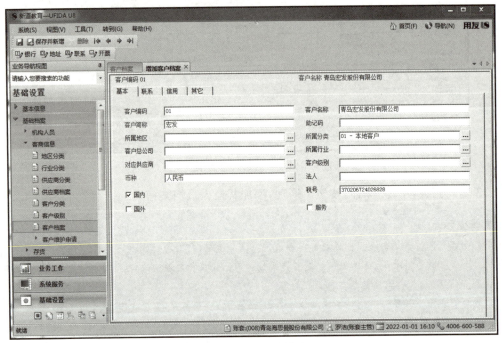

图2-8 设置客户档案

(3)对于银行档案,需要单击左上角的"银行"按钮,打开客户银行档案。单击"增加"按钮,按任务资料选择所属银行"中国工商银行",输入开户银行"工行李沧分行"、银行账号"24578975",默认值选择"是",如图2-9所示。单击"保存"按钮后退出"客户银行档案"窗口。

图2-9 设置客户银行档案

(4)输入完毕后单击"保存"按钮。同理,输入其他客户档案。

> **温馨提示：**
> (1) 客户编码必须唯一。
> (2) 如果账套中并未对客户进行分类，则所属分类为"无分类"。
> (3) 如果在建账时选中了"客户是否分类"复选框，则必须先设置客户分类，然后才能编辑客户档案。
> (4) 如果客户档案不录入税号，之后无法向该客户开具增值税专用发票。
> (5) 企业使用金税系统时，因为由用友 U8 系统传入金税系统的发票不允许修改客户的银行信息，所以需要在用友 ERP-U8 V10.1 系统客户档案中正确录入客户银行信息。
> (6) 系统在"增加客户档案"窗口设置了"基本""联系""信用"和"其他"四张选项卡，其中"联系"选项卡中设置了"分管部门"和"专管业务员"，这是为了在应收应付款管理系统填制发票等原始单据时能自动根据客户显示部门及业务员信息。

6. 设置供应商分类

(1) 在"基础设置"选项卡中，执行"基础档案→客商信息→供应商分类"命令，进入"供应商分类"窗口。

(2) 单击"增加"按钮，按照任务资料输入分类编码"01"、分类名称"南方地区"，如图 2-10 所示。

(3) 输入完毕，单击"保存"按钮。同理，录入其他供应商分类信息。

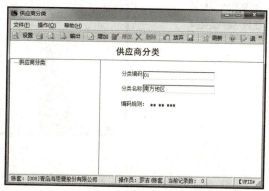

图 2-10 设置供应商分类

7. 设置供应商档案

(1) 在"基础设置"选项卡中，执行"基础档案→客商信息→供应商档案"命令，进入"供应商档案"窗口。

(2) 单击左窗口供应商分类下的"南方地区"，单击"增加"按钮，进入"增加供应商档案"窗口。在"基础设置"选项卡中，按照任务资料输入供应商编码"01"、供应商名称"福建德成股份有限公司"、供应商简称"德成"、税号"350105528912355"，如图 2-11 所示。

基础设置——设置供应商档案.mp4

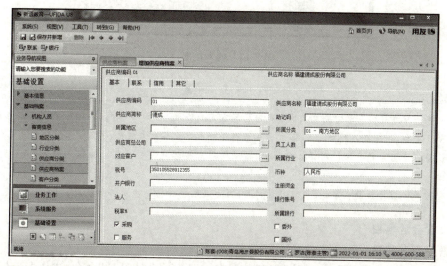

图 2-11 设置"供应商档案"

(3) 单击窗口上方"银行"按钮，进入"供应商银行档案"窗口。单击"增加"按钮，按照任务资料选择所属银行"中国建设银行"，输入开户银行"建设马尾支行"、银行账号"224575"，默认值选择"是"。单击"保存"按钮后退出"供应商银行档案"窗口。

(4) 输入完毕单击"保存"按钮。同理，输入其他供应商档案信息。

8. 设置外币及汇率

(1) 在"基础设置"选项卡中，执行"基础档案→财务→外币设置"命令，单击"增加"，按照任务资料录入币符"$"、币名"美元"，单击"确认"按钮，如图 2-12 所示。

基础设置——
设置外币及汇率.mp4

图 2-12　外币设置

(2) 在 1 月对应的记账汇率中输入 6.25，如图 2-13 所示，按 Enter 键后退出。

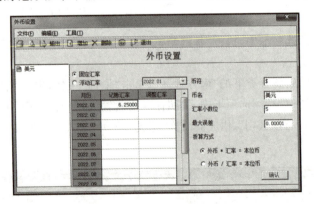

图 2-13　输入汇率

> **温馨提示：**
> (1) 注意折算方式和汇率的关系。本任务中折算方式是外币×汇率＝本位币，因此记账汇率是 6.25，意味着如果是 1 美元，折算成人民币是 6.25 元。如果选择外币÷汇率＝本位币，记账汇率就应该是 1/6.25。
> (2) 调整汇率因为是月末的时候才会知道，所以到月末的时候需要调整汇兑损益的时候，再到此处输入调整汇率。
> (3) 应该先设置外币及汇率，再设置会计科目，因为有些会计科目涉及外币核算。

9. 设置会计科目

1) 增加会计科目

(1) 在"基础设置"选项卡中，执行"基础档案→财务→会计科目"命令，进入"会计科目"窗口,显示所有按"2007年新会计制度科目"预置的科目。

(2)单击"增加"按钮,打开"新增会计科目"对话框,编辑会计科目相关信息。以"100201 工行存款"为例,输入科目编码"100201",科目名称"工行存款",选中"日记账"和"银行账"复选框,确认"科目性质(余额方向)"为"借方",单击"确定"按钮,结果如图 2-14 所示。

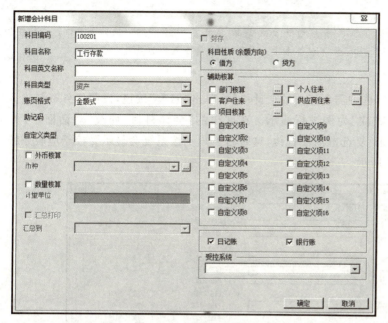

基础设置——
增加会计科目.mp4

图 2-14 新增会计科目

> 💡 **温馨提示:**
>
> 主要栏目说明如下。
>
> (1)科目编码:科目编码只能由数字 0~9、英文字母 A~Z 或 a~z、减号(一)、正斜线(/)表示,其他字符(如 &、空格等)禁止使用。
>
> (2)科目名称:分为科目中文名称和科目英文名称,可以是汉字、英文字母或数字,可以是减号(一)、正斜线(/),但不能输入其他字符。
>
> (3)科目类型:行业性质为企业时,科目类型分为资产、负债、共同、权益、成本和损益六类。
>
> (4)账页格式:系统提供了金额式、外币金额式、数量金额式、外币数量式四种账页格式供选择,用于定义该科目在账簿打印时的默认打印格式。
>
> (5)辅助核算:也称辅助账类。用于说明本科目是否有其他核算要求,系统除完成一般的总账、明细账核算外,提供了部门核算、个人往来、客户往来、供应商往来和项目核算五种供企业选择。凡是设置了辅助核算内容的会计科目,在输入期初余额或填制凭证时,都需要输入相应的辅助核算内容。
>
> (6)日记账和银行账:选择了"日记账"复选框的科目可以生成日记账数据供查询;只有选择了"银行账"复选框的科目才能执行银行对账等功能。
>
> (7)受控系统:若设置某科目为受控科目,受控于某一科目,则使用该科目制单只能在该受控系统中进行,而不能在总账系统中进行。如"应收账款"一般可设置为受控于"应收系统","应付账款"可设置受控于"应付系统"。

(3)继续单击"增加"按钮,重复以上步骤,依据任务资料新增其他会计科目。

(4)全部录入完后,单击"关闭"按钮。

> **温馨提示：**
> （1）增加会计科目时，必须遵循自上而下的原则，即先增加上级科目，再增加下级科目；会计科目编码要符合编码规则；编码不能重复。
> （2）如果科目需要进行外币核算，则应选中"外币核算"复选框并选择其核算的币种，否则不能进行真正的外币核算。
> （3）如果科目要进行数量核算，则应选中"数量核算"复选框，并设置相应的计量单位。这样在输入该科目的期初余额和用该科目制单时，不仅要求录入金额，还需要录入物品数量。

2）修改会计科目

在"会计科目"窗口，选中需要修改的会计科目，单击"修改"按钮，按照任务资料输入信息。

（1）以"1122应收账款"为例进行演示。在弹出的"会计科目_修改"对话框中，单击"修改"按钮，勾选"客户往来"复选框前面打钩，这时右下角受控系统会显示受控于应收系统，单击"确定"按钮，如图2-15所示。

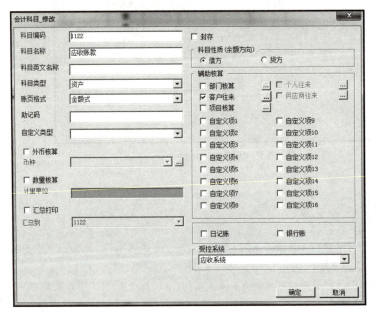

图2-15 修改会计科目——客户往来

（2）以"140301 原材料——甲材料"为例进行演示。在弹出的"会计科目_修改"对话框中，单击"修改"按钮，通过下拉列表将账页格式由"金额式"改为"数量金额式"，再选中"数量核算"复选框，在"计量单位"栏中输入"千克"，单击"确定"按钮，如图2-16所示。

（3）同理，修改任务资料中其他会计科目。

> **温馨提示：**
> （1）辅助核算是对账务处理的一种补充，作用类似于普通账务处理的明细账，又比明细账能更加深化和强化企业的核算和管理工作，以适应企业管理和决策的需要。当企业规模不大、往来业务较少时，可以采用和手工方式一样的科目结构及记账方法，即将往来单位、个人、部门、项目通过设置明细科目进行核算管理；而对一个往来业务频繁、核算要求严格的企业来说，可以采用辅助核算功能进行管理。
> 辅助核算一般通过核算项目来实现，核算项目是会计科目的一种延伸，设置某科目有相应的辅助核算后，相当于设置了科目按核算项目进行更为明细的核算，它发生的每一笔业务都会登记在总账和辅助明细

账上。但核算项目又不同于一般的明细科目,它具有更加灵活方便的特性,一个核算项目可以在多个科目下挂接。而且一个会计科目可以设置单一核算项目,也可以选择多个核算项目。例如可以将应收账款科目同时设置为往来核算与部门核算,以方便进行财务管理。

（2）设置为客户往来的会计科目受控于应收系统,而设置为供应商往来的会计科目受控于应付系统。目的是如果企业启用了应收、应付系统,可以更有针对性地对相应科目进行核算。

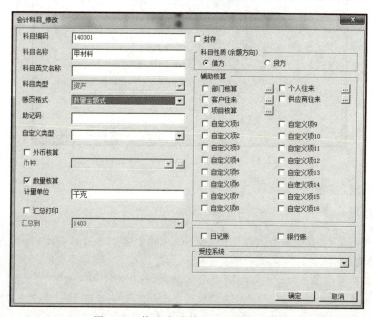

图 2-16　修改会计科目——数量核算

3）指定会计科目

（1）在"会计科目"窗口,执行"编辑→指定科目"命令,进入"指定科目"窗口。

（2）选中左侧"现金科目"单选按钮,单击 > 按钮,将"1001 库存现金"从待选科目选入已选科目,如图 2-17 所示。

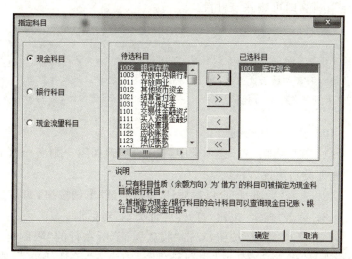

图 2-17　设置指定科目-现金科目窗口

（3）选中左侧"银行科目"单选按钮,单击 > 按钮,将"1002 银行存款"从待选科目选入已选科目,如图 2-18 所示。

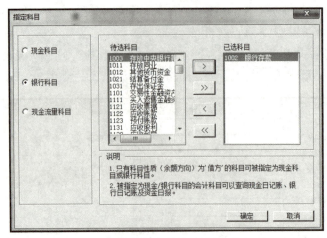

图 2-18 设置指定科目-银行科目窗口

(4) 单击"确定"按钮。

> **温馨提示:**
>
> (1) 指定会计科目是指定出纳的专管科目。被指定为现金/银行科目的会计科目才能查询现金日记账、银行日记账和资金日报表,才可以进行出纳签字。
> (2) 在指定科目之前,应在建立或修改"库存现金"和"银行存款"科目时选中"日记账"复选框。
> (3) 如果要利用总账的现金流量辅助核算编制现金流量表,此处应该指定"现金流量科目",这样在编制凭证时会弹出现金流量辅助核算对话框,根据经济业务指定现金流量项目,完成编制现金流量表的基础性工作。

4) 删除会计科目

(1) 在"会计科目"窗口,选择要删除的会计科目。
(2) 单击"删除"按钮,系统弹出"记录删除后不能修复!真的删除此记录吗?"提示框。
(3) 单击"确定"按钮,即可删除该科目。

> **温馨提示:**
>
> (1) 如果要删除已设置有明细科目的会计科目,应自下而上操作,先删除明细科目,再删除一级科目。
> (2) 如果科目已输入期初余额或已制单,则不能删除,必须先删除余额或凭证后,才能进行相应操作。
> (3) 被指定为"现金科目"或"银行科目"的会计科目不能删除,若想删除,必须先取消指定。

10. 设置凭证类别

基础设置——设置凭证类别.mp4

(1) 在"基础设置"选项卡中,执行"基础档案→财务→凭证类别"命令,打开"凭证类别预置"窗口。
(2) 选择"收款凭证 付款凭证 转账凭证"单选按钮,如图 2-19 所示。
(3) 单击"确定"按钮,打开"凭证类别"对话框。
(4) 单击"修改"按钮,双击"收款凭证"所在行的"限制类型",出现下三角按钮,从下拉列表中选择"借方必有",在"限制科目"栏中输入"1001,1002",或单击参照按钮,分别选择"1001"及"1002"。同理,完成对付款凭证和转账凭证的设置,如图 2-20 所示。

 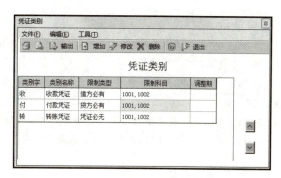

图 2-19 "凭证类别预置"对话框　　　　图 2-20 设置"凭证类别"对话框

> **温馨提示：**
> （1）记账凭证的分类方式有多种，企业可根据自身实际需要选择分类，最常用的有两种，一种不分类，全部称为记账凭证，如果企业经济业务较少，可以选择这种分类，简便易行；另一种分为收款凭证、付款凭证和转账凭证，如果企业经济业务较多，需要将凭证分类管理，可以选择这种分类，便于管理和查询。收款凭证因为是收到款项的凭证，资金增加在借方，所以借方必有库存现金或银行存款，付款凭证是付出款项的凭证，资金减少在借方，所以贷方必有库存现金或银行存款，除了收款凭证和付款凭证之外的就都是转账凭证了，是指不涉及资金的凭证，所以凭证必无库存现金和银行存款。
> （2）限制科目之间的逗号要在半角状态下录入，否则系统会提示科目编码有误。
> （3）已使用的凭证类别不能删除，也不能修改类别字。
> （4）一旦凭证类别设置完毕，保存凭证之时必须按照设定的规则进行保存，如果不符合规则无法保存成功。例如，借：应收票据　贷：应收账款，应该保存为转账凭证，如果保存为收款凭证，则系统会提示"不满足借方必有条件"而不予保存。

11．设置结算方式

（1）在"基础设置"选项卡中，执行"基础档案→收付结算→结算方式"命令，进入"结算方式"窗口。

（2）单击"增加"按钮，按照任务资料输入计算方式编码"1"、结算方式名称"现金结算"，如图 2-21 所示，单击"保存"按钮。

（3）依次输入其他结算方式资料。对于"现金支票"和"转账支票"要选中"是否票据管理"复选框，并分别选择"对应票据类型"中的"现金支票"或"转账支票"，如图 2-22 所示。

图 2-21 设置结算方式 1　　　　图 2-22 设置结算方式 2

（4）设置完成后，单击"退出"按钮。

> **温馨提示:**
> (1) 如选中"是否票据管理"复选框,则在执行该种结算方式时,系统会提示记录发生该笔业务的票据信息,否则不提示。
> (2) 在总账系统中,结算方式会在使用"银行账"类科目填制凭证时使用,并可作为银行对账的一个参数。
> (3) 结算方式必须符合编码规则。结算方式最多设置为两级。
> (4) 结算方式一旦被使用,就不能进行修改和删除。

12. 设置项目目录

1) 定义项目大类

(1) 在"基础设置"选项卡中,执行"基础档案→财务→项目目录"命令,打开"项目档案"对话框。

(2) 单击"增加"按钮,打开"项目大类定义_增加"对话框,输入新项目大类名称"生产成本",如图 2-23 所示。

基础设置　设置项目目录.mp4

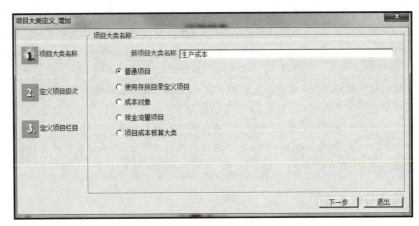

图 2-23 设置项目目录-增加项目大类

(3) 单击"下一步"按钮,打开"项目大类定义_增加"对话框中定义项目级次,这里只设一级分类,编码长度为1,单击"下一步",如图 2-24 所示。

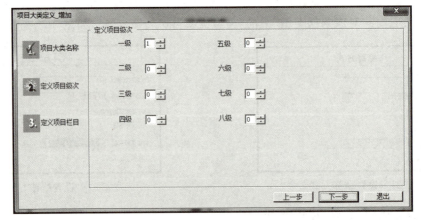

图 2-24 设置项目目录-定义项目级次

(4) 在弹出的对话框中修改项目栏目,默认项目栏目为:项目编号、项目名称、是否结算、所属分类码四项,此处不需要修改,直接单击"完成"按钮,如图 2-25 所示。在工作中可以根据实际情况增加或删除栏目。

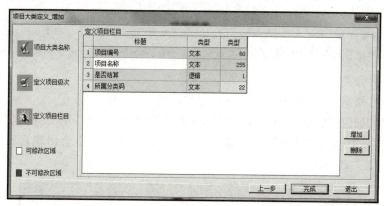

图 2-25　设置项目目录-定义项目栏目

> **温馨提示:**
>
> "项目核算"这一辅助核算应用面较广,一个单位项目核算的种类可能多种多样,例如在建工程、对外投资、技术改造、融资成本、在产品成本、合同订单等,都可以使用项目核算功能进行明细核算。
>
> 项目大类的名称是该项目的总称,而不是会计科目的名称。如在建工程按具体工程项目核算,其项目大类名称应为"工程项目",而不是"在建工程"。
>
> 系统预设"现金流量项目"和"项目管理"两个大类,企业可根据需要增设。

2) 指定项目核算科目

(1) 在"项目档案"对话框中,单击"项目大类"栏的下三角按钮,选中"生产成本"项目大类。

(2) 单击"核算科目"选项卡。

(3) 单击 按钮,在"核算科目"选项卡中,将"待选科目"中的 500101～500104 选入"已选科目",单击"确定"按钮,如图 2-26 所示。

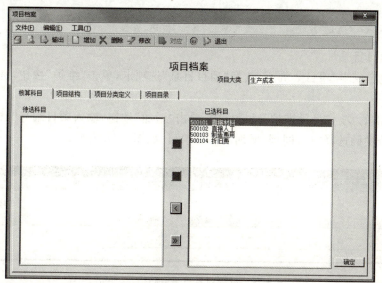

图 2-26　设置项目目录-指定核算科目

温馨提示：

（1）项目大类中一开始默认的是现金流量项目，一定要在其中选中"生产成本"项目大类，再选择科目，否则会将会计科目选到现金流量项目中，一旦这些会计科目发生经济业务，就会计入现金流量项目中，产生错误。

（2）会计科目必须在"基础档案-财务-会计科目"中设置为"项目核算"辅助核算，才会出现在待选科目中。若待选科目中没有这些会计科目，应回到"基础档案→财务→会计科目"中重新设置。

3）定义项目分类

（1）在"项目档案"对话框中，单击"项目分类定义"选项卡。

（2）单击"增加"按钮，输入分类编码"1"、分类名称"自行生产"，单击"确定"按钮。同理增加"2 委托加工"分类，单击"确定"按钮，输入完毕后生产成本大类下会出现自行生产和委托加工两个分类，如图 2-27 所示。

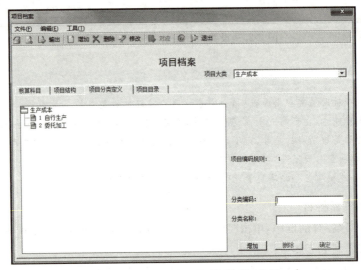

图 2-27　设置项目目录-设置项目分类

温馨提示：

此处一定要单击"确定"按钮，而不要直接单击"增加"按钮，否则无法保存。

4）维护项目目录

（1）在"生产成本"项目大类下，选择"项目目录"选项卡，单击"维护"按钮，进入"项目目录维护"窗口。

（2）在弹出的"项目目录维护"对话框中，单击"增加"按钮，输入项目编号"101"、项目名称"X 型"，所属分类码选择"1"，同理，增加 102 号项目，如图 2-28 所示。

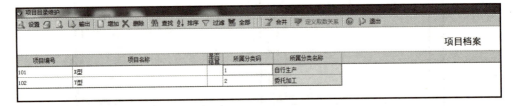

图 2-28　设置项目目录-项目目录维护

（3）设置完成以后，单击"退出"按钮。

> **温馨提示：**
> （1）不要单击"增加"按钮，增加是增加项目大类，而不是项目档案。
> （2）项目目录是指具体的明细项目目录，例如本任务中，明细项目就是产品：X型和Y型，需要添加产品的具体档案和所属分类。
> （3）如果在"项目目录维护"窗口中多拉出一行，退出时系统会提示"项目编码不能为空"，可按Esc键退出。
> （4）标识"结算后"的项目将不能再使用。
> （5）项目目录设置好后，在录入凭证时，如果会计科目为项目辅助核算的会计科目，系统会自动提示输入项目名称。

13. 常用摘要设置

（1）在企业应用平台"基础设置"选项卡中，执行"基础档案→其他→常用摘要"命令，打开"常用摘要"对话框。

（2）单击"增加"按钮，输入摘要编码"01"、摘要内容"购买办公用品"，继续单击"增加"按钮，录入任务资料其他内容，如图2-29所示。

（3）单击"退出"按钮。

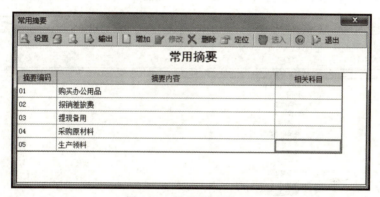

图2-29 设置"常用摘要"

工作任务三 数据权限设置

任务资料

操作员"202李明"具有全部科目的明细账的查询权限，还具有所有部门的查询和录入权限。

任务要求

完成数据权限控制的设置。

背景知识

1. 数据权限

用友ERP-U8 V10.1的权限管理分为三个层次，包括功能级权限、数据级权限和金额级权限,其中数据级权限和金额级权限统称为数据权限。

2. 数据权限设置

数据权限设置分为三个方面内容:一是数据权限控制设置;二是数据权限分配;三是金额权限分配。其中,数据权限控制设置是数据权限设置的前提,只有进行了数据权限控制设置的科目或字段才可以进行数据权限设置。

在"数据权限控制设置"窗口有"记录级"和"字段级"两个选项卡,"字段级"主要用于GSP质量管理,"记录级"是会计核算和企业管理所需要控制的项目。

必须在系统管理中定义角色或用户,并分配完功能级权限后,才能进行数据权限设置。

任务指导

1. 数据权限控制设置

以账套主管"201罗洁"的身份登录企业应用平台。

(1) 在企业应用平台"系统服务"选项卡中,执行"权限→数据权限控制设置"命令,进入"数据权限控制设置"窗口。

(2) 在"记录级"选项卡中选择"部门"和"科目"复选框,单击"确定"按钮,如图2-30所示。

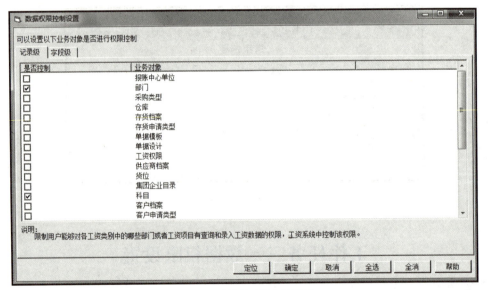

图2-30 数据权限控制设置

2. 数据权限设置

(1) 在企业应用平台"系统服务"选项卡中,执行"权限→数据权限分配"命令,进入"权限浏览"窗口,从"用户及角色"列表中选择"202李明",如图2-31所示。

(2) 单击工具栏上的"授权"按钮,打开"记录权限设置"对话框。

(3) 将全部科目通过单击▶按钮,从"禁用"列表选入"可用"列表,并取消勾选"制单"复选框,如图2-32所示。

(4) 单击"保存"按钮,系统弹出"保存成功,重新登录门户,此配置才能生效!"对话框。

(5) 单击"确定"按钮,返回"记录权限设置"对话框。在"业务对象"下拉列表中选择"部门",单击"授权"按钮,单击▶按钮,将所有部门从"禁用"列表选入"可用"列表。

工作领域二　基础设置　41

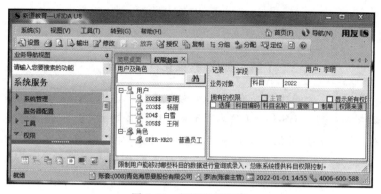

图 2-31　权限浏览窗口

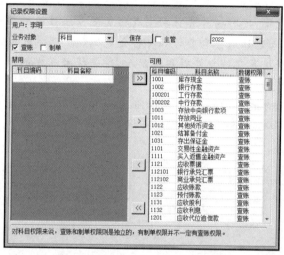

图 2-32　记录权限设置-科目设置

（6）单击"保存"按钮，系统弹出"保存成功，重新登录门户，此配置才能生效！"对话框，如图 2-33 所示，单击"确定"按钮。

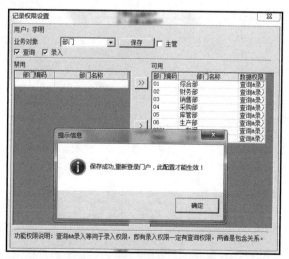

图 2-33　记录权限设置-部门设置

📇 课程思政

了解实务应用，强化行业自信

2022年10月15日，金蝶重磅发布基于云端的财务机器人，金蝶财务机器人将应用云计算、大数据、图像语音识别、LBS等AI技术，为企业提供多场景、全方位的智能财务服务。企业管理领域特别是财务的数字化已经是不可阻挡的趋势，金蝶顺势而为，在"中国管理·全球论坛"重磅发布全新品牌形象，新品牌形象由云端形象和机器人形象组合而成，标志着云端财务机器人将成为金蝶的战略方向。

从数据采集到损益结转，金蝶财务机器人的智能化操作贯穿了几乎每一个财务环节：财务数据采集智能化、发票管理智能化、收付款智能化，系统定时自动下载银行收款流水记录并自动生成收款单，核算智能化，定时核算并自动生成和发送合法性检查报告、成本数据异常监控报告。金蝶财务机器人未来让财务和会计人员将会更加聚焦于公司的战略财务和业务财务决策上，把数据处理和分析报表交给智能财务机器人，这是技术开发的难度所在，也会是未来财务优化的主要方向。

资料来源：金蝶云发布迄今最智能的财务机器人[EB/OL]. https://www.ik3cloud.com/News/Detail?id=76999aab258140b194d8117bb0ca9148. (2017-10-23)[2023-05-08].

工作领域三

总账管理系统业务处理

学习目标

1. 技能目标

(1) 能够设置总账控制参数并正确录入期初余额。
(2) 能够填制和审核记账凭证并进行记账处理。
(3) 能够发现错误并采用适当的方法进行错账更正。
(4) 能够完成出纳签字、登记支票登记簿、期末银行对账等出纳岗位工作。
(5) 能够查询各类账簿数据。
(6) 能够进行期末转账操作。
(7) 能够完成期末对账、结账工作。

2. 知识目标

(1) 理解总账控制参数的意义。
(2) 掌握辅助核算科目余额的设置方法。
(3) 理解期初余额试算平衡的原理。
(4) 掌握记账凭证的内容与录入要求。
(5) 熟悉凭证类别的判断。
(6) 熟悉凭证填制、出纳签字、审核、记账与修改的流程和操作规则。
(7) 掌握错账更正的方法。
(8) 熟悉期末转账的原理和操作流程与方法。

3. 思政素养

(1) 培养职业思维,树立规则意识。
(2) 坚守会计准则,遵守职业道德。
(3) 提升学生的沟通技巧和合作能力。

总账管理系统是 ERP 财务管理系统的核心系统,如同公司会计信息的中央处理器,对所有系统生成的会计信息进行统一核算和管理。它既可以独立运行,也可以和其他系统协同运转。

如果企业规模较小,对管理需求不高,财务核算简单,只是希望通过软件完成企业的一般账务核算工作,可以只启用总账系统,所有的账务处理都在总账中完成;如果企业希望能够通过 ERP 管理软件对企业的整体业务进行精细管理,对固定资产、薪资、往来业务、购销存业务进行详细核算和管理,就需要启用其他系统,此时,这些系统与总账管理系统共同协作,将在本系统生成的凭证传递到总账管理系统,最终在总账管理系统完成全部账务处理,生成报表数据。

该工作领域的具体工作内容如下。

1. 总账系统选项设置

为了满足不同用户的不同需求,用友 ERP-U8 V10.1 管理软件配置了不同的选项设置,企业可以根据自身需要选择选项。

2. 期初余额录入

无论何时进行会计信息化的初始设置,都肯定会有一个初始状态。一般而言,将建账月的月初作为初始,那这个月的月初余额,也就是上个月的月末余额,就是我们的期初余额。总账会计需要将原先手工会计的上月月末余额录入信息系统中,作为期初余额。

3. 凭证处理

凭证处理主要包括记账凭证的录入、审核、出纳签字、记账、查询、打印、常用凭证定义等。

4. 出纳管理

出纳在总账管理系统中实现对库存现金和银行存款的管理。主要工作包括:进行支票登记,查询银行存款日记账、库存现金日记账和资金日报表,期末进行银行对账,编制银行存款余额调节表。

5. 账簿管理

账簿管理可提供多方位、多角度的账簿查询工作,包括总账、明细账和凭证的联查和各种辅助账的查询及打印工作。

6. 期末处理

期末提供各项经济业务的账务进行结转、对账和结账。

工作任务一　总账系统选项设置

任务资料

总账控制参数见表 3-1。

表 3-1　总账控制参数

选 项 卡	参 数 设 置
凭证	制单序时控制
	支票控制
	可以使用应收款、应付款、存货受控科目
	取消"现金流量必录现金流量"项目
	选中"自动填补凭证断号"项
	凭证编号方式:系统编号
账簿	账簿打印位数按软件的标准设定
	明细账打印按年排页

续表

选项卡	参数设置
权限	出纳凭证必由出纳签字
	凭证审核控制到操作员
	允许修改、作废他人填制的凭证
	明细账查询权限控制到科目
会计日历	数量、单价小数位：2位
其他	部门、个人、项目按编码方式排序

任务要求

请以账套主管"罗洁"的身份登录进入企业应用平台，查看总账管理系统的各项操作，请根据本单位财务工作的具体情况，将总账系统设置为适合本单位核算要求的专用账务核算系统。

背景知识

由于每个企业对会计核算的要求不同，总账模块中针对这些要求设置了总账控制参数选项，这些选项决定了总账系统的输入控制、处理方式、数据流向、输出格式等，企业可以根据自身管理需要和账务处理要求进行选择。

常用的总账控制参数选项及其功能说明见表3-2。

表 3-2　总账控制参数一览表

选项卡	常用选项	功　　能	注 意 事 项
凭证	制单序时控制	凭证必须按制单日期进行排序，后增加的凭证日期不能插在以前的凭证之前。	如果凭证有分类，则不同类别的凭证分别排序
	支票控制	提示登记支票登记簿	
	赤字控制	对出现赤字(负数)的会计科目进行控制，可以选择只对资金及往来科目进行控制，也可以对所有科目进行控制	赤字控制方式：如果选择"提示"，则制单时系统如果发现该会计科目有赤字，会进行提示；如果选择"严格"，则不允许出现赤字，制单时如果系统发现该会计科目有赤字，凭证无法保存
	可以使用应收/应付/存货受控科目	当启用应收/应付/存货系统时，为了避免在总账和应收/应付/存货系统同时使用这些科目产生重复录入的错误，可以选择不使用应收/应付/存货受控科目；如果只使用总账模块，则需要选择可以使用应收/应付/存货受控科目，否则无法使用某些会计科目	本项目系统学习总账系统的操作方法，暂不启用应收/应付/存货系统，应收应付业务在总账完成，参数须设置为"可以使用应收/应付/存货受控科目"
	现金流量科目必录现金流量项目	选择该项目，凡是录入涉及现金流量科目(如库存现金、银行存款)的凭证，必会弹出一个对话框要求录入现金流量项目，用于最终编制现金流量表	—

续表

选项卡	常用选项	功　　能	注 意 事 项
凭证	出纳凭证必须由出纳签字	凡是涉及现金总账科目和银行总账科目的凭证,必须由出纳进行签字审核,否则不允许记账	必须指定会计科目才可以由出纳签字
	允许作废、修改他人填制的凭证	可以作废或修改其他人填制的凭证	—
	可查询他人凭证	可以查询到其他人填制的凭证	—
	明细账查询权限控制到科目	—	—
会计日历	数量小数位、单价小数位、本币精度	数量、单价和本币金额要求保留的小数位数	—

任务指导

1. 以账套主管"201 罗洁"的身份登录总账系统

（1）执行"开始→程序→用友 U8-V10.1→企业应用平台"命令,弹出系统"登录"对话框,选择相关账套、操作员及操作登录日期,登录企业应用平台。

（2）在企业应用平台"业务工作"选项卡中,执行"财务会计→总账"命令,打开"总账"系统,如图 3-1 所示。

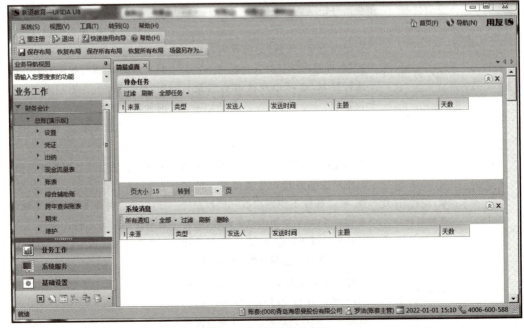

图 3-1　启用"总账"系统

> **温馨提示：**
> （1）如果在"财务会计"下没有显示"总账"系统，则表示该系统尚未启用，应先启用再注册。
> （2）登录总账系统的操作员应是具有相应账套操作权限的操作员；系统管理员无权进入企业应用平台对任意账套进行操作。
> （3）输入完操作员和密码后，如果账套显示栏为空白，单击"登录"按钮后系统提示"读取数据源出错：口令不正确！"，应返回系统管理窗口检查该操作员密码并修改。
> （4）操作日期必须在总账系统启用日期之后，否则系统会提示"不存在的年度"。

2. 选项设置

（1）执行"总账→设置→选项"命令，打开"选项"对话框，单击"编辑"按钮，进入选项编辑状态。

（2）分别打开"凭证""账簿""凭证打印""预算控制""权限""会计日历""其他"选项卡，按照任务资料的要求进行相应的设置，选项卡部分设置如图 3-2～图 3-5 所示。

图 3-2 "凭证"选项卡

图 3-3 "权限"选项卡

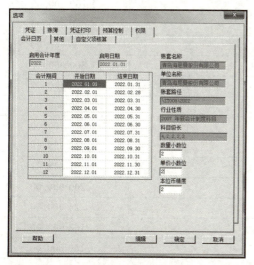

图 3-4 "会计日历"选项卡

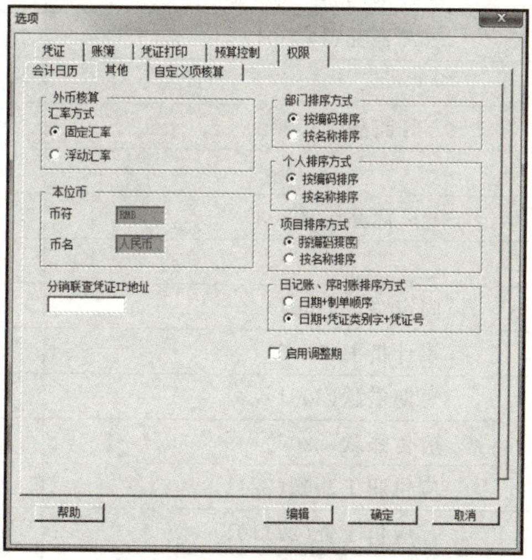

图 3-5 "其他"选项卡

(3) 设置完毕,单击"确定"按钮,系统自动保存并退出。

工作任务二　期初余额录入

任务资料

1. 青岛市海思曼股份有限公司 2022 年 1 月会计科目及期初余额表

会计科目及期初余额表见表 3-3。

表 3-3　会计科目及期初余额表

科目名称	方向	币别/计量	期初余额
库存现金(1001)	借		2 844.50
银行存款(1002)	借		1 679 274.00
工行存款(100201)	借		1 616 774.00
中行存款(100202)	借		62 500.00
	借	美元	10 000.00
应收票据(1121)	借		58 500.00
商业承兑汇票(112102)	借		58 500.00
应收账款(1122)	借		508 800.00
其他应收款(1221)	借		5 600.00
应收个人款(122101)	借		5 600.00
坏账准备(1231)	贷		30 000.00
原材料(1403)	借		540 000.00
甲材料(140301)	借		240 000.00
		公斤	100 000.00
乙材料(140302)	借		300 000.00
		公斤	100 000.00
库存商品(1405)	借		1 700 000.00
A 商品(140501)	借		600 000.00
		支	60.00
B 商品(140502)	借		800 000.00
		支	100.00
C 商品(140503)	借		300 000.00
		个	600.00
固定资产(1601)	借		24 246 028.69
累计折旧(1602)	贷		2 367 842.31
短期借款(2001)	贷		200 000.00
应付账款(2202)	贷		324 000.00
应付职工薪酬(2211)	贷		163 000.00
应付工资(221101)	贷		150 000.00
应付福利费(221102)	贷		5 600.00
工会经费(221103)	贷		3 600.00

续表

科 目 名 称	方向	币别/计量	期初余额
职工教育经费(221104)	贷		3 800.00
实收资本(4001)	贷		20 000 000.00
资本公积(4002)	贷		5 000 000.00
本年利润(4103)	贷		813 204.88
生产成本(5001)	借		157 000.00
直接材料(500101)	借		100 000.00
直接人工(500102)	借		24 000.00
制造费用(500103)	借		8 000.00
折旧费(500104)	借		25 000.00

2. 应收票据辅助账期初余额表

应收票据辅助账期初余额表见表3-4。

表 3-4 应收票据辅助账期初余额表

日期	凭证号	客户	业务员	摘要	方向	金额
2021-12-25	转-12	青岛宏发	周群	销售商品	借	58 500.00

3. 应收账款辅助账期初余额表

应收账款辅助账期初余额表见表3-5。

表 3-5 应收账款辅助账期初余额表

日期	凭证号	客户	业务员	摘要	方向	金额
2021-12-01	转-2	青岛宏发	周群	销售商品	借	308 800.00
2021-12-18	转-25	青岛特汽	周群	销售商品	借	200 000.00

4. 其他应收款——个人明细余额表

其他应收款个人款辅助期初余额表见表3-6。

表 3-6 其他应收款个人款辅助账期初余额表

日期	凭证号	客户	业务员	摘要	方向	金额
2021-12-31	付-36	综合部	姜宏涛	出差借款	借	5 600.00

5. 应付账款辅助账期初余额表

应付账款辅助账期初余额表见表3-7。

表 3-7 应付账款辅助账期初余额表

日期	凭证号	客户	业务员	摘要	方向	金额
2021-12-01	转-2	德成	孙进	购买商品	贷	108 800.00
2021-12-18	转-25	美天	孙进	购买商品	贷	215 200.00

6. 生产成本辅助账明细余额表

生产成本辅助账期初余额表见表 3-8。

表 3-8　生产成本辅助账期初余额表

科 目 名 称	101X 型	102Y 型	合计
直接材料(500101)	60 000.00	40 000.00	100 000.00
直接人工(500102)	14 000.00	10 000.00	24 000.00
制造费用(500103)	5 000.00	3 000.00	8 000.00
折旧费(500104)	15 000.00	10 000.00	25 000.00
总计	94 000.00	63 000.00	157 000.00

任务要求

根据青岛市海思曼股份有限公司 2022 年 1 月会计科目及期初余额表和辅助账期初余额表录入期初余额。

背景知识

无论何时进行会计信息化的初始设置，都肯定会有一个初始状态。一般而言，将建账月的月初作为初始，那这个月的月初余额，也就是上个月的月末余额，就是我们的期初余额。总账会计必须将原先手工会计的上月月末余额录入信息系统中，才可作为期初余额。

任务指导

（1）执行"业务工作→财务会计→总账→设置→期初余额"命令，打开"期初余额录入"窗口。可以看到期初余额有三种底色：白色、灰色和黄色。白色为一般无辅助核算的末级科目，数据可直接录入；灰色为非末级科目，数据由末级科目自动汇总而成，不需要录入；黄色为有辅助核算的末级科目，需要双击进入，输入详细信息。

（2）直接录入底色为白色的末级科目的期初余额，例如库存现金、固定资产等科目，如图 3-6 所示。

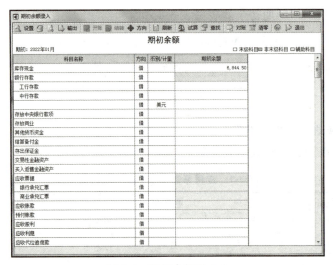

图 3-6　期初余额录入 1

（3）灰色为非末级科目，数据由末级科目自动汇总而成，不需要录入，如图3-7所示。

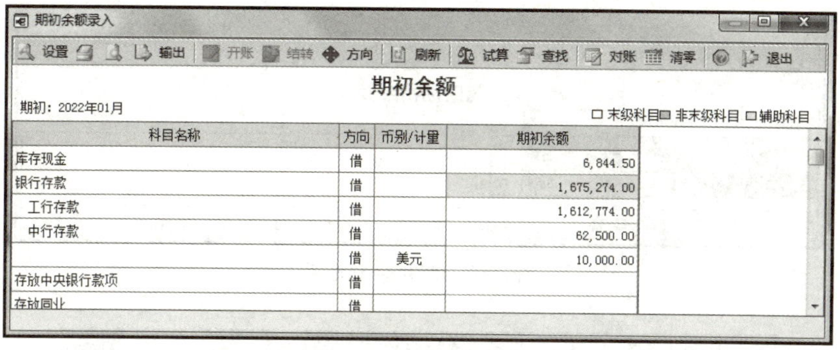

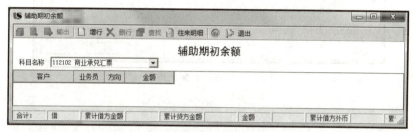

图3-7　期初余额录入2

（4）底色为黄色的会计科目，是因为设置了辅助核算，无法直接录入期初金额，下面以"商业承兑汇票"科目为例演示录入方法。

① 将鼠标放置于该会计科目上，双击弹出"辅助期初余额"对话框，如图3-8所示。

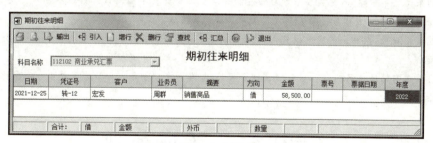

图3-8　"辅助期初余额"对话框

② 在"辅助期初余额"窗口中，单击"往来明细"按钮，在弹出的"期初往来明细表"中单击"增行"按钮，录入辅助核算的明细期初数据，如"应收票据"科目，根据任务资料，日期选择"2021-12-25"，凭证号选择"转-12"，客户选择"宏发"，业务员选择"周群"，输入摘要"销售商品"、金额"58500"，如图3-9所示。

图3-9　"期初往来明细"对话框

③ 单击"汇总"，系统提示"完成了往来明细到辅助期初表的汇总！"，单击"确定"按钮，然后单击"退出"，完成从期初往来明细到辅助期初余额的汇总，如图3-10所示。

④ 单击"退出"，完成了"112102商业承兑汇票"科目的期初余额录入。

⑤ 同理，录入其他贷辅助核算科目的余额。

⑥ 期初余额录入完毕后，单击"试算"按钮，系统进行试算平衡。期初试算平衡表如图3-11所示。

⑦ 单击"确定"按钮。

图 3-10　期初余额汇总

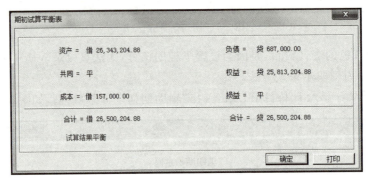

图 3-11　期初试算平衡表

> 💡 **温馨提示：**
> （1）如果期初余额试算不平衡，则不能记账，但可以填制凭证。
> （2）日后很多任务都是在本任务的基础上完成的，因此本账套备份后需妥善保管。
> （3）如果要修改余额的方向，可以在未录入余额的情况下，单击"方向"按钮加以改变。已录入期初余额的，则不能调整余额方向，必须删除期初余额后，才可以调整。
> （4）如果某一科目有数量（或外币）核算的要求，录入余额时还应输入该余额的数量（或外币金额）。
> （5）如果是在年中建账，则需要录入启用月份的月初余额及其年初到该月的借贷方累计发生额，而年初余额由系统根据月初余额与借贷方累计发生额自动计算生成。
> （6）凭证记账后，期初余额变为浏览、只读状态，只可以查询或打印。如果需要修改，需将所有已记账凭证取消记账。
> （7）当录入有辅助核算的会计科目的期初余额时，如果因在期初录入窗口中多拉出一空白行而无法退出，可按 Esc 键退出。

工作任务三　凭证处理

📋 任务资料

2022 年 1 月青岛市海思曼股份有限公司发生如下经济业务。

（1）1 月 1 日，财务部杨丽从工行提取现金 5 000 元，作为备用金，附单据数 1 张，现金支票号 XJ001。由于业务经常发生，请将其保存为常用凭证。

　　借：库存现金　　　　　　　　　　　　　　　　　　　　　　　5 000
　　　贷：银行存款/工行存款　　　　　　　　　　　　　　　　　　　　5 000

(2) 1月2日,采购部孙进出差预借差旅费3 000元,现金付讫,附单据3张。
借:其他应收款/孙进　　　　　　　　　　　3 000
　贷:库存现金　　　　　　　　　　　　　　　　3 000

(3) 1月5日,采购部孙进从福建德成股份有限公司购入甲材料10 000千克,单价25元/千克,增值税率13%,已验收入库,货款暂欠,附单据2张。
借:原材料/甲材料　　　　　　　　　　　250 000
　应交税费/应交增值税/进项税额　　　　　32 500
　贷:应付账款　　　　　　　　　　　　　　　282 500

(4) 1月8日,财务部李明购买600元的办公用品,签发转账支票号ZZ001,附单据2张。
借:管理费用/办公费　　　　　　　　　　　600
　贷:银行存款/工行存款　　　　　　　　　　　600

(5) 1月13日,销售部根据供货合同销售10支A产品给长春润冠,单价12 000元/支,增值税率13%,货已发出,货款未收,附单据2张。
借:应收账款　　　　　　　　　　　　　135 600
　贷:主营业务收入　　　　　　　　　　　　120 000
　　应交税费/应交增值税/销项税额　　　　　15 600

(6) 1月18日,收到青岛宏发转账支票一张,支票号ZZ002,金额308 800元,用以偿还前欠货款,附单据1张。
借:银行存款/人民币户　　　　　　　　　308 800
　贷:应收账款/青岛宏发　　　　　　　　　　308 800

(7) 1月22日,收到红星公司投资款50 000美元,汇率6.25,转账支票号ZZ003,存入中国银行,附单据2张。
借:银行存款/中行存款　　　　　　　　　312 500
　贷:实收资本　　　　　　　　　　　　　　　312 500

(8) 1月25日,生产领用甲材料1 000千克,用于生产101号X型项目。按先进先出法计算发出原材料的成本,附单据2张。
借:生产成本/直接材料　　　　　　　　　2 400
　贷:原材料/甲材料　　　　　　　　　　　　2 400

(9) 1月25日,财务部杨丽从工商银行提取现金1 000元,作为备用金,附单据数1张,现金支票号XJ002。请根据001号常用凭证生成记账凭证。
借:库存现金　　　　　　　　　　　　　1 000
　贷:银行存款/工行存款　　　　　　　　　　1 000

📋 任务要求

请完成以下工作任务。
(1) 会计(202李明)填制第1笔业务的记账凭证。
(2) 根据第1笔业务的记账凭证生成常用凭证。
(3) 会计(202李明)填制第2笔至第9笔业务的记账凭证。
(4) 将业务(2)中"其他应收款"科目的辅助核算项中的采购部孙进改为销售部周群。
(5) 删除第3号转账凭证。

(6) 出纳(203 杨丽)对出纳凭证进行出纳签字。
(7) 账套主管(201 罗洁)对凭证进行审核。
(8) 账套主管(201 罗洁)对凭证进行记账。
(9) 假设业务(6)的金额应该为 800 元,要求总账会计(202 李明)将业务(6)的记账凭证修改为正确金额。
(10) 重新由出纳签字、审核、记账。

背景知识

凭证处理的内容包括填制凭证、查询凭证、审核凭证、出纳签字、凭证汇总、凭证记账等工作。

1. 填制凭证

(1) 增加凭证:需要录入凭证类别、凭证编号、制单日期、附单据数、摘要、会计科目、辅助信息、金额等内容。

(2) 生成和调用常用凭证:可以将某张凭证作为常用凭证存入常用凭证库中,日后可调用这种常用凭证。

(3) 修改凭证:可以在填制凭证中直接修改凭证,也可以在查询凭证中找到需修改的凭证进行修改。外部传递到总账的凭证不能在总账中修改。已经审核、主管签字、记账的凭证必须取消这些操作之后才可以修改。

(4) 作废/恢复凭证:当某张凭证不想要或出现不便修改的错误时,可将其作废。作废的凭证不能审核,可直接参与记账。

(5) 整理凭证:其功能可彻底删除作废的凭证,并对未记账凭证重新编号。已记账的凭证不能进行整理。

(6) 冲销凭证:对已记账的凭证,如果发现错误,可以用冲销凭证的功能制作一张红字冲销凭证。

2. 审核凭证

为了保障会计信息的质量,在记账之前应由有关人员对记账凭证进行严格的审核。审核凭证主要包括出纳签字、主管签字和审核凭证三个方面,其中审核凭证是会计制度的要求,出纳签字和主管签字可根据企业自身需要选择设置。审核人与制单人不能是同一人。

1) 审核凭证

为了保证录入经济业务的准确性和可靠性,制单员填制的凭证需要经过审核员的检查核对。审核凭证是财会制度的要求,审核员需要审核记账凭证是否与原始凭证相符,会计分录是否正确等。审核认为错误或有异议的凭证,应交与填制人员修改后再审核,只有具有审核权的人才能进行审核操作。

2) 出纳签字

涉及企业现金收入和支出的凭证,需要加强管理,可通过出纳签字功能对制单员填制的带有现金和银行科目的凭证进行检查核对,主要核对出纳凭证的出纳科目的金额是否正确,审查认为错误或有异议的凭证,应交与填制人员修改后再核对。

如果需要进行出纳签字,需事先在"总账→设置→选项"的"权限"选项卡中选中"出纳凭证必须经由出纳签字"。

3）主管签字

为了加强对凭证的管理，企业还可以根据自身管理需要选择对凭证进行"主管签字"，如果需要进行主管签字，需事先在"总账→设置→选项"的"权限"选项卡中选中"出纳凭证必须经由主管会计签字"。

3. 查询凭证

在业务处理过程中，经常需要查看以前填制的凭证。如果凭证未记账，可直接在填制凭证窗口通过上下翻页查看凭证，但是如果凭证很多，直接查询存在困难，或者凭证已经记账，无法在填制凭证中查看，则可以通过查询凭证的功能查看。

凭证查询时，可以通过选择记账范围、凭证标志、凭证类别、月份、审核日期、制单人、审核人等确定凭证查询范围，进行更有针对性的查询。

4. 科目汇总

科目汇总的主要功能是使财务人员可随时查看各个会计科目的实时发生额合计，以便掌握企业的经营状况和其他财务信息。进行汇总的凭证可以是已记账凭证，也可以是未记账凭证。

5. 记账

凭证经过审核之后，就可以通过记账功能进行登记。单击"记账"按钮，系统可自动登记总账、明细账、辅助账、日记账等账簿。相比人工记账而言，系统自动记账快速、准确，极大地提高了财务工作的效率。

任务指导

1. 填制业务 1 记账凭证

（1）以操作员"202 李明"的身份登录企业应用平台，登录日期选择 2022-01-31。若已经以其他操作员身份进入企业应用平台，则需单击左上角"重注册"按钮，如图 3-12 所示。

图 3-12　登录企业应用平台

（2）选中"业务工作"选项卡，执行"财务会计→总账→凭证→填制凭证"命令，打开"填制凭证"窗口。

（3）在"填制凭证"窗口，单击左上角的"增加"按钮或按 F5 快捷键，如图 3-13 所示。

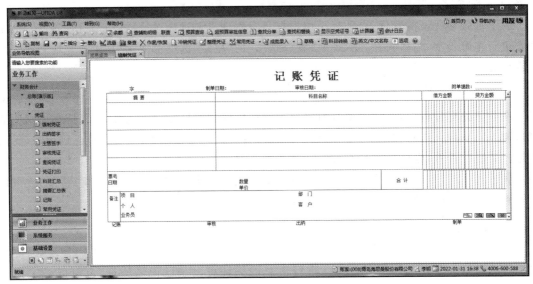

图 3-13 "填制凭证"窗口

(4)单击凭证类别的参照按钮,选择"付款凭证",修改制单日期"2022-01-01",录入附单据数 1。

(5)在摘要栏中输入"提现",在科目名称栏输入科目名称"库存现金",或者输入科目代码"1001",或者单击"参照"按钮(或按 F2 键),选择资产类科目"1001 库存现金",在"借方金额"输入"5000.00"。

(6)按 Enter 键,摘要自动复制到下一行,在科目名称栏输入科目代码"100201",或者单击"参照"按钮(或按 F2 键),选择资产类科目"100201 银行存款-工行存款"。弹出"辅助项"对话框,输入结算方式"201",票号"XJ001",单击"确定"按钮,如图 3-14 所示。

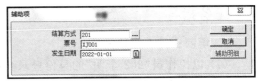

图 3-14 结算方式辅助项 1

(7)按 Enter 键,鼠标在贷方金额处时,输入"5000.00",或按"="键,金额自动等于借方金额 5 000。

(8)单击"保存"按钮或按 F6 键,弹出"凭证已保存成功!"信息提示对话框,单击"是"按钮,登记支票,再单击"确定"按钮,如图 3-15 和图 3-16 所示。

图 3-15 登记支票提示

图 3-16 支票登记

(9)最终结果如图3-17所示。

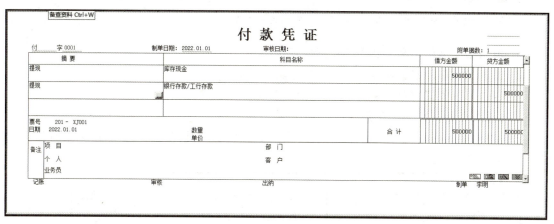

图3-17 经济业务(1)凭证

> **温馨提示：**
> (1)凭证日期应大于或等于总账系统启用日期，并小于或等于计算机系统日期。如果录入日期后，系统提示"日期不能超前建账日期"，则需要在"基础设置"选项卡"基本信息-系统启用"中检查总账启用日期；如果录入日期后系统提示"日期不能滞后系统日期"，则需要检查计算机的系统日期。
> (2)银行存款和库存现金相互划转的业务，均保存为付款凭证。凭证类别一旦保存错误，无法修改，必须删除重新填制。
> (3)此处弹出的"支票登记"对话框是由"总账→设置→选项"中"支票控制"选项决定的，如未弹出此对话框，请回到系统控制参数中选中"支票控制"选项。
> (4)开出的支票需要登记支票登记簿，收到的支票不需要登记。
> (5)已登记的支票在"总账→出纳→支票登记簿"中查看。但是，支票登记簿一旦保存，就和凭证分离了，无论修改或删除凭证都不影响支票登记簿的内容，如果要修改支票登记簿，应在"总账→出纳→支票登记簿"中修改(将报销日期删除，再修改登记簿内容)。
> (6)若出纳在开出支票的时候先登记了支票登记簿，则此处会提醒"此支票已登记过，是否报销?"单击"是"即可报销。

2. 根据第一张凭证生成常用凭证

(1)在"填制凭证"窗口，执行"常用凭证→生成常用凭证"命令，如图3-18所示。

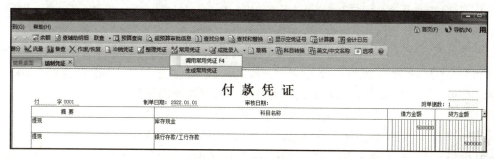

图3-18 生成常用凭证1

(2)在弹出的"常用凭证生成"对话框中，输入代号"001"、说明"提现"，单击"确认"按钮保存为常用凭证，如图3-19所示。

> **温馨提示：**
> 常用凭证还可以在"总账-凭证-常用凭证"中录入，请尝试录入。

3. 填制第2笔至第9笔业务的记账凭证

1) 业务(2)：辅助核算业务——个人往来辅助核算

(1) 在"填制凭证"窗口，单击"增加"按钮，增加一张新凭证。

(2) 按照任务资料录入业务(2)的凭证相关信息。

(3) 输入个人往来科目"122101"后，系统弹出"辅助项"对话框。部门选择"采购部"，个人选择"孙进"，如图3-20所示。

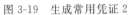

图3-19　生成常用凭证2　　　　图3-20　个人往来辅助项

(4) 其余凭证内容录入结束后，单击"保存"按钮，最终结果如图3-21所示。

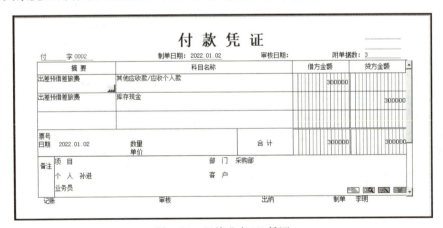

图3-21　经济业务(2)凭证

> **温馨提示：**
> (1) 凭证填制完毕单击"保存"，系统会自动将凭证分类保存，按照"收→付→转"的顺序，每一类凭证根据编号顺序排列。
> (2) 如果采用序时控制，则每个凭证类别都会按日期进行序时控制，本凭证日期不能在上一张付款凭证之前，否则保存的时候会显示日期不序时，无法保存。

增加凭证
(业务3).mp4

2) 业务(3)：辅助核算业务——供应商辅助核算

(1) 在"填制凭证"窗口中，单击"增加"按钮，增加一张新凭证。

(2) 根据任务资料录入业务(3)的凭证相关信息。

(3) 输入完科目"140301"，在弹出"辅助项"对话框中输入数量"10000.00"、单价"2.50"，如图3-22所示。

(4) 输入供应商往来科目"2202"后，弹出"辅助项"对话框，输入供应商"福建德成"、发生日期"2022-01-05"，单击"确认"按钮，如图3-23所示。

图 3-22 数量核算辅助项 1

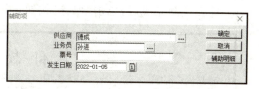

图 3-23 供应商往来辅助项

(5) 其余凭证内容录入结束后,单击"保存"按钮。最终结果如图 3-24 所示。

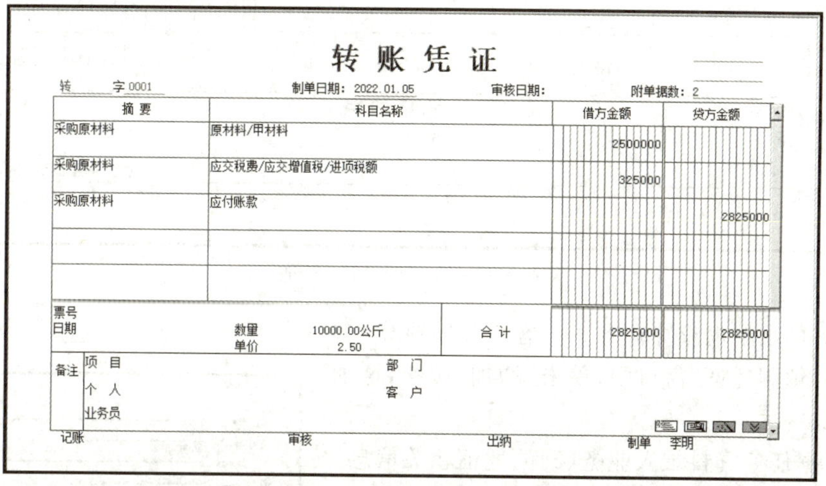

图 3-24 经济业务(3)凭证

3) 业务(4):辅助核算业务——部门辅助核算

(1) 在"填制凭证"窗口中,单击"增加"按钮,增加一张新凭证。
(2) 根据任务资料录入业务(4)的凭证相关信息。
(3) 输入部门科目"660201"后,弹出"辅助项"对话框,输入部门"财务部",如图 3-25 所示。
(4) 输入银行科目"100201"后,按 Enter 键,弹出"辅助项"对话框。输入结算方式"202"、票号"ZZ001"、发生日期"2022-01-08",如图 3-26 所示。
(5) 录入结束,单击"保存"按钮,弹出提示支票登记对话框,单击"是"按钮,登记支票,单击"确定"按钮,如图 3-27 所示。

图 3-25 部门核算辅助项

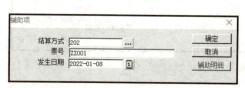

图 3-26 结算方式辅助项 2

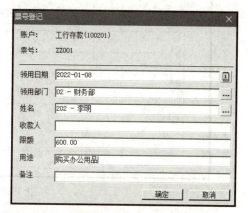

图 3-27 支票登记

(6) 凭证填制完成后，单击“保存”按钮，最终结果如图 3-28 所示。

付款凭证

付 字 0003　制单日期：2022.01.08　审核日期：　附单据数：2

摘要	科目名称	借方金额	贷方金额
采购办公用品	管理费用/办公费用	60000	
采购办公用品	银行存款/工行存款		60000
票号 - 日期	数量 单价 合计	60000	60000

备注　项目　部门 财务部　个人　客户　业务员

记账　审核　出纳　制单 李明

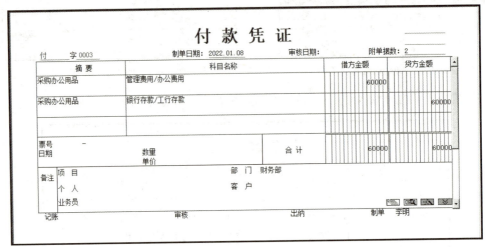

图 3-28　经济业务(4)凭证

4) 业务(5)：辅助核算业务——客户辅助核算

(1) 在“填制凭证”窗口中，单击“增加”按钮，增加一张新凭证。

(2) 根据任务资料录入业务(5)的凭证相关信息。

(3) 输入客户往来科目“1122”后，弹出“辅助项”对话框，输入客户“润冠”、发生日期“2022-01-13”，如图 3-29 所示。

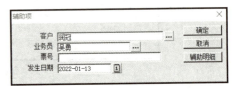

图 3-29　客户往来辅助项

(4) 凭证填制完成后，单击“保存”按钮，最终结果如图 3-30 所示。

转账凭证

转 字 0002　制单日期：2022.01.13　审核日期：　附单据数：2

摘要	科目名称	借方金额	贷方金额
销售发货	应收账款	13560000	
销售发货	主营业务收入		12000000
销售发货	应交税费/应交增值税/销项税额		1560000
票号 日期	数量 单价 合计	13560000	13560000

备注　项目　部门　个人　客户　业务员

记账　审核　出纳　制单 李明

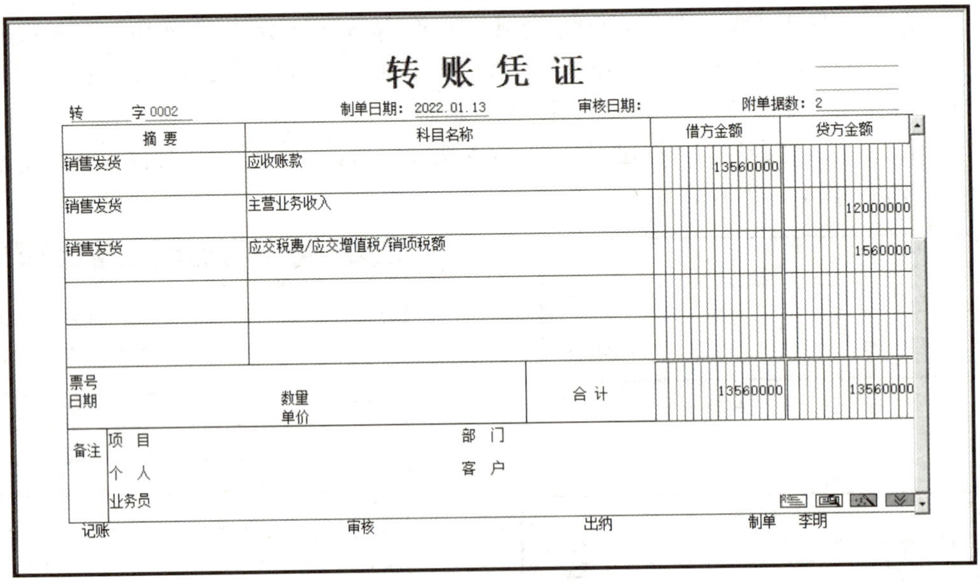

图 3-30　经济业务(5)凭证

5) 业务(6)：辅助核算业务——结算方式辅助核算

(1) 在“填制凭证”窗口中，单击“增加”按钮，增加一张新凭证。

(2) 根据任务资料录入业务(6)的凭证相关信息。

(3) 输入银行科目"100201"后,按 Enter 键后弹出"辅助项"对话框。输入结算方式"202"、票号"ZZ002"、发生日期"2022-01-18",如图3-31所示。

(4) 为客户往来辅助项的录入信息,如图3-32所示。

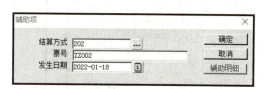
图3-31 结算方式辅助项3

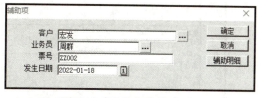
图3-32 客户往来辅助项2

(5) 凭证填制完成后,单击"保存"按钮,最终结果如图3-33所示。

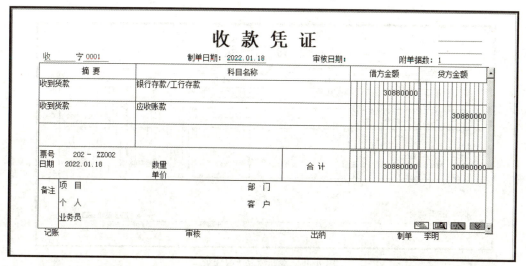
图3-33 经济业务(6)凭证

6) 业务(7):辅助核算业务——外币辅助核算

(1) 在"填制凭证"窗口中,单击"增加"按钮,增加一张新凭证。

(2) 根据任务资料录入业务(7)的凭证相关信息。

(3) 图3-34为"银行存款/中国银行"科目结算方式辅助项的录入信息。

图3-34 结算方式辅助项4

(4) 在"外币"栏输入外币金额"50000.00",按 Enter 键,系统自动显示外币汇率"6.275",并自动换算并显示借方金额312 500,如图3-35所示。

(5) 凭证填制完成后,单击"保存"按钮,最终结果如图3-36所示。

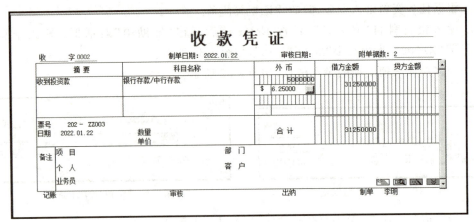

图 3-35　经济业务(7)凭证 1

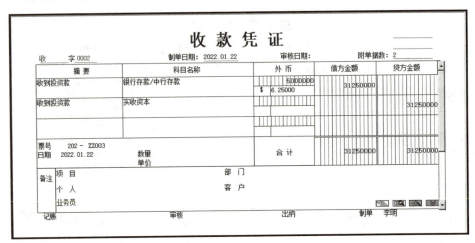

图 3-36　经济业务(7)凭证 2

> **温馨提示：**
> (1) 之前在外币设置中已经设定了汇率是固定汇率，且汇率已经设定好，此处不能修改。如果使用浮动汇率，汇率栏中显示最近一次汇率，可以直接修改。
> (2) 若此处"银行存款/美元户"科目未显示外币栏目，则可能是在之前设置会计科目时未将本科目设置为外币核算，可进入"基础设置→基础档案→财务→会计科目"中进行修改。

7) 业务(8)：数量金额辅助核算

(1) 查询原材料明细账，确定领用甲材料的成本。

① 执行"业务工作→财务会计→总账→账表→明细账"命令，选择科目"原材料/甲材料"，勾选"包含未记账凭证"，单击"确定"按钮进入"原材料/原料及主要材料/生铁"的明细账，如图3-37所示。

② 将右上角的"金额式"账簿类型改为"数量金额式"，可看到如图3-38所示账簿：甲材料期

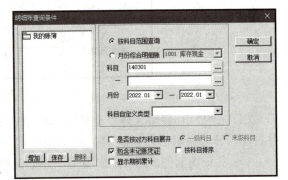

图 3-37　明细账查询条件

初 100 000 千克,单价 2.40 元/千克;本期购入 10 000 千克,单价 2.50 元/千克。根据先进先出法,确定本次领用 10 吨甲材料单价为 2.40 元/千克。

图 3-38 原材料明细账

③ 关闭原材料明细账。

(2) 单击"增加"按钮,录入业务(8)的会计凭证。

(3) 输入项目核算科目"500101"后,弹出"辅助项"对话框,输入项目名称"X 型",如图 3-39 所示。

(4) 图 3-40 为"原材料/甲材料"科目数量核算的录入信息。单击"确定"按钮后,金额出现在借方,按 Space 键,金额自动调整为贷方。

图 3-39 项目核算辅助项　　　　图 3-40 数量核算辅助项 2

(5) 凭证填制完成后,单击"保存"按钮,最终结果如图 3-41 所示。

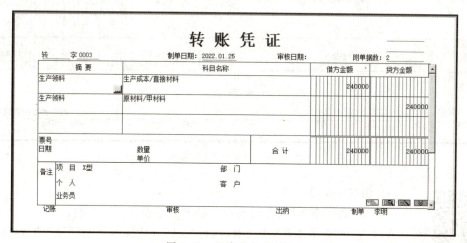

图 3-41 经济业务(8)凭证

8) 业务(9):常用凭证的调用

(1) 在"填制凭证"窗口,直接执行"常用凭证→调用常用凭证"命令。

(2) 在弹出的"调用常用凭证"窗口中选择"001 提现"常用凭证,如图 3-42 所示,单击"确定"按钮。

图 3-42 调用常用凭证 1

（3）在生成的新记账凭证窗口，将金额改为1 000.00元。单击第二行会计分录，双击辅助项弹出辅助项窗口。

（4）按照任务资料输入票号等信息，具体如图3-43所示。

（5）单击"保存"按钮保存凭证，在弹出的提示支票登记对话框中的单击"是"按钮。

（6）在弹出的"票号登记"对话框中输入信息，如图3-44所示，单击"确定"按钮。

图3-43 调用常用凭证2

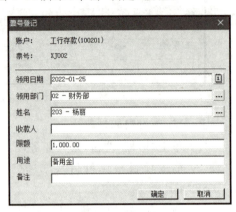

图3-44 调用常用凭证3

（7）生成的凭证，如图3-45所示。

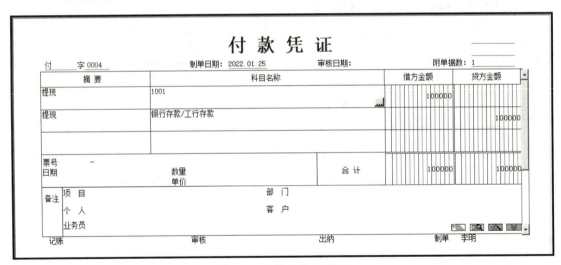

图3-45 经济业务(9)凭证

4. 修改辅助项

查询、修改、删除凭证

（1）以"202 李明"操作员身份注册并登录企业应用平台。

（2）选中"业务工作"选项卡，执行"总账→凭证→填制凭证"命令，进入"填制凭证"窗口。

（3）单击"查询"按钮，打开"凭证查询"对话框。选择付款凭证类别，选择月份为"2022年1月"，凭证号为"2"，如图3-46所示。单击"确定"按钮，系统即显示需要修改的第2号付款凭证。

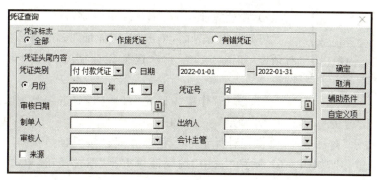

图 3-46 修改辅助项 1

(4) 在付款凭证 2 页面上,单击第一条分录的任意位置,将鼠标移至凭证的左下角个人辅助核算信息处,此时鼠标变为 ,双击,弹出"辅助项"对话框。

(5) 在"辅助项"对话框中,选中"采购部",按 Backspace 键或 Delete 键删除,重新选择部门为"销售一部";同理,选中"孙进",删除之后重新选择个人为"周群",单击"确定"按钮,如图 3-47 所示。

图 3-47 修改辅助项 2

(6) 修改结束,单击"保存"按钮或按 F6 键进行保存。

> **温馨提示:**
> 其他辅助项均采用此方法进行修改。

5. 删除第 3 号转账凭证

删除凭证需要先作废凭证,然后整理凭证。作废的凭证仍保留凭证内容及编号,只在凭证左上角显示"作废"字样。整理凭证是对凭证的彻底删除。

1) 作废凭证

(1) 选中"业务工作"选项卡,执行"总账→凭证→填制凭证"命令,进入"填制凭证"窗口。

(2) 单击"查询"按钮,打开"凭证查询"对话框。选择转账凭证类别,选择月份为"2022 年 1 月",凭证号为"3",如图 3-48 所示。单击"确定"按钮,系统即显示需要作废的第 2 号付款凭证。

(3) 在第 3 号转账凭证界面,单击"作废/恢复"按钮,将该凭证打上"作废"标志。

图 3-48 删除凭证——作废

图 3-49　整理凭证 1

2）整理凭证

(1) 在凭证界面,单击"整理凭证"按钮,弹出"凭证期间选择"对话框,如图 3-49 所示。选择凭证期间"2022.01",单击"确定"按钮。

(2) 弹出"作废凭证表"对话框,双击需要删除凭证所在行的删除栏,或者单击"全选",然后单击"确定"按钮,如图 3-50 所示。

(3) 弹出"提示"对话框,并提供三种凭证断号整理方式:"按凭证号重排""按凭证日期重排""按审核日期重排",如图 3-51 所示。选中"按凭证号重排"单选按钮,单击"是"按钮,完成对凭证号的重新整理。

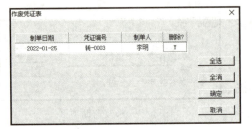

图 3-50　整理凭证 2

图 3-51　整理凭证 3

> **温馨提示:**
> (1) 作废的凭证不能修改,不能审核,可以直接对它记账,但是它的数据相当于都是 0。
> (2) 作废的凭证如果想恢复,可重新单击 ✕作废/恢复 按钮,取消作废标志。
> (3) 整理凭证断号是因为某些需要整理的凭证编号在中间,如果不整理,则会出现空号。一般按凭证号重排即可。
> (4) 未审核签字的凭证可以直接删除,已审核或出纳签字的凭证,必须在取消签字以后才能删除。

6. 出纳签字

(1) 以"203 杨丽"操作员的身份登录企业应用平台,登录日期选择 2022-01-31。若已经以其他操作员身份进入企业应用平台,则需单击左上角"重注册"按钮。

(2) 执行"业务工作→财务会计→总账→凭证→出纳签字"命令,打开"出纳签字"查询条件对话框,如图 3-52 所示。也可以在此对话框中进行条件筛选,分批进行出纳签字。

出纳签字.mp4

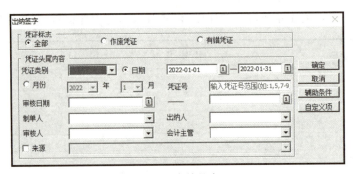

图 3-52　出纳签字 1

(3) 单击"确定"按钮,选定全部需要出纳签字的凭证,进入"出纳签字列表"窗口,如图 3-53 所示。

图 3-53 出纳签字 2

> **温馨提示：**
> （1）可在弹出的"出纳签字"对话框中选择条件以缩小查找范围,若直接单击"确定"按钮则认定范围为本月的所有出纳凭证。
> （2）涉及指定为现金科目和银行科目的凭证才可以出纳签字。若此处弹出对话框提示"没有符合条件的凭证",可能是没有指定会计科目。可以到"基础设置→基础档案→财务→会计科目"中,执行"编辑→指定科目"命令,查看是否已指定。

（4）在"出纳签字列表"中双击某张要签字的凭证,进入"出纳签字"窗口。

（5）单击"签字"按钮,执行出纳签字功能,凭证底部的"出纳"位置被自动签上出纳人姓名,如图 3-54 所示。

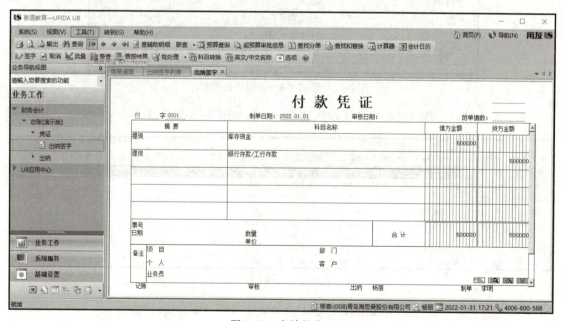

图 3-54 出纳签字 3

（6）单击"下一张"按钮,依次完成所有凭证的出纳签字工作。

温馨提示：

（1）出纳凭证是指涉及现金和银行存款科目的凭证。出纳签字是指由出纳人员通过"出纳签字"功能对制单员填制的凭证进行检查核对，核对的内容主要是出纳凭证的出纳科目金额是否正确。

（2）只有指定为现金科目和银行科目的凭证才需要出纳签字。

（3）在"出纳签字"窗口可以执行"批处理→成批出纳签字"命令对所有凭证进行一次性签字。

（4）凭证一旦签字，就不可以被修改或删除，只有取消签字以后才可以修改或删除，取消签字必须由出纳自己进行。

（5）如果在设置总账参数时，不选择"出纳凭证必须由出纳签字"，这个步骤可以省略。

7. 凭证审核

审核凭证.mp4

（1）以"201 罗洁"操作员的身份登录企业应用平台，登录日期选择 2022-01-31。

（2）执行"业务工作→财务会计→总账→凭证→审核凭证"命令，弹出"凭证审核"对话框，如图 3-55 所示。可在此对话框中进行条件筛选，分批进行凭证审核。

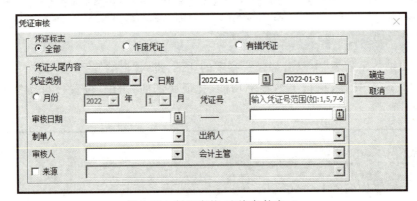

图 3-55　凭证审核-查询条件窗口

（3）单击"确定"按钮，进入"凭证审核列表"窗口，如图 3-56 所示。

制单日期	凭证编号	摘要	借方金额合计	贷方金额合计	制单人	审核人	系统名	备注	审核日期	年度
2022-1-18	收-0001	收到货款	308,800.00	308,800.00	李明					2022
2022-1-22	收-0002	收到投资款	312,500.00	312,500.00	李明					2022
2022-1-1	付-0001	提现	5,000.00	5,000.00	李明					2022
2022-1-2	付-0002	出差预借差旅费	3,000.00	3,000.00	李明					2022
2022-1-6	付-0003	采购办公用品	600.00	600.00	李明					2022
2022-1-25	付-0004	提现	1,000.00	1,000.00	李明					2022
2022-1-5	转-0001	采购原材料	28,250.00	28,250.00	李明					2022
2022-1-13	转-0002	销售发货	135,600.00	135,600.00	李明					2022

图 3-56　凭证审核-列表窗口

（4）在"凭证审核列表"中双击某张要审核的凭证，进入"审核凭证"窗口。

（5）单击"审核"按钮，执行审核凭证功能，凭证底部的"审核"位置被自动签上审核人姓名，并自动进入下一张需要审核的凭证，如图 3-57 所示。

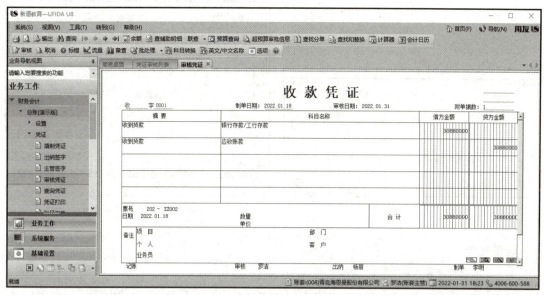

图 3-57 "审核凭证"窗口

> 温馨提示：
> (1) 凭证审核主要审核记账凭证是否与原始凭证相符，会计分录是否正确。审核人员认为错误或有异议的凭证，可以进行"标错"，由制单人进行修改后再进行审核。"标错"凭证不能被审核，必须取消标错后才能审核。
> (2) 在"审核凭证"窗口可以执行"批处理→成批审核凭证"命令对所有凭证进行一次性审核。
> (3) 审核人和制单人不能是同一人。
> (4) 凭证一经审核，不能修改或删除，必须取消审核才能修改或删除。
> (5) 已经作废的凭证不能审核，必须要取消作废才可以审核。
> (6) 凭证必须要经过审核才能记账，作废凭证除外。

8. 凭证记账

(1) 以"201 罗洁"操作员的身份登录企业应用平台，登录日期选择 2022-01-31。

(2) 选中"业务工作"选项卡，执行"总账→凭证→记账"命令，打开"记账"对话框，如图 3-58 所示。"记账范围"为"全选"，然后单击"记账"按钮。

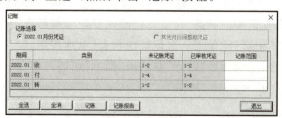

图 3-58 选择记账范围

凭证记账.mp4

(3) 弹出"期初试算平衡表"对话框，如图 3-59 所示，单击"确定"按钮。

(4) 系统自动记账，记账完毕后，系统弹出"记账完毕！"对话框，如图 3-60 所示，单击"确定"按钮，系统显示科目汇总表信息，可进行"预览""打印"或"输出"。然后单击"退出"按钮，记账完毕。

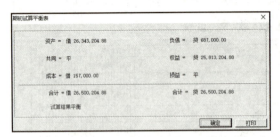

图 3-59 期初试算平衡表

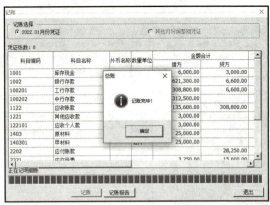

图 3-60 记账完毕提示

> **温馨提示：**
> (1) 如果期初余额试算不平衡，则不能记账。
> (2) 凭证必须要经过审核才能记账，如果总账控制参数设置了"出纳凭证必须由出纳签字"，或者"凭证必须由主管会计签字"，则必须出纳签字或主管签字之后才能记账。
> (3) 作废的凭证不需要审核，但是可直接记账，记账后若要彻底删除该凭证，必须取消记账才可以整理凭证。

9. 修改已记账的凭证

会计信息系统按照规定流程进行业务处理，在进行了后续操作之后，如果要修改之前步骤的操作，必须将后续操作一一取消，才可以进行修改，而且必须是操作者本人才可以取消或修改。

1）取消记账

(1) 以账套主管"201 罗洁"的身份登录企业应用平台，登录日期选择 2022-01-31。

(2) 在总账模块中，执行"期末→对账"命令，进入"对账"窗口。按 Ctrl＋H 组合键，系统弹出"恢复记账前状态功能已被激活"信息提示对话框，如图 3-61 所示，同时在屏幕左侧"凭证"菜单下显示"恢复记账前状态功能"菜单栏。

(3) 单击"确定"按钮，再单击工具栏上的"退出"按钮，退出"对账"窗口。

> **温馨提示：**
> 在"对账"中再按一次 Ctrl＋H 组合键，"恢复记账前状态功能"将重新隐藏。

(4) 执行"凭证→恢复记账前状态"命令，打开"恢复记账前状态"对话框。

(5) 从三种恢复方式中选择"最近一次记账前状态"单选按钮。

(6) 单击"确定"按钮，系统弹出"输入"对话框，提示"请输入口令："，如图 3-62 所示。

> **温馨提示：**
> 每个月可以多次记账，恢复记账前状态应根据实际需要选择不同的方式。如果只记过一次账，则选择恢复到"最近一次记账前状态"和"2022 年 01 月初状态"是一样的；如果记过多次账，则要根据修改的凭证选择恢复方式；如果是选择月初状态，则是本月所有的凭证都取消记账。另外，还可以"选择凭证范围恢复记账"，可以恢复指定范围的凭证，甚至还可以根据需要选择哪些科目不恢复。

(7) 输入账套主管口令"1"，单击"确认"按钮，稍后，系统弹出"恢复记账完毕！"信息提示框，单击"确认"按钮。

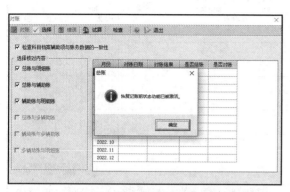

图 3-61　激活恢复记账前状态

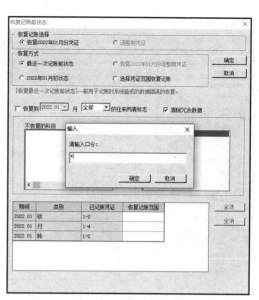

图 3-62　选择恢复方式

2）取消审核

（1）执行"凭证→审核凭证"命令，在弹出的"凭证审核"对话框中单击"确定"按钮，进入凭证审核列表，选中"付 0003"号凭证，如图 3-63 所示。

凭证共 8张　已审核 8 张　未审核 0 张　凭证号排序　制单日期排序

制单日期	凭证编号	摘要	借方金额合计	贷方金额合计	制单人	审核人	系统名	备注	审核日期	年度
2022-1-18	收 - 0001	收到货款	308,800.00	308,800.00	李明	罗洁			2022-1-31	2022
2022-1-22	收 - 0002	收到投资款	312,500.00	312,500.00	李明	罗洁			2022-1-31	2022
2022-1-1	付 - 0001	提现	5,000.00	5,000.00	李明	罗洁			2022-1-31	2022
2022-1-2	付 - 0002	出差预借差旅费	3,000.00	3,000.00	李明	罗洁			2022-1-31	2022
2022-1-8	付 - 0003	采购办公用品	600.00	600.00	李明	罗洁			2022-1-31	2022
2022-1-25	付 - 0004	提现	1,000.00	1,000.00	李明	罗洁			2022-1-31	2022
2022-1-5	转 - 0001	采购原材料	28,250.00	28,250.00	李明	罗洁			2022-1-31	2022
2022-1-13	转 - 0002	销售发货	135,600.00	135,600.00	李明	罗洁			2022-1-31	2022

图 3-63　取消审核 1

（2）双击进入"审核凭证"界面，单击左上角"取消"按钮，凭证底部审核人罗洁消失，如图 3-64 所示。

3）取消出纳签字

（1）以出纳（203 杨丽）的身份登录企业应用平台，登录日期选择 2022-01-31。

（2）在总账模块中，执行"凭证→出纳签字"命令，在弹出的"出纳签字"对话框中单击"确定"，进入出纳签字列表，选中"付 0003"号凭证，如图 3-65 所示。

（3）双击"付 0003"号凭证进入"出纳签字"界面，单击左上角"取消"按钮，凭证底部出纳杨丽消失，如图 3-66 所示。

4）修改凭证

（1）以总账会计（202 李明）的身份登录企业应用平台，登录日期选择 2022-01-31。

（2）选中"业务工作"选项卡，执行"总账→凭证→查询凭证"命令，在弹出的"凭证查询"对话框中单击"确定"按钮，进入查询凭证列表，选中"付 0003"号凭证。

（3）双击"付 0003"号凭证进入"查询凭证"界面，单击左上角"修改"按钮，进入修改模式。将凭证借、贷方金额均改为"800.00"，单击"保存"按钮，如图 3-67 所示。

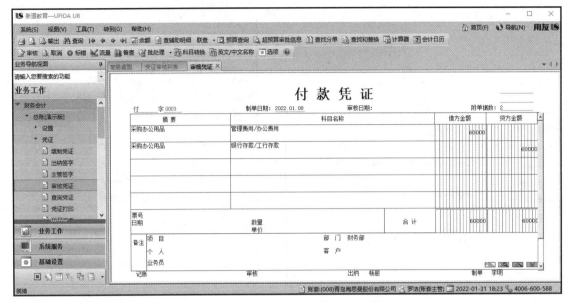

图 3-64 取消审核 2

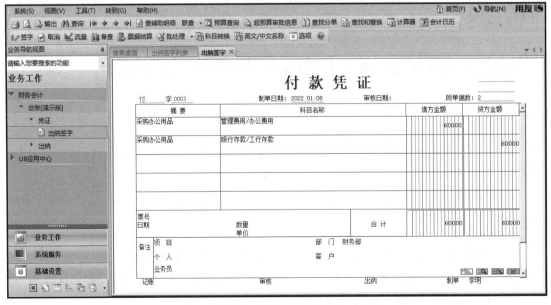

图 3-65 取消出纳签字 1

图 3-66 取消出纳签字 2

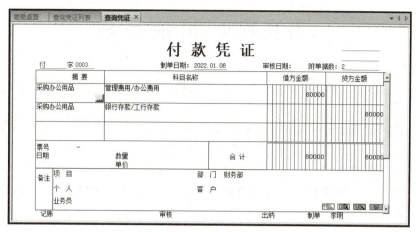

图 3-67 修改凭证

> **温馨提示：**
> （1）本凭证在未修改之前已登记过支票登记簿，修改凭证不影响支票登记簿的内容，因此，出纳还要重新修改支票登记簿的金额。
> （2）如果在总账系统中选中"允许修改、作废他人填制的凭证"复选框，则可由非原制单人修改或作废他人填制的凭证，被修改凭证的制单人将被修改为现在修改凭证的人。
> （3）如果在总账系统中没有选中"允许修改、作废他人填制的凭证"复选框，则只能由原制单人修改或作废其填制的凭证。

10. 重新出纳签字、审核、记账

（1）出纳（203 杨丽）将付 0003 号凭证重新出纳签字。

（2）账套主管（201 罗洁）将付 0003 号凭证重新审核，然后记账。

（3）修改支票登记簿。

① 出纳（203 杨丽）登录企业应用平台，登录日期 2022-01-31。

② 执行"总账→出纳→支票登记簿"命令，选择"工商银行"，单击"确定"按钮，进入支票登记簿，如图 3-68 所示。

图 3-68 修改支票登记簿 1

③ 双击"报销日期"，将其删除。

④ 退出支票登记簿，重新进入，该支票变为白色未报销状态，将实际金额修改为"800"，如图 3-69 所示。

图 3-69 修改支票登记簿 2

⑤ 填写报销日期"2022.01.08"，单击"保存"按钮，该支票重新变为黄色已报销状态。

工作任务四　出　纳　管　理

任务资料

（1）1月28日，采购部孙进领用一张转账支票用于采购材料，票号为 XJ003，预计金额为 5 000.00 元。

（2）青岛市海思曼股份有限公司银行账的启用日期为 2022-01-01，工行人民币户企业日记账调整前余额为 1 616 774.00 元，未达账项一笔，为银行已收 2021 年 12 月 30 日企业未收款 200 000.00 元，结算方式 202，票号 556；银行对账单调整前余额为 1 782 774.00 元，未达账项一笔，为 2021.12.31 企业已收银行未收款 34 000.00 元，已填制第 36 号收款凭证，结算方式 202，票号 665。

青岛海思曼股份有限公司1月银行对账单，如表 3-9 所示。

表 3-9　2022 年 1 月工行银行对账单

日期	结算方式	票号	借方金额	贷方金额
2022.01.01	202	665	34 000	
2022.01.02	201	XJ001		5 000
2022.01.08	202	ZZ001		800
2022.01.30	202	ZZ003	30 000	

任务要求

以出纳（203 杨丽）的身份登录企业应用平台，完成以下出纳管理任务。

（1）登记支票登记簿。

（2）查询现金日记账、银行存款日记账。

（3）查询 2022 年 1 月 1 日的资金日报表。

（4）进行本月银行对账。

背景知识

1. 日记账

日记账包括现金日记账和银行日记账。凭证执行记账功能，系统自动登记现金日记账和银行存款日记账，出纳不需要再登记。日记账管理主要是对库存现金和银行存款日记账进行查询。

要进行日记账管理，需要进行两方面的设置，其一是在"基础设置→基础档案→财务→会计科目"中，在需要管理的会计科目选项卡中选中"日记账"选项；其二是在"基础设置→基础档案→财务→会计科目"中，执行"编辑→指定科目"命令，指定现金总账和银行总账科目。

2. 资金日报表

资金日报表是反映现金、银行存款发生额及余额情况的报表。它主要用于查询、输出或打印资金日报表，提供当日借、贷方金额合计和余额。

3. 支票登记簿

在手工记账时，为了保证资金安全，明确人员责任，通常要求出纳员登记"支票领用登记簿",详细登记开出的支票的各项信息:领用日期、支票号码、领用人、用途、收款单位等。同样,在会计信息系统中,也开发了该功能以供出纳进行对支票进行管理。

要使用支票登记簿,就需要进行两方面的设置,其一是在"基础设置-基础档案-财务-会计科目"中,在需要登记的银行会计科目选项卡中选中"银行账"选项;其二是在"基础设置-基础档案-收付结算-结算方式"中,选择"票据管理"。

支票领用和报销的程序如下。

(1)领用支票时,出纳须在支票登记簿中据实登记领用日期、领用部门、领用人、支票号、备注等。

(2)支票支出时,经办人须持原始凭证报销,会计人员据此填制记账凭证,在录入该凭证时,系统要求录入该支票的结算方式和支票号,并自动填写报销日期,该支票即报销。已报销的支票,在支票登记簿中变为黄色。

需要注意的是,如果在填制记账凭证之前出纳没有事先登记支票登记簿,则填制凭证完毕保存时,系统会弹出"提示此支票尚未登记,是否登记?"对话框,如果需要登记,单击"是",支票自动登记,同时报销。

4. 银行对账

企业的结算业务大部分要通过银行进行,而由于企业和银行的入账时间不一致,往往会出现双方账面金额不一致的情况,即所谓"未达账项"。为了能够准确掌握银行存款的实际情况,了解实际可以运用的货币资金数额,防止可能发生的记账错误,企业必须定期将银行日记账与银行出具的对账单进行核对,并编制银行存款余额调节表。在银行对账单余额与企业账面余额的基础上,各自加上对方已收,本单位未收款项数额,减去对方已付,本单位未付款项数额,以调整双方余额使其一致。在会计信息系统中银行对账的步骤为:输入银行对账期初→输入银行对账单→银行对账→查询输出余额调节表。

1)输入银行对账期初数据

企业使用会计信息系统以后,应该在此录入启用日期前最后一次手工对账企业方与银行方的调整前余额,以及单位日记账和银行对账单的未达项。双方调整后余额应该是一致的。

2)输入银行对账单

会计信息系统可实现单位日记账和银行对账单自动对账,单位日记账的数据,只需要将凭证记账便可得到,但是银行对账单目前尚无法导入系统,必须手动录入。在月末对账之前,必须将银行开出的银行对账单输入计算机。

3)银行对账

银行对账采用自动对账与手工对账相结合的方式。

(1)自动对账。凭证记账并录入银行对账单后,单位日记账和银行对账单便可对照显示,这时可在系统中单击"对账",则可根据核销条件进行自动核对勾销。对于已经核对上的银行业务,系统将自动在单位日记账和银行对账单双方画上两清标记,视为已达账项。自动对账成功必须要保证对账数据的规范完整,例如,如果选择"结算票号相同"和"结算方式相同"的核销条件,那两方面款项必须结算票号和结算方式都相同,否则无法对账成功。

(2)手工对账。手工对账是对自动对账的补充。采用自动对账后,可能由于一些特殊原因,某些已达账项没有对出来(比如输入不够完整规范,无法满足自动对账的条件),这样,为了保证款项的准确性,就需要通过手工对账进行二次核对。手工对账需在两清标志处双击打钩,需要注意的是,必须在单位日记账和银行对账单双方都进行打钩核销。

4）查询输出余额调节表

银行对账之后，系统自动整理汇总未达账项和已达账项，生成"银行存款余额调节表"，以检查对账是否正确。出纳可进行查询和数据输出。

5）其他功能

在银行对账功能中，还可以进行"查询对账勾对情况"和"核销银行账"处理。前者可以进一步详细了解对账单的勾对明细情况，后者则通过核销银行账来核销已达账项（对账准确无误可进行核销）。

📝 任务指导

1. 登记支票登记簿

（1）出纳（203 杨丽）登录企业应用平台，登录日期 2022-01-31。

（2）执行"总账→出纳→支票登记簿"命令，选择"100201 工商银行"，单击"确定"按钮，进入"支票登记簿"窗口。

（3）单击工具栏"增加"按钮，输入或选择领用日期"2022.01.28"、领用部门"采购部"、领用人"孙进"、支票号"XJ003"、预计金额"5000.00"、用途"采购材料"，如图 3-70 所示，单击"保存"按钮，退出。

登记支票登记簿.mp4

图 3-70 登记支票登记簿

2. 查询日记账

（1）在总账系统中，执行"出纳→现金日记账"命令，弹出"现金日记账查询条件"对话框，如图 3-71 所示。选择"对方科目显示"为"名称＋编码""末级"，选中"是否按对方科目展开"，单击"确定"进入现金日记账窗口。

查询日记账.mp4

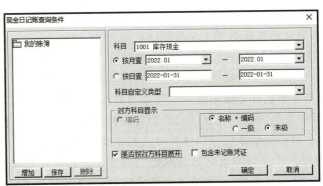

图 3-71 现金日记账查询条件

（2）现金日记账如图 3-72 所示，摘要栏按凭证对方科目辅助项详细展开，对方科目按末级科目显示。

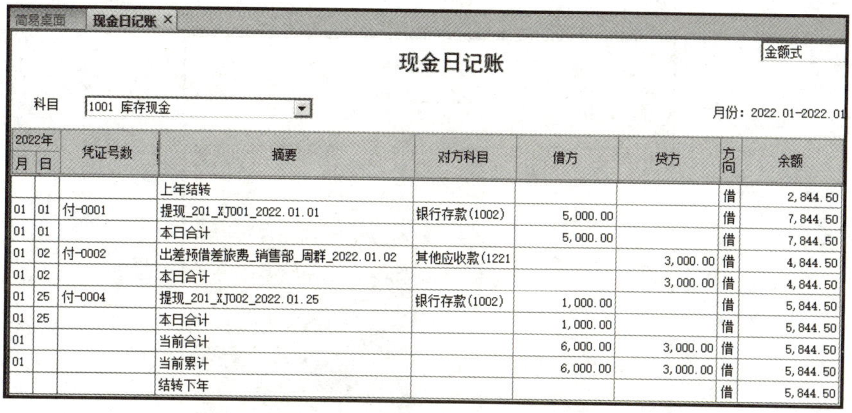
简易桌面　现金日记账 ×

现金日记账

金额式

科目　1001 库存现金

月份：2022.01-2022.01

2022年 月	日	凭证号数	摘要	对方科目	借方	贷方	方向	余额
			上年结转				借	2,844.50
01	01	付-0001	提现_201_XJ001_2022.01.01	银行存款(1002)	5,000.00		借	7,844.50
01	01		本日合计		5,000.00		借	7,844.50
01	02	付-0002	出差预借差旅费_销售部_周群_2022.01.02	其他应收款(1221		3,000.00	借	4,844.50
01	02		本日合计			3,000.00	借	4,844.50
01	25	付-0004	提现_201_XJ002_2022.01.25	银行存款(1002)	1,000.00		借	5,844.50
01	25		本日合计		1,000.00		借	5,844.50
01			当前合计		6,000.00	3,000.00	借	5,844.50
01			当前累计		6,000.00	3,000.00	借	5,844.50
			结转下年				借	5,844.50

图 3-72　查询现金日记账

（3）单击工具栏“总账”按钮，可查看此科目的三栏式总账。

（4）光标置于某业务行，单击工具栏“凭证”按钮，可查看相应的凭证。

（5）银行日记账查询步骤与现金日记账基本相同，知识查询结果多出“结算号”信息，用于期末银行对账，结果如图 3-73 所示。

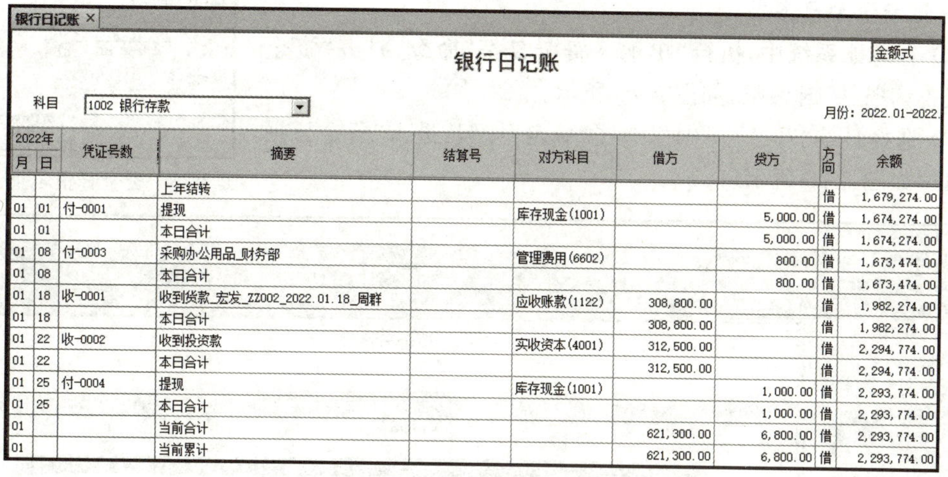
银行日记账 ×

银行日记账

金额式

科目　1002 银行存款

月份：2022.01-2022.

2022年 月	日	凭证号数	摘要	结算号	对方科目	借方	贷方	方向	余额
			上年结转					借	1,679,274.00
01	01	付-0001	提现		库存现金(1001)		5,000.00	借	1,674,274.00
01	01		本日合计				5,000.00	借	1,674,274.00
01	08	付-0003	采购办公用品_财务部		管理费用(6602)		800.00	借	1,673,474.00
01	08		本日合计				800.00	借	1,673,474.00
01	18	收-0001	收到货款_宏发_ZZ002_2022.01.18_周群		应收账款(1122)	308,800.00		借	1,982,274.00
01	18		本日合计			308,800.00		借	1,982,274.00
01	22	收-0002	收到投资款		实收资本(4001)	312,500.00		借	2,294,774.00
01	22		本日合计			312,500.00		借	2,294,774.00
01	25	付-0004	提现		库存现金(1001)		1,000.00	借	2,293,774.00
01	25		本日合计				1,000.00	借	2,293,774.00
01			当前合计			621,300.00	6,800.00	借	2,293,774.00
01			当前累计			621,300.00	6,800.00	借	2,293,774.00

图 3-73　查询银行日记账

温馨提示：

（1）可按照查询月份和日期进行有针对性的查询，例如，如果想查询本月 1—10 日的现金日记账，可以选择按日查，日期处输入“2022-01-01”—“2022-01-10”。

（2）正常情况下，要凭证记账以后才能查询各种账簿，包括现金日记账，如果还未记账时便需要查询现金日记账，可选中“包含未记账凭证”按钮。

（3）如果在总账系统中选择了“明细账查询控制到科目”复选框，而操作员又没有被赋予“现金”和“银行存款”科目的查询权限，则无法查询到日记账结果，系统会提示“此操作员无科目编码 1001 的权限”和“此操作员无科目编码 1001 的权限”。此时，应按如下步骤操作。

① 以账套主管“201 罗洁”身份重新注册，执行“总账→设置→数据权限分配”命令，进入“权限预览”窗口。

② 选中用户"203 杨丽",业务对象选中"科目",单击工具栏"授权"按钮,打开"记录权限设置"对话框。

③ 选中"查账"复选框,将"禁用"列表中科目"1001""1002""100201""100202"选入"可用"列表,如图 3-74 所示。

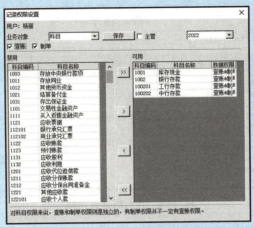

图 3-74 设置日记账科目权限

④ 单击"保存"按钮,系统提示"保存成功,重新登录门户,此配置才能生效!",单击"确定"按钮。

⑤ 以"203 杨丽"的身份重新注册,可进行日记账的查询。

3. 查询资金日报表

(1) 在总账系统中,执行"出纳→资金日报"命令,打开"资金日报表查询条件"对话框,如图 3-75 所示。

(2) 选择日期"2022-01-01",单击"确定"按钮,进入"资金日报表"窗口,如图 3-76 所示。

图 3-75 资金日报表查询条件

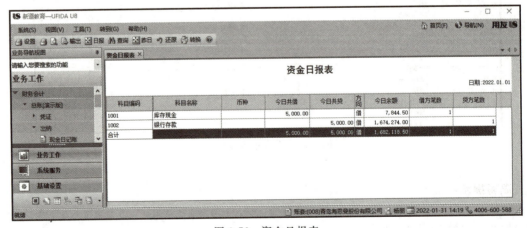

图 3-76 资金日报表

> 💡 **温馨提示:**
> (1) 级次是指资金日报表中显示的会计科目的级次,级次为"1"-"1",则资金日报表中会计科目只显示总账科目,可将级次处修改为"1"-"2",看看和"1"-"1"有何区别。
> (2) 在会计科目中指定为"现金科目"和"银行科目"的会计科目才会出现在资金日报表中。正常情况下,如果某日没有资金进出,但是想查看余额,可选择"有余额无发生也显示"。

4. 银行对账

1) 银行对账期初数据录入

（1）出纳（203 杨丽）登录企业应用平台，登录日期 2022-01-31。

（2）在总账系统中，执行"出纳→银行对账→银行对账期初录入"命令，选择银行科目"工商银行"，单击"确定"按钮进入"银行对账期初"对话框，确定启用日期为"2022.01.01"。

（3）输入单位日记账调整前余额 1 616 774.00，结果如图 3-77 所示。

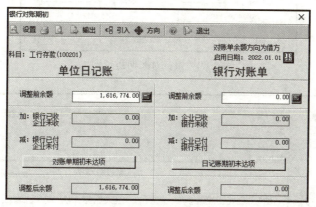

图 3-77　银行对账期初录入

（4）单击"对账单期初未达项"，输入银行方期初。对账单期初未达数据如图 3-78 所示。

图 3-78　银行对账期初录入 1

（5）同理，录入银行对账单调整前余额和未达账项。日记账期初未达项如图 3-79 所示。

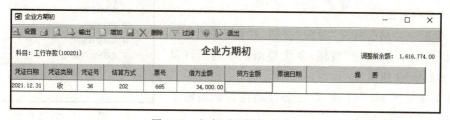

图 3-79　银行对账期初录入 2

（6）最终结果如图 3-80 所示。

2) 录入本期银行对账单

（1）在总账系统中，执行"出纳→银行对账→银行对账单"命令，打开"银行科目选择"对话框。选择银行科目"100201 工行存款"，月份选择"2022.01"至"2022.01"，单击"确定"按钮进入"银行对账单"窗口按钮。

（2）单击"增加"按钮，照任务资料输入 1 月银行对账单。结果如图 3-81 所示。

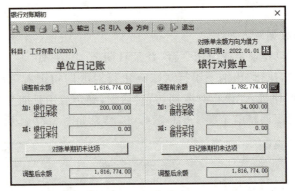

图 3-80　银行对账期初录入 3

图 3-81　银行对账单

（3）单击"保存"按钮，关闭银行对账单。

3）银行对账

（1）在总账系统中，执行"出纳→银行对账→银行对账"命令，选择银行科目"100201 工行存款"，单击"确定"按钮进入"银行对账"窗口。

（2）单击左上角工具栏"对账"按钮，在弹出的"自动对账"对话框中单击"确定"按钮，系统根据默认的条件自动对账，如图 3-82 所示。

对账结果如图 3-83 所示，系统会自动在符合对账条件的记录行打上"两清"标志"○"。

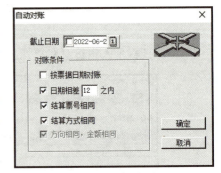

图 3-82　自动对账

		单位日记账						银行对账单			
票据日期	结算方式	票号	方向	金额	凭证号数	摘要	日期	结算方式	票号	方向	金额	两清	对账序号
2022.01.18	202	ZZ002	借	308,800.00	收-0001	收到货款	2021.12.30	202	556	借	200,000.00		
2022.01.01	201	XJ001	贷	5,000.00	付-0001	提现	2022.01.01	202	665	借	34,000.00	○	2022062100001
2022.01.08	202	ZZ001	贷	800.00	付-0003	采购办公用品	2022.01.02	201	XJ001	贷	5,000.00	○	2022062100002
2022.01.25	201	XJ002	贷	1,000.00	付-0004	提现	2022.01.08	202	ZZ001	贷	800.00	○	2022062100003
	202	665	借	34,000.00	收-0036		2022.01.30	202	ZZ003	借	30,000.00		

图 3-83　检查平衡结果

> **温馨提示：**
> （1）"方向相同，金额相同"是必要条件，其他条件如日期、结算票号、结算方式可根据需要进行选择。
> （2）自动对账结束之后最好再检查一遍未达账项（未画圈款项），查看有无漏项，如果有，可用手工对账方式进行对账（鼠标双击两清栏即可手工对账，为了与自动对账表示区分，手工对账标记以"√"显示）。

4）输出银行存款余额调节表

（1）在总账系统中，执行"出纳→银行对账→余额调节表查询"命令，进入"银行存款余额调节表"窗口。

（2）单击"查看"按钮，打开"银行存款余额调节表"对话框，如图3-84所示。

（3）单击工具栏"退出"按钮。

图 3-84　银行存款余额调节表

工作任务五　账 簿 管 理

📋 任务资料

以工作任务三的任务资料为基础，进行本任务的业务处理。

📋 任务要求

以账套主管"201罗洁"的身份登录企业应用平台。
（1）查询总账、明细账、科目余额表。
（2）查询部门账，包括部门总账、部门明细账和部门收支分析。

📋 背景知识

账簿管理可提供多方位、多角度的账簿查询工作，包括总账、明细账和凭证的联查和各种辅助账的查询及打印工作。

📋 任务指导

1. 查询总账、明细账和余额表

1）查询总账

（1）账套主管（201罗洁）登录企业应用平台，登录日期2022-01-31。

查询总账、明细账和余额表.mp4

（2）在总账模块中，执行"账表→科目账→总账"命令，在弹出的"总账查询条件"中单击"确定"按钮，进入"库存现金总账"窗口，如图3-85所示。

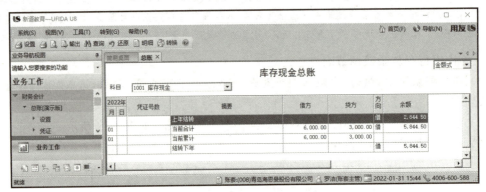

图3-85　查询总账

（3）单击"科目"下三角按钮，选择要查看的总账科目。

（4）查询完毕后，关闭总账窗口。

2）查询明细账

在总账模块中，执行"账表→科目账→明细账"命令，可查询明细账，查询方法同总账查询方法一致。

3）查询余额表

在总账模块中，执行"账表→科目账→余额表"命令，在弹出的"发生额及余额查询条件"中单击"确定"按钮，进入"发生额及余额表"窗口，如图3-86所示。

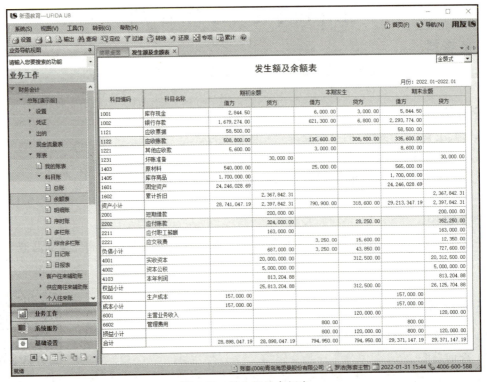

图3-86　发生额及余额表

> **温馨提示：**
> （1）如果要查明细科目，请将级次按照需要进行修改，如果要查末级科目，将"末级科目"打钩。
> （2）如果想查询资产类科目的发生额及余额，可单击科目类型的三角按钮，选择资产。

2. 查询部门账（部门总账、部门明细账和部门收支分析）

1）查询部门总账

（1）账套主管（201 罗洁）执行"账表→部门辅助账→部门总账→部门三栏总账"命令，进入"部门三栏总账条件"窗口。

（2）输入查询条件：科目"660204 办公费"，部门"财务部"，如图3-87所示，单击"确定"按钮。

图3-87　查询部门三栏总账1

（3）显示查询结果，如图3-88所示。

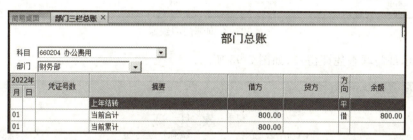

图3-88　查询部门三栏总账2

（4）将鼠标指针置于要联查月份的行次（此处为第二行），单击"明细"按钮，可联查明细账，部门三栏明细账如图3-89所示。

图3-89　联查部门三栏明细账

（5）关闭部门三栏总账窗口和部门三栏明细账窗口。

2）查询部门明细账

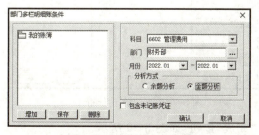

图3-90　查询部门明细账1

（1）账套主管（201 罗洁）执行"账表→部门辅助账→部门明细账→部门多栏式明细账"命令，进入"部门多栏明细账条件"窗口。

（2）输入查询条件：科目"6602 管理费用"，部门"财务部"，分析方式"金额分析"，如图3-90所示。单击"确认"按钮。

（3）显示查询结果，如图3-91所示。

图 3-91 查询部门明细账 2

（4）将鼠标置于要联查凭证的行次，单击"凭证"按钮，如图 3-92 所示，可联查凭证。

图 3-92 查询部门明细账 3

（5）显示部门联查凭证窗口，如图 3-93 所示。

图 3-93 联查凭证

（6）关闭部门多栏明细账窗口和联查凭证窗口。

3）部门收支分析

（1）账套主管（201 罗洁）执行"账表→部门辅助账→部门收支分析"命令，进入"部门收支分析条件"窗口。

（2）在"部门收支分析条件"里单击 按钮，如图 3-94 所示。选中所有科目，单击"下一步"按钮。

（3）选中所有的部门，单击"下一步"按钮，如图 3-95 所示。

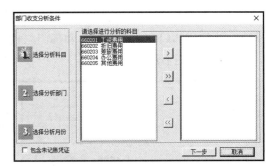

图 3-94 部门收支分析 1

（4）选择分析的月份"2022.01-2022.01"，单击"完成"按钮，如图 3-96 所示。

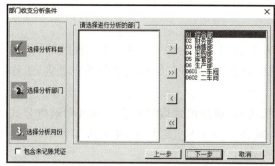
图 3-95 部门收支分析 2

图 3-96 部门收支分析 3

(5) 显示部门收支分析表,如图 3-97 所示。

图 3-97 部门收支分析 4

工作任务六 期末处理

任务资料

(1) 按照短期借款期末余额的 0.4% 计提短期借款利息(年利率 4.8%)。
(2) 按照期末汇率(6.3)结转美元户存款户汇兑损益。
(3) 结转期间损益。

任务要求

(1) 总账会计(202 李明)利用期末自动转账功能进行转账设置和转账生成。
(2) 总账会计(202 李明)完成期末对账和结账工作。

背景知识

手工系统中，每张凭证都需要自行输入借贷方会计科目和金额。例如，期间损益结转、销售成本结转、汇兑损益结转等凭证，需要一一查询账户余额，再将其结转到其他账户上去，工作极其烦琐。

会计信息系统针对这个难题，开发了自动转账功能，通过设置借贷方会计科目和函数公式取值，每月根据实际经济业务自动生成凭证，大大减轻了会计人员工作量，提高了工作效率。

转账工作主要包括转账定义和转账生成两个步骤。

1. 转账定义

转账定义主要是定义凭证的借贷方科目和金额公式。系统根据用户需要设置对应结转、销售成本结转、汇兑损益结转、期间损益结转、自定义比例转账、费用摊销和预提等各种转账功能。如果这些无法满足要求，还可以进行自定义转账。转账定义只需要设置一次即对所有会计期间生效，以后每月可按照此设置进行转账生成。

1) 自定义转账

自定义转账可以完成很多转账业务，包括制造费用的分配、工资分摊、税金的计算和结转、各项辅助核算的结转等。

2) 对应结转

对应结转可实现账户余额一对一或一对多的结转功能。对应结转如果非末级科目，其下级科目结构必须一致，如果有辅助核算，辅助核算类型也必须一致。

3) 销售成本结转

销售成本结转设置主要用来辅助没有启用供应链管理系统的企业完成销售成本核算和结转。销售成本结转分两种方法：全月平均法和售价（计划价）法。

4) 汇兑损益结转

汇兑损益结转用于期末自动计算外币账户的汇兑损益，并生成转账凭证。汇兑损益结转适用于外汇存款账户、外币现金账户、外币结算的各项债券和债务，但不适用所有者权益类、成本类和损益类账户。

5) 期间损益结转

期末时，应将各损益类科目的余额转入"本年利润"科目，可以反映集团企业在一个会计期间内实现的利润或亏损总额。本系统提供期间损益结转功能，就是将所有损益类科目的本期余额全部自动转入本年利润科目，并生成结转损益记账凭证。

需要注意的是，期间损益结转一般是在期末其他经济业务都处理完毕之后再进行，为了保证结转的正确性，需要将其他凭证都记账了再生成期间损益结转凭证，否则数据有可能不准确。

2. 转账生成

转账定义结束之后，每月月末即可执行转账生成功能，自动生成转账凭证，这些凭证自动追加到已填制的凭证之后，视同正常凭证，进行审核、记账等后续工作。

需要注意的是，由于转账定义中函数公式是从报表中取数，因此相关凭证必须已经记账，才能保证取数的准确性。尤其是如果有多张期末自动转账凭证，前一张凭证生成之后，最好先审核记账，再生成下一张凭证。如果转账凭证之间无相互联系的话，也可以同时生成，最后一起审核记账，但是这样往往容易判断失误。举例，假设现在要生成三张转账凭证：计提短期借款利息、结转汇兑损益、结转期间损益。在生成凭证的时候,第一张和第二张没有联系,因此,可在其他凭证都已记账的前提下,同时生成这两张凭证(即不需要先将其中一张记账再生成另外一张),而结转期间损益是从账簿上取收入和费用账户的余额,转到本年利润账户,如果前两张没有记账就结转期间损益,则财务费用和汇兑损益这两个账户有遗漏,账户余额是不准确的。因此,必须将前两张凭证记账,再生成第三张凭证。最后第三张凭证生成以后,仍然要审核记账(期末结账之前所有的凭证都必须审核记账)。

任务指导

1. 转账设置

以总账会计"202 李明"的身份登录到企业应用平台,登录日期 2022-01-31。

1) 计提短期借款利息(自定义转账设置)

(1) 在总账系统,执行"期末→转账定义→自定义转账"命令,进入"自定义转账设置"对话框。

(2) 单击"增加"按钮,在弹出的"转账目录"对话框中输入如图 3-98 所示信息,然后单击"确定"按钮。

转账设置.mp4

(3) 在"自定义转账设置"页面中输入"增行",双击第一行"科目编码",输入"660301",双击"金额公式",在公式向导中选择"期末余额",如图 3-99 所示。单击"下一步"按钮,在科目编码中输入"2001",选择方向"贷",如图 3-100 所示,单击"完成"按钮。

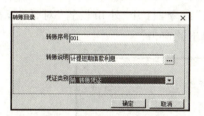

图 3-98 自定义转账 1

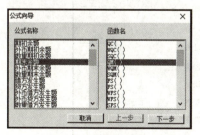

图 3-99 自定义转账 2

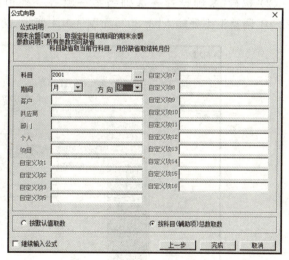

图 3-100 自定义转账 3

(4) 在第一行的"金额公式"处继续输入"*0.004"。

(5) 再次单击"增行",在第二行中输入科目编码"2231",双击"方向"将方向由"借"改为"贷",金额公式选择"取对方科目计算结果",如图 3-101 所示。单击"下一步"按钮,科目空置,如图 3-102 所示,单击"完成"按钮。

(6) 最终结果如图 3-103 所示。

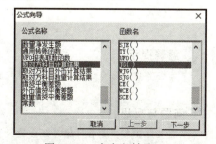

图 3-101 自定义转账 4

图 3-102 自定义转账 5

图 3-103 自定义转账 6

> **温馨提示：**
> JG()函数意为取对方科目计算结果，其中的括号必须为英文半角符号，如果对方有多个会计科目，则括号内可输入取数的会计科目；如果括号内不输入任何科目编码，意味着取对方所有科目金额之和。

2) 结转汇兑损益

(1) 更换操作员，以"201 罗洁"的身份登录企业应用平台，登录日期 2022-01-31。

(2) 执行"基础设置→基础档案→财务→外币设置"命令，打开"外币设置"对话框，在 2022.01 调整汇率处输入"6.30"，如图 3-104 所示，然后退出此窗口。

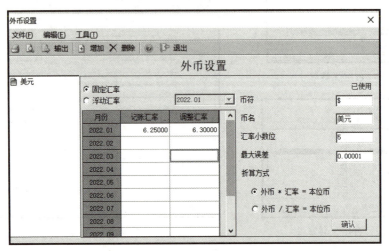

图 3-104 外币设置-调整汇率

> **温馨提示：**
> 本任务中总账会计没有外币设置的权限，所以必须由账套主管登录进行设置。

> **问题与反思：**
> 在实际工作中是否可给总账会计设置相应权限？怎样设置？

(3) 在总账系统,执行"期末→转账定义→汇兑损益"命令,进入"汇兑损益结转设置"对话框。输入汇兑损益入账科目"660302",在"是否计算汇兑损益"下方双击,显示 Y,如图 3-105 所示,然后单击"确定"按钮。

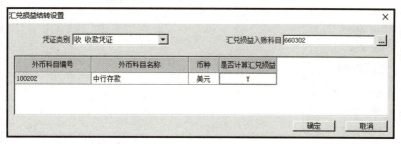

图 3-105　汇兑损益结转设置

> 温馨提示：
> 　由于此时还不确定汇兑损益的正负,因此暂时不用修改凭证类别,而是在生成凭证时根据具体情况设置。

3) 结转期间损益

(1) 在总账系统,执行"期末→转账定义→期间损益"命令,进入"期间损益结转设置"对话框。

(2) 设置凭证类别为"转账凭证",本年利润科目"410301 未分配利润",如图 3-106 所示,单击"确定"按钮。

图 3-106　期间损益结转设置

2. 转账生成

更换操作员,以"202 李明"的身份登录企业应用平台,登录日期 2022-01-31。

1) 计提短期借款利息

(1) 在总账系统,执行"期末→转账生成"命令,进入"转账生成"对话框。

(2) 选择"自定义转账"选项,单击"全选"按钮后单击"确定"按钮,如图 3-107 所示。

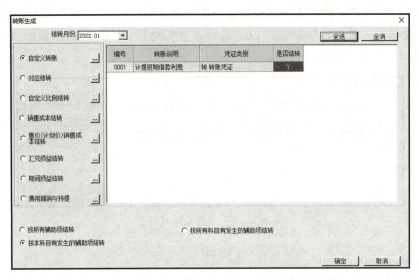

图 3-107　转账生成-自定义转账

（3）生成凭证，如图 3-108 所示，单击"保存"按钮。

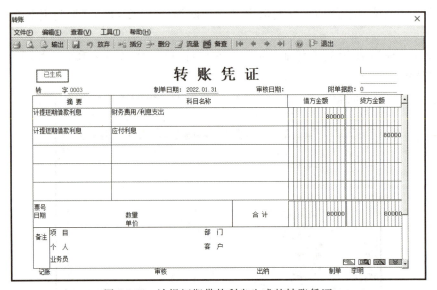

图 3-108　计提短期借款利息生成的转账凭证

> 💡 **温馨提示：**
> （1）转账生成之前要确保相关经济业务的记账凭证均记账。因为转账定义中函数公式是从报表中取数，因此相关凭证必须已经记账，才能保证取数的准确性。
> （2）转账凭证每月只需生成一次，注意不要重复生成。
> （3）生成的转账凭证，也需要审核记账（出纳凭证还需出纳签字）。

2）结转汇兑损益

（1）在转账生成界面，选中"汇兑损益结转"选项，单击"全选"按钮后单击"确定"按钮。

（2）在弹出对话框"2022.01 月或之前月有未记账凭证，是否继续结转？"，如图 3-109 所示，单击"确定"按钮。

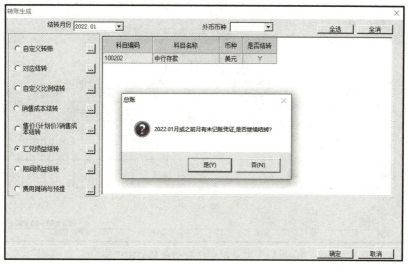

图 3-109 转账生成-汇兑损益结转 1

> **温馨提示：**
> 　　上文中介绍过，转账凭证生成之前要确保相关经济业务记账凭证均已记账。因为生成第一张转账凭证时，无此提示，而生成本凭证提示有未记账凭证，那意味着未记账凭证就是刚刚生成的第一张凭证，而计提短期借款利息的凭证与汇兑损益无关，因此，不影响本转账凭证的生成，此处可以继续结转。

（3）在弹出的"汇兑损益试算表"中，拖动滚动条，查看汇兑损益金额为 3 000，如图 3-110 所示，单击"确定"按钮。

图 3-110 转账生成-汇兑损益结转 2

（4）生成记账凭证。单击第二条分录的"贷方金额"，按 Space 键使贷方金额变为借方，然后按"等号"键，使借方金额变为红色，如图 3-111 所示。单击"保存"按钮，然后退出。

> **温馨提示：**
> 　　在财务软件中，由于期末利润表中"财务费用"科目公式设置取数公式为"财务费用"的借方发生额，因此，财务费用的日常发生额均计入借方，负数计入借方以红字表示，只有期末结转从贷方转出。

3）结转期间损益

（1）将前两张凭证审核记账

① 出纳签字。以出纳"203 杨丽"的身份登录企业应用平台，登录日期 2022-01-31。在总账系统中执行"凭证→出纳签字"命令，将汇兑损益结转的凭证进行出纳签字。

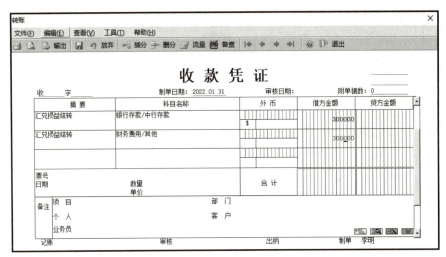

图 3-111　汇兑损益结转生成的记账凭证

② 审核记账。以账套主管"201 罗洁"的身份登录企业应用平台，登录日期 2022-01-31。在总账系统中，将汇兑损益结转和计提短期借款利息的两张凭证进行审核、记账。

> **温馨提示：**
> 之前转账生成的两张凭证涉及损益账户，因此，必须将前两张凭证记账，才可以继续结转期间损益。

（2）结转期间损益

① 以总账会计"202 李萌"的身份登录企业应用平台，登录日期 2022-01-31。在总账中，执行"期末→转账生成"命令，选中"期间损益结转"选项，选择类型"全部"，单击"全选"按钮后单击"确定"按钮，如图 3-112 所示。

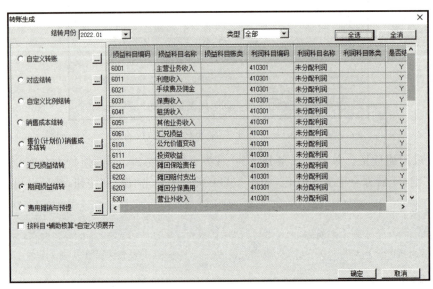

图 3-112　转账生成-期间损益结转 1

> **温馨提示：**
> 此处类型选择"全部"，生成一张记账凭证。如果选择"收入"/"支出"，则可生成两张凭证。

② 生成的结转损益凭证如图 3-113 所示,单击"保存"按钮,然后退出。

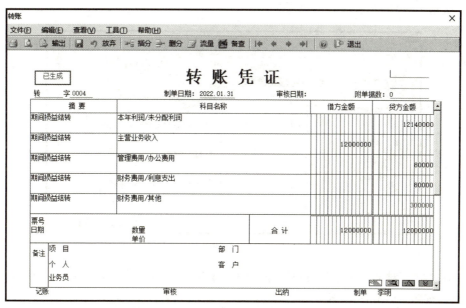

图 3-113　期间损益结转生成的记账凭证

③ 将期间损益结转的凭证审核记账。以账套主管"201 罗洁"的身份登录企业应用平台,登录日期 2022-01-31,在总账系统中,将期间损益结转的凭证进行审核、记账。

3. 期末对账

(1) 在总账系统中,执行"期末→对账"命令,打开"对账"对话框。

(2) 单击工具栏"试算"按钮,出现"2022.01 试算平衡表"。

(3) 单击"确定"按钮后单击"选择"按钮,在 2022.01"是否对账"栏出现 Y 标志。

(4) 单击"对账"按钮,系统开始进行对账,并显示对账结果,如图 3-114 所示。

图 3-114　对账结果

4. 期末结账

总账会计"202 李明"的身份登录企业应用平台,登录日期 2022-01-31。

(1) 在总账系统,执行"期末→结账"命令,进入"结账"对话框,进行第一步"开始结账",如图 3-115 所示。

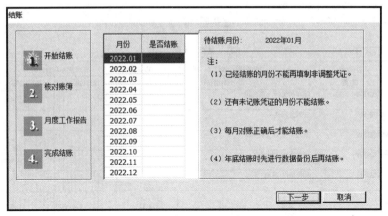

图 3-115　期末结账 1

(2) 在"结账"对话框中选择月份"2022.01",单击"下一步"按钮,在第二步"核对账簿"中单击"对账"按钮,如图 3-116 所示。

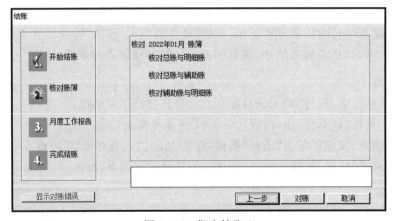

图 3-116　期末结账 2

(3) 对账完毕后单击"下一步"按钮,如图 3-117 所示。

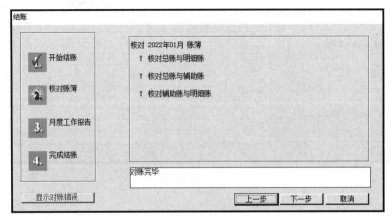

图 3-117　期末结账 3

(4) 核对月度工作报告,核对无误,单击"下一步"按钮,如图 3-118 所示。

图 3-118　期末结账 4

(5) 系统提示"2022Ian01 月未通过工作检查,不可以结账!"。

(6) 单击"上一步"按钮,检查不能结账的原因,如图 3-119 所示。在"2021 年 1 月工作报告"中,检查出其他系统结账状态:薪资管理系统本月未结账、固定资产管理系统未结账。

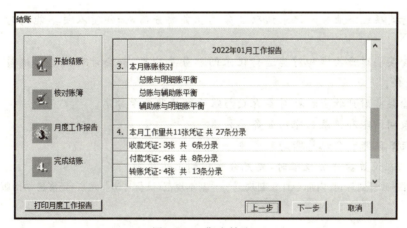

图 3-119　期末结账 5

(7) 单击"取消"按钮,取消本次的结账操作。
(8) 待其他系统结账后,再进行总账系统的结账工作。

> **温馨提示:**
>
> 月度工作报告有五个方面,必须都通过检查才可结账。
> (1) 本月损益类未结转为零的一级科目是"无"。也就是说所有的损益类一级科目余额都必须为 0。操作中如果还有未记账凭证就结账,此处会提醒:"有××张凭证尚未记账",需要将未记账凭证重新审核记账再来结账。
> (2) 本月账面必须试算平衡。如果此处提示不平衡,极有可能是因为录入期初余额时便试算不平。
> (3) 本月账账核对必须平衡。
> (4) 本月工作量共××张凭证。
> (5) 其他系统必须均已结账。其他系统生成的凭证会传递到总账管理系统,所以如果其他系统不结账

而是先结总账,如果其他系统再生成凭证便无处传递。因此,为了避免错误产生,系统设置规定总账必须在其他系统都结账之后才可结账。

(6) 结账之后如果发现错误,需要取消结账,可以做"反结账"处理,具体步骤如下:执行"期末→结账"命令,进入"结账"窗口。选择要取消结账的月份"2022.01"。按 Ctrl+Shift+F6 组合键,激活"取消结账"功能。输入口令(进行反结账的操作员口令),单击"确认"按钮,取消结账标志。

课程思政

培养职业思维,树立规则意识

不相容职务是指那些如果由同一个人担任,既可能发生错误和舞弊行为,又可能掩盖其错误和舞弊行为的职务。不相容职务分离的核心是"内部牵制",它要求每项经济业务都要经过两个或两个以上的部门或人员。在单位内部应加以分离的主要不相容职务有:

(1) 授权进行某项经济业务和执行该项业务的职务要分离,如有权决定或审批材料采购的人员不能同时兼任采购员职务。

(2) 执行某些经济业务和审核这些经济业务的职务要分离,如填写销货发票的人员不能兼任审核人员。

(3) 执行某项经济业务和记录该项业务的职务要分离,如销货人员不能同时兼任会计记账工作。

(4) 保管某些财产物资和对其进行记录的职务要分离,如会计部门的出纳员与记账员要分离,不能兼任。

(5) 保管某些财产物资和核对实存数与账存数的职务要分离。

(6) 记录明细账和记录总账的职务要分离。

(7) 登记日记账和登记总账的职务要分离。

所以我们在设置操作员权限时,要充分考虑到上述原则。

资料来源:财政部会计司.内部会计控制规范——基本规范(试行)[M].北京:经济科学出版社,2001.

工作领域四

报表管理系统业务处理

学习目标

1. 技能目标

(1) 能够运用报表系统建立会计报表空表。
(2) 能够掌握报表取数函数(取数公式)的设置。
(3) 能够运用报表系统进行会计报表模板的调用和编辑。

2. 知识目标

(1) 熟悉会计信息系统中会计报表的特点。
(2) 理解资产负债表、利润表和现金流量表编制原理与项目数据来源。
(3) 掌握取数函数的设置方法。

3. 思政素养

(1) 树立终身学习理念,提高职业能力。
(2) 培养学生主动思考问题,分析问题和解决问题的能力。
(3) 明确财务岗位职责,提高个人职业修养。

用友 ERP-U8 V10.1 软件中的 UFO(User Friend Office)财务报表系统是报表事务处理的工具,具有方便的自定义报表功能、数据处理功能,并且内置多个行业的常用会计报表;能够对报表进行审核、汇总、生成各种分析图,并按照预定格式输出各种会计报表。该系统也可以独立运行,用于处理日常办公事务。

该工作项目主要根据案例企业的业务内容,在业财一体化平台进行财务报表的生成,以满足案例企业的使用需求。财务报表包括利用报表模板生成报表和自定义报表等。

该工作领域的工作内容如下。

1. 自定义报表模板

根据本单位的实际需要定制内部报表模板,并将自定义的模板加入系统提供的模板库内,也可以根据本行业的特征,增加或删除各个行业及其内置的模板。自定义报表模板主要需要定义报表的所属行业及报表名称。

2. 调用报表模板

系统提供了16个行业的标准财务报表模板。报表模板即建立一张标准格式的会计报表。如果企业需使用系统内的报表模板,则可以直接调用。

工作任务一　自定义报表

任务资料

财务费用明细表见表 4-1。

表 4-1　财务费用明细表

单位名称：　　　　　　　　　　　年　月　　　　　　　　　　　单位：元

项目	行次	本月数	本年数
利息费用	1		
汇兑损益	2		
合计	3		

　　　　　　　　　　　　　　　　　　　　　　　　　　　　　　　　制表人：

任务要求

以会计主管"罗洁(201)"的身份登录进入企业应用平台,自定义并生成财务费用明细表。

(1) 表头。标题"财务费用明细表"设置为黑体、14 号、居中,单位名称和年、月、日应设置为关键字。

(2) 表体。表体中文字设置为宋体、12 号、居中,"单位:元"右对齐。

(3) 表尾。"制表人:"设置为宋体、10 号、右对齐。

(4) 行高:7,列宽:A 列 50;B 列 15;C 列 50;D 列 50。

背景知识

1. UFO 报表系统的作用

UFO 报表系统是进行报表处理的工具。利用 UFO 报表管理系统既可编制对外报表,又可编制各种内部报表。

2. 格式状态和数据状态

UFO 将报表制作分为两部分来处理:报表格式设计和数据处理,这两部分的工作是在不同状态下进行的。

格式状态和
数据状态.mp4

(1) 格式状态。在格式状态下进行报表格式设计的工作,如表尺寸、行高列宽、单元属性、单元风格、组合单元、关键字;定义报表的三类公式:单元公式(计算公式)、审核公式和舍位平衡公式。在格式状态下所做的操作对本报表所有的表页都发生作用。在格式状态下不能进行数据的录入、计算等操作。在格式状态下所看到的是报表的格式,而报表的数据全部被隐藏。

(2) 数据状态。在数据状态下管理报表的数据,如输入数据、增加或删除表页、审核、舍位平衡、制作图形、汇总、合并报表等。在数据状态下不能修改报表的格式。在数据状态下时看到的是报表的全部内容,包括格式和数据。

3. 单元

单元是组成报表的最小单位。单元名称由所在行、列标识。例如,C6 表示第 3 列第 6 行的那个单元。单元类型分为数值单元、字符单元和表样单元。

(1) 数值单元:用于存放报表的数据,在数据状态下输入。数值单元的内容可以直接输入或由单元中存放的单元公式运算生成。建立一个新表时,所有单元的类型缺省为数值型。

(2) 字符单元:报表的数据,在数据状态下输入。字符单元的内容可以是汉字、字母、数字及各种键盘可输入的符号组成的一串字符。字符单元的内容可以直接输入,也可由单元公式生成。

(3) 表样单元:报表的格式,是定义一个没有数据的空表所需的所有文字、符号或数字。一旦单元被定义为表样,那么在其中输入的内容对所有表页都有效。表样在格式状态下输入和修改,在数据状态下不能修改。

4. 区域

区域由表页上的一组单元组成,自起点单元至终点单元是一个完整的长方形矩阵。

在 UFO 中,区域是二维的,最大的区域是一个二维表的所有单元(整个表页),最小的区域是一个单元。

5. 表页

一个 UFO 报表最多可容纳 99 999 张表页,每一张表页是由许多单元组成的。

一个报表中的所有表页具有相同的格式,但其中的数据不同。

表页在报表中的序号在表页的下方以标签的形式出现,称为"页标"。页标用"第 1 页"~"第 99999 页"表示。

6. 关键字

关键字是游离于单元之外的特殊数据单元,可以唯一标识一个表页,用于在大量表页中快速选择表页。UFO 共提供了以下 6 种关键字,关键字的显示位置在格式状态下设置,关键字的值则在数据状态下录入,每个报表可以定义多个关键字。

关键字.mp4

(1) 单位名称:字符(最多 30 个字符),为该报表表页编制单位的名称。
(2) 单位编号:字符型(最多 10 个字符),为该报表表页编制单位的编号。
(3) 年:数字型(1904~2100),该报表表页反映的年度。
(4) 季:数字型(1~4),该报表表页反映的季度。
(5) 月:数字(1~12),该报表表页反映的月份。
(6) 日:数字型(1~31),该报表表页反映的日期。

7. 报表格式定义

报表的格式设计在格式状态下进行,格式对整个报表都有效,包括以下操作。

(1) 设置表尺寸,即定义报表的大小即设定报表的行数和列数。
(2) 定义组合单元,即把几个单元作为一个单元使用。
(3) 画表格线。
(4) 输入报表项目,包括表头、表体和表尾,关键字除外。
(5) 定义行高和列宽。
(6) 设置单元风格,即设置字体、字号、颜色等。
(7) 设置单元属性,单元有表样单元、字符单元和数值单元三种属性。
(8) 设置关键字。

8. 报表公式定义

公式的定义在格式状态下进行。公式包括三种类型：计算公式、审核公式和舍位平衡公式。计算公式定义了报表数据之间的运算关系，可以实现报表系统从其他报表或子系统中取数；审核公式用于审核报表内或报表之间的勾稽关系是否正确；舍位平衡公式用于数据进位或小数取整时调整数据。

计算公式必须设置，审核公式和舍位平衡公式根据需要进行设置。

9. 函数

用友软件的计算公式一般通过函数实现。企业常用的财务报表数据一般是来源于总账管理系统或报表系统本身，取自报表的数据又可以分为从本报表取数和从其他报表的表页取数。

账务取数函数见表4-2。

表4-2 财务函数表

函 数 类 型	金 额 式	数 量 式	外 币 式
期初额函数	QC()	sQC()	wQC()
期末额函数	QM()	sQM()	wQM()
发生额函数	FS()	sFS()	wFS()
累计发生额函数	LFS()	sLFS()	wLFS()
条件发生额函数	TFS()	sTFS()	wTFS()
对方科目发生额函数	DFS()	sDFS()	wDFS()
净额函数	JE()	sJE()	wJE()
汇率函数	HL()		

任务指导

1. 定义报表格式

1）新建报表

（1）以会计主管"201 罗洁"的身份登录企业应用平台，登录日期2022-01-31。

（2）执行"财务会计→UFO报表"命令，打开UFO报表，新建空白表页report1。

2）设置表格尺寸

（1）执行"格式→表尺寸"命令，打开"表尺寸"对话框。

（2）输入行数"7"，列数"4"，单击"确认"按钮，如图4-1所示。

3）定义组合单元

（1）选中A1:D1单元区域。

（2）执行"格式→组合单元"命令，打开"组合单元"对话框。

（3）选择组合方式"整体组合"或"按行组合"，该单元格区域即合并成一个单元格，如图4-2所示。

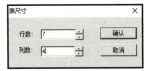

图4-1 表尺寸

图4-2 组合单元

(4) 同理，组合 A2:D2 单元格。

4) 画表格线。

(1) 选中报表中需要画线的单元格区域 A3:D6。

(2) 执行“格式→区域画线”命令，打开“区域画线”对话框。

(3) 在“画线类型”中选中“网线”选项，单击“确认”按钮，将所选区域画上表格线，如图 4-3 所示。

5) 输入报表项目

(1) 选中需要输入内容的单元格或组合单元。

(2) 在该单元格或组合单元输入文字内容，例如，在组合单元 A1 中输入“财务费用明细表”，结果如图 4-4 所示。

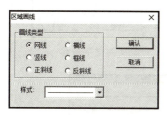

图 4-3　区域画线

	A	B	C	D
1	财务费用明细表			
2				单位：元
3	项目	行次	本月数	本年数
4	利息费用	1		
5	汇兑损益	2		
6	合计	3		
7			制表人：	

图 4-4　财务费用明细表格式

6) 设置单元格风格

(1) 选中标题所在组合单元 A1。

(2) 执行“格式→单元属性”命令，打开“单元格属性”对话框。

(3) 选择“字体图案”选项卡，设置字体为“黑体”，字型为“普通”，字号为“14”。

(4) 选择“对齐”选项卡，设置对齐方式为“居中”，单击“确定”按钮。

(5) 同理，根据任务资料设置其他表中文字。

7) 定义报表行高和列宽

(1) 选中需要调整的单元格所在行。

(2) 执行“格式→行高”命令，打开“行高”对话框。

(3) 输入行高“7”，单击“确定”按钮。

(4) 选中需要调整的单元格所在列，执行“格式→列宽”命令，可设置该列的宽度，本例设置为：A 列 50，B 列 15，C 列 50，D 列 50。

8) 定义单元格属性

(1) 选定单元格 D7。

(2) 执行“格式→单元属性”命令，打开“单元格属性”对话框。

(3) 选择“单元类型”选项卡，选择“字符”选项，单击“确定”按钮。

9) 设置并调整关键字

(1) 选中需要输入关键字的单元格 A2，执行“数据→关键字→设置”命令，打开“设置关键字”对话框，选中“单位名称”按钮，如图 4-5 所示，单击“确定”按钮。

(2) 同理，为单元格 A2 设置“年”“月”关键字。

(3) 如果要取消关键字，执行“数据→关键字→取消”命令即可。

(4) 执行“数据→关键字→偏移”命令，打开“定义关键字偏移”对话框。

(5) 在需要调整位置的关键字后面输入偏移量：年“－200”，月“－170”，如图 4-6 所示。

> **温馨提示：**
> 关键字的位置可以用偏移量来表示，负数表示向左移，正数表示向右移。偏移量单位为像素。在调整时，可以通过输入正或负的数值来调整。

（6）单击"确定"按钮，最终效果如图4-7所示。

图4-5 设置关键字

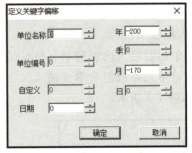

图4-6 定义关键字偏移

图4-7 关键字效果

2．定义报表公式

1）定义单元公式——引导输入单元公式

引导输入
单元公式.mp4

（1）选中需要定义公式的单元格C4。

（2）执行"数据→编辑公式→单元公式"命令，或者单击工具栏上按钮，打开"定义公式"对话框，如图4-8所示。

（3）单击"函数向导"按钮，打开"函数向导"对话框。在"函数分类"列表中选择"用友账务函数"，在右侧的"函数名"列表中选择"发生（FS）"函数，如图4-9所示，单击"下一步"按钮。

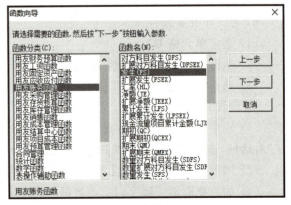

图4-8 定义公式1　　　　图4-9 定义公式2

(4) 在"函数录入"对话框中单击"参照"按钮,打开"用友账务函数"对话框,如图 4-10 所示。

(5) 在"科目"栏和"期间"栏分别输入"660301"和"月",如图 4-11 所示。

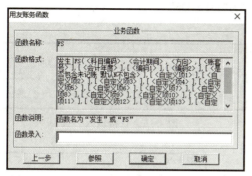

图 4-10　定义公式 3

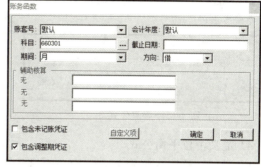

图 4-11　定义公式 4

(6) 其余均采用系统默认值,单击"确认"按钮,返回"用友账务函数"窗口,单击"确定"按钮,返回"定义公式"对话框,单击"确认"按钮。

(7) 同理,输入 D4 单元格的公式,选用"累计发生(LFS)"函数,如图 4-12 所示。

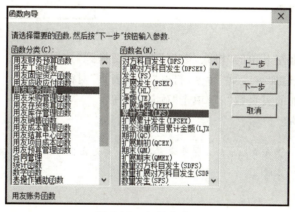

图 4-12　定义公式 5

2) 修改单元公式

(1) 选中 C4 单元格,单击 按钮,弹出"定义公式"对话框,如图 4-13 所示。

(2) 右击公式,单击"复制"按钮,然后单击"取消"按钮。

(3) 选择 C5 单元格,单击 按钮,弹出"定义公式"对话框。在该对话框中粘贴该公式,如图 4-14 所示。

图 4-13　修改公式 1

图 4-14　修改公式 2

(4) 将公式中的"660301"改为"660302",如图 4-15 所示,单击"确认"按钮。

(5) 同理,输入 D5 单元格的公式。

直接输入公式.mp4

3) 定义单元公式——直接输入单元公式

(1) 选择 C6 单元格,单击 按钮,在弹出的对话框中输入"C4+C5"(不区分大小写),如图 4-16 所示,单击"确认"按钮。

(2) 同理,输入 D6 单元格公式为"D4+D5"。

图 4-15 修改公式 3

图 4-16 直接输入公式

4) 定义舍位平衡公式

(1) 执行"数据→编辑公式→舍位公式"命令,打开"舍位平衡公式"对话框。

(2) 录入信息:舍位表为"表 1",舍位范围为"C4:C6",舍位位数为"2",平衡公式为"C6=C4+C5,D6=D4+D5",如图 4-17 所示。

(3) 单击"完成"按钮。

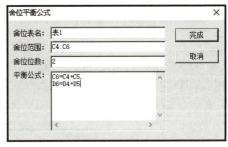

图 4-17 舍位平衡公式

3. 增加表页

(1) 单击报表底部左下角的"格式/数据"按钮,切换到"数据"状态。

(2) 执行"编辑→追加→表页"命令,打开"追加表页"对话框。

(3) 输入需要增加的表页数"2",单击"确认"按钮。

> 温馨提示:
> 追加表页是在最后一张表页后追加 n 张空表页,插入表页是在当前表页后面插入一张空白表页,一张报表最多只能管理 99999 张表页。

4. 输入关键字值

(1) 切换到第 1 页。

(2) 执行"数据→关键字→录入"命令,打开"录入关键字"对话框。

(3) 输入单位名称"青岛海思曼股份有限公司",年为"2022",月为"1",如图 4-18 所示。

(4) 单击"确认"按钮,系统弹出"是否重算第 1 页?"信息提示对话框。单击"是"按钮,系统会自动根据单元公式计算 1 月数据,如图 4-19 所示;单击"否"按钮,系统不计算 1 月数据,以后可以利用"表页重算"功能生成 1 月数据。

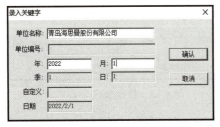

图 4-18 输入关键字

	A	B	C	D	E
1	财务费用明细表				
2	单位名称:青岛海思曼股份有限公司		2022 年 1 月		单位:元
3	项目	行次		本月数	本年数
4	利息费用	1	演示数据	800.00	800.00
5	汇兑损益	2		-3000.00	-3000.00
6	合计	3		-2200.00	-2200.00
7					制表人:

图 4-19 生成 1 月财务费用表

> **温馨提示：**
> 每一张表页均对应不同的关键字值，输出时随同单元格一起显示。日期关键字可以确认报表数据取数的实践范围，即确定数据生成的具体日期。

5. 录入制表人：1月制表人为罗洁

（1）切换为"数据"状态。

（2）在第1页D7单元格输入"制表人：罗洁"。

（3）在第2页D7单元格输入"制表人：罗洁"。

> **温馨提示：**
> 提示是否全表重算：如果公式没有变化，不需要重新计算，就单击"否"按钮即可。

6. 保存为："财务费用明细表.rep"

单击工具栏中的"保存"按钮，保存该文件，命名为"财务费用明细表.rep"。

7. 表页管理及报表输出

1）表页排序

（1）执行"数据→排序→表页"命令，打开"表页排序"对话框。

（2）录入信息：选择"第一关键值"为"年"，排序方向为"递增"；选择"第二关键值"为"月"，排序方向为"递增"，如图4-20所示。

（3）单击"确认"按钮。系统将自动把表页按年份递增顺序重新排列，如果年份相同，则按照月份递增顺序排序。

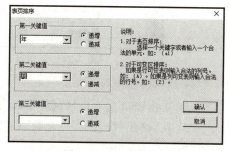

图4-20 表页排序

2）表页查找

（1）执行"编辑→查找"命令，打开"查找"对话框。

（2）确定查找内容"表页"，确定查找条件"月=1"。

（3）单击"查找"按钮，找到符合条件的表页作为当前表页。

工作任务二　利用报表模板生成报表

📋 任务资料

以前述工作内容为数据源，进行本任务的业务处理。

📖 任务要求

（1）利用UFO报表模板生成资产负债表。

（2）利用UFO报表模板生成利润表。

📝 任务指导

1. 利用报表模板生成资产负债表

1）打开UFO报表管理系统并新建空白报表

（1）以会计主管"201罗洁"的身份登录到企业应用平台，登录日期2022-

利用模板生成
资产负债表.mp4

01-31。

(2) 执行"财务会计→UFO 报表"命令,打开 UFO 报表。单击左上角"新建"按钮,新建空白表页,报表明默认为 report1。

2) 调用资产负债表模板

(1) 在"格式"状态下,执行"格式→报表模板"命令,打开"报表模板"对话框,如图 4-21 所示。

(2) 选择公司所在行业"2007 年新会计制度科目",财务报表为"资产负债表",如图 4-22 所示。

(3) 单击"确认"按钮,系统弹出"模板格式将覆盖本表格式!是否继续?"信息提示对话框,如图 4-23 所示,单击"确定"按钮,即可打开"资产负债表"模板。

图 4-21 调用报表模板

图 4-22 选择报表模板

图 4-23 覆盖提示框

3) 调整报表模板

(1) 单击窗口左下角"数据/格式"按钮,将"资产负债表"处于"格式"状态。

(2) 在"格式"状态下,先删除 A3"编制单位:"单元格,执行"数据→关键字→设置"命令,设置"单位名称"。

(3) 保存调整后的报表模板。

4) 生成资产负债表数据

(1) 单击窗口左下角"数据/格式"按钮,切换为"数据"状态,表页发生变化,如图 4-24 所示。

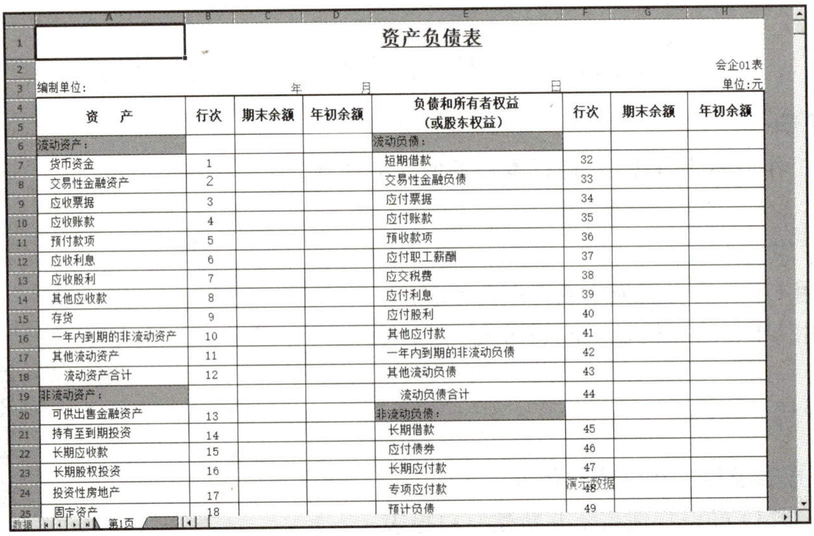

图 4-24 资产负债表模板

（2）执行"数据→关键字→录入"命令，如图4-25所示，打开"录入关键字"对话框。

（3）在弹出的"录入关键字"对话框中输入关键字"青岛海思曼股份有限公司"，年"2022"，月"1"，日"31"，单击"确认"按钮，如图4-26所示。

（4）系统弹出"是否重算第1页"信息提示对话框，如图4-27所示。

图4-26　录入关键字2

图4-25　录入关键字1

图4-27　重算提示

（5）单击"是"按钮，系统会自动根据单元公式计算1月数据。

（6）单击工具栏上的"保存"按钮，将生成的报表数据保存，如图4-28所示。

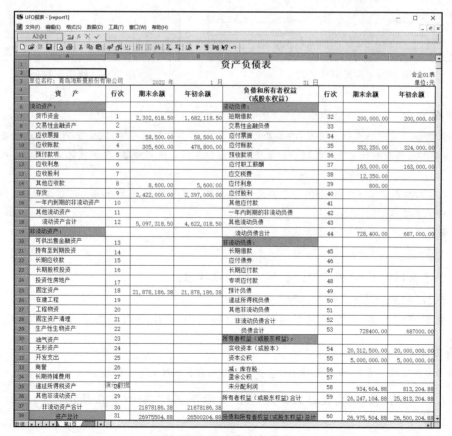

图4-28　生成资产负债表

💡 **温馨提示：**

报表中如有"######",是因为列宽不够,数字无法完全显示,用户只需调整列宽即可完全显示。

5）审核报表

（1）单击窗口左下角"数据"按钮,切换到格式状态。

（2）执行"数据→编辑公式→审核公式"命令,如图4-29所示。

（3）在弹出的审核公式对话框中输入：

C38 = G38,

D38 = H38,

MESS "资产与负债不等！"

然后单击"确定"按钮,如图4-30所示。

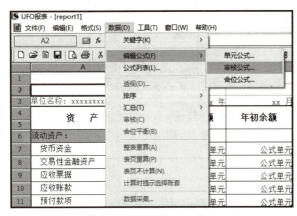

图4-29　编辑审核公式1

图4-30　编辑审核公式2

💡 **温馨提示：**

（1）本任务中审核公式的含义是：C38单元格与G38单元格数据相等,D38与H38单元格数据相等（即期末与年初的资产合计与所有者权益和负债合计均相等）,如果不相等,则审核之后提示"资产与负债不等！"

（2）公式的格式必须和范例一样：每个公式一行,中间用逗号隔开,最后一条公式之后不用写逗号。如果不规范公式无法执行。

（3）符号必须为半角符号,否则公式无法执行。

（4）公式不区分大小写。

（4）单击窗口左下角"格式"按钮,切换到数据状态。

（5）执行"数据→审核"命令,如图4-31所示。

（6）如果审核正确,页面没有提示。如果审核错误,会出现错误提示,如图4-32所示。

💡 **温馨提示：**

如果审核公式格式有误,审核之后窗口左下角会显示："区域格式错误！"。

（7）单击"保存"按钮,将文件另存为"资产负债表.rep",如图4-33所示。

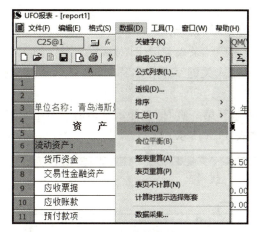

图 4-31 数据审核

图 4-32 提示错误

2. 利用报表模板生成利润表

1) 调用利润表模板

(1) 单击"新建"按钮，新建一张空白报表。

(2) 在"格式"状态下，执行"格式→报表模板"命令，打开"报表模板"对话框。

(3) 选择公司所在的行业"2007 年新会计制度科目"，财务报表为"利润表"，如图 4-34 所示。

图 4-33 保存资产负债表

图 4-34 "报表模板"对话框

(4) 单击"确定"按钮，系统弹出"模板格式将覆盖本表格式！是否继续？"信息提示对话框。单击"确定"按钮，即可打开"利润表"模板。

> 温馨提示：
> 在调用报表模板生成新报表之前，必须关闭原有报表，新建一张空白报表，否则会覆盖原报表的格式和数据。

2) 调整报表模板

(1) 单击"数据/格式"按钮，将"利润表"处于"格式"状态。

(2) 在"格式"状态下，先删除 A3"编制单位"，然后执行"数据→关键字→设置"命令，设置"单位名称"。

(3) 保存调整后的报表模板。

3）生成利润表数据

（1）单击窗口左下角"格式"按钮，切换为"数据"状态。

（2）执行"数据→关键字→录入"命令，打开"录入关键字"对话框。

（3）在弹出的"录入关键字"对话框中输入关键字单位名称"青岛海思曼股份有限公司"，年"2022"，月"1"。

（4）单击"确认"按钮，系统弹出"是否重算第一页"信息提示对话框。单击"是"按钮，系统自动根据单元公式计算1月份的数据，如表4-35所示。

项目	行数	本期金额	上期金额
单位名称：青岛海思曼股份有限公司	2022年	1月	单位：元
一、营业收入	1	120,000.00	
减：营业成本	2		
营业税金及附加	3		
销售费用	4		
管理费用	5	800.00	
财务费用	6	-2,200.00	
资产减值损失	7		
加：公允价值变动收益（损失以"-"号填列）	8		
投资收益（损失以"-"号填列）	9		
其中：对联营企业和合营企业的投资收益	10		
二、营业利润（亏损以"-"号填列）	11	121400.00	
加：营业外收入	12		
减：营业外支出	13		
其中：非流动资产处置损失	14		
三、利润总额（亏损总额以"-"号填列）	15	121400.00	
减：所得税费用	16		
四、净利润（净亏损以"-"号填列）	17	121400.00	
五、每股收益：	18		
（一）基本每股收益	19		
（二）稀释每股收益	20		

图 4-35 利润表

（5）单击工具栏上的"保存"按钮，将生成的报表另存为"利润表.rep"。

📖 课程思政

坚守会计准则，遵守职业道德

财务报告是反映企业财务状况和经营成果的书面文件，包括资产负债表、利润表、现金流量表、所有者权益变动表、附表及会计报表附注和财务状况说明书。一般国际或区域会计准则都对财务报告有专门的独立准则。

对于企业内部而言，财务报表是股东对管理层业绩考核的度量衡。

财务报表及其相关信息是潜在投资者、供应商、各级监管部门、第三方机构了解企业并做出相应决策的重要依据。

2003年11月，某公司因产品销售不畅，新产品研发受阻，公司财务部预测公司本年度将发生800万元亏损。刚上任的公司总经理责成总会计师王某实现当年盈利目标，并说："实在不行，可以对会计报表做一些会计技术处理。"总会计师很清楚公司年度亏损已成定局，要落实总经理的盈利目标，只能在财务会计报告上做手脚。总会计师感到左右为难；如果不按总经理的意见办，自己以后在公司不好待下去；如果照总经理意见办，对自己也有风险。为此，总会计师思想负担很重。不知如何是好。根据《中华人民共和国会计法》和会计职业道德的要求,你认为总会计师王某应如何处理呢?

分析与提示:总会计师王某应当拒绝总经理的要求,因为总经理的要求不公违反了《中华人民共和国会计法》第四条"单位负责人对本单位的会计工作和会计资料的真实性、完整性负责",第五条"任何单位或者个人不得以任何方式授意、指使、强令会计机构、会计人员伪造、变造会计凭证、会计账簿和其他会计资料,提供虚假财务会计报告"。而且这也违背了会计职业道德中的会计人员应当诚实守信、客观公正、遵守准则的要求。

资料来源:高级会计人员应对违法违规案例[EB/OL]. https://vvkw.com/kuaiji/?id=381688.(2023-05-08)[2023-05-08].

工作领域五

薪资管理系统业务处理

学习目标

1. 技能目标

（1）能够进行薪资系统的初始化设置，包括建立薪资账套、设置基础信息、增加人员档案等。

（2）能够进行薪资系统的日常业务处理，包括正式人员和临时人员的工资数据变动、工资分摊等。

（3）能够进行薪资的月末结账等业务处理。

2. 知识目标

（1）掌握薪资管理系统的功能以及与其他系统的关系。

（2）理解薪资管理系统初始化设置的意义，熟悉初始化设置的操作方法。

（3）熟悉薪资管理系统日常业务处理的流程和操作方法。

（4）掌握薪资管理系统月末处理的流程和操作方法。

3. 思政素养

（1）学习税收优惠政策，坚定道路自信。

（2）了解实务应用，强化行业自信。

（3）坚守企业会计准则，遵守财务职业道德。

薪资管理系统适用于各类企业、行政事业单位进行工资核算、工资发放、工资费用分摊、工资统计分析和个人所得税核算等。薪资管理系统可以与总账系统集成使用，将工资凭证传递到总账中；可以与成本管理系统集成使用，为成本管理系统提供人员的费用信息。

该工作领域的工作内容如下。

1. 薪资类别管理

薪资管理系统提供处理多个工资类别的功能。如果单位按周或一月多次发放工资；单位中有多种不同类别（部门）的人员，工资发放项目不同，计算公式也不同，但需要进统一工资核算管理；企业在不同地区设有分支结构，而工资核算由总部统一管理；工资发放时使用多种货币，应选择建立多个工资类别。如果单位中所有员工的工资统一管理，所有员工的工资项目、工资计算公式全部相同，则只需要建立单个工资类别，以提高系统的运行效率。

2. 人员档案管理

薪资管理系统可以设置人员的基础信息并对人员变动进行调整，系统也提供了设置人员附加信息的功能。

3. 薪资数据管理

薪资管理系统可以根据不同企业的需要设置工资项目和计算公式；管理所有人员的工资数据，并对平时发生的工资变动进行调整；自动计算个人所得税，结合工资发放形式进行扣零处理或向代发工资的银行传输工资数据；自动计算、汇总工资数据；自动完成工资分摊、计提、转账业务。

4. 薪资报表管理

薪资管理系统提供多层次、多角度的工资数据查询，并进行统计分析，供决策人员参考使用。

工作任务一　薪资管理系统初始化

任务资料

启用用友 ERP-U8 V10.1 薪资管理模块和计件工资管理模块；建立工资账套，参数如下。

工资类别个数：多个；核算币种：人民币 RMB；核算计件工资；从工资中代扣个人所得税；不进行扣零处理；人员编码与公共平台保持一致。

薪资管理系统的基础信息设置如下。

1. 银行档案设置

银行编码：01；银行名称：中国工商银行青岛李沧支行；账号长度：19 位；录入时自动带出账号长度 16 位。

2. 工资项目设置

工资项目设置具体内容见表 5-1。

表 5-1　工资项目设置

项目名称	数字	长度	小数位数	增减项
基本工资	数字	8	2	增项
奖金	数字	8	2	增项
交补	数字	8	2	增项
应发合计	数字	10	2	增项
应发工资	数字	10	2	其他
养老保险	数字	8	2	减项
医疗保险	数字	8	2	减项
失业保险	数字	8	2	减项
住房公积金	数字	8	2	减项
事假天数	数字	8	0	其他
事假扣款	数字	8	2	减项
代扣税	数字	10	2	减项
扣款合计	数字	10	2	减项
实发合计	数字	10	2	增项

3. 工资类别设置

1) 工资类别1:正式人员。

(1) 部门选择:所有部门。

(2) 工资项目:基本工资、奖金、交通补贴、应发合计、养老保险、医疗保险、失业保险、住房公积金、请假天数、请假扣款、代扣税、扣款合计、实发合计、应发工资。

正式人员档案见表5-2。

表5-2 正式人员档案

人员编号	人员姓名	人员类别	部门名称	账 号	是否计税	核算计件工资
01	姜宏涛	管理人员	综合部	6220238030211111801	是	否
02	罗洁	管理人员	财务部	6220238030211111802	是	否
03	李明	管理人员	财务部	6220238030211111803	是	否
04	杨丽	管理人员	财务部	6220238030211111804	是	否
05	白雪	管理人员	财务部	6220238030211111810	是	否
06	王刚	管理人员	财务部	6220238030211111811	是	否
07	张亚洲	管理人员	财务部	6220238030211111812	是	否
08	蓝玉	管理人员	库管部	6220238030211111813	是	否
09	王林生	管理人员	库管部	6220238030211111814	是	否
10	周群	销售人员	销售部	6220238030211111815	是	否
11	吴勇	销售人员	销售部	6220238030211111816	是	否
12	孙进	采购人员	采购部	6220238030211111817	是	否
13	陈清	生产人员	一车间	6220238030211111818	是	否
14	陈飞	生产人员	一车间	6220238030211111819	是	否
15	王力	生产人员	二车间	6220238030211111820	是	否
16	洪风	生产人员	二车间	6220238030211111821	是	否

注:以上所有人员的代发银行均为中国工商银行青岛李沧支行。

正式人员工资计算公式见表5-3。

表5-3 正式人员工资计算公式

工 资 项 目	定 义 公 式
请假扣款	基本工资/22×请假天数
交通补贴	iff(人员类别="管理人员" or 人员类别="生产人员",500,300)
养老保险	应发工资×0.08
医疗保险	应发工资×0.02
失业保险	应发工资×0.002
住房公积金	应发工资×0.12

扣税设置:纳税依据为"实发合计",扣税基数5 000,附加费用0。

2) 工资类别2:临时人员

(1) 工资类别:临时人员。

(2) 部门选择:生产部。

（3）工资项目：计件工资。
（4）计件要素：工序。
（5）标准工序：01 组装；02 加工。
临时人员档案见表 5-4。

表 5-4 临时人员档案

人员编号	人员姓名	性别	人员类别	部门名称	是否业务员	账号	是否计税	核算计件工资
701	张成	男	生产人员	一车间	是	6222023803021111831	是	是
702	王子梅	女	生产人员	二车间	是	6222023803021111832	是	是

临时人员计件工资设置见表 5-5。

表 5-5 计件工价设置

工序编号	工时	计件单价
01	组装	30.00
02	加工	25.00

任务要求

以主管会计"201 罗洁"的身份进行薪资管理的初始设置。

背景知识

1. 建立工资账套

建账工作是整个工资管理正确运行的基础。建立一个完整的账套，是系统正常运行的根本保证。用户可通过系统提供的建账向导，逐步完成整套工资的建账工作。当启动工资管理系统，如所选择账套为首次使用，系统将自动进入建账向导。系统提供的建账向导共分为四步，第一步：参数设置；第二步：扣税设置；第三步：扣零设置；第四步：人员编码设置。

2. 设置工资类别

系统提供处理多个工资类别管理，新建账套时或在系统选项中选择多个工资类别，可进入此功能。工资类别是指一套工资账中，根据不同情况而设置的工资数据管理类别。如某企业中将正式职工和临时职工分设为两个工资类别，两个类别同时对应一套账务。

3. 设置人员附加信息

设置人员附加信息可用于增加人员信息，丰富人员档案的内容，便于对人员进行更加有效的管理。

4. 设置人员类别

设置人员类别用于设置人员类别的名称，便于按人员类别进行工资汇总计算。

5. 设置工资项目

设置工资项目即定义工资项目的名称、类型、宽度，可根据需要自由设置工资项目。

6. 设置银行名称

设置银行名称中可设置多个发放工资的银行，以适应不同的需要，例如，同一工资类别中的人员由于在不同的工作地点,需在不同的银行代发工资,或者不同的工资类别由不同的银行代发工资。

7. 人员档案

人员档案用于登记工资发放人员的姓名、职工编号、所在部门、人员类别等信息,处理员工的增减变动等。

8. 设置计算公式

由于不同的工资内部,工资发放项目不尽相同,计算公式也不相同,因此在进入某个工资内部后,要选择本工资内部所需要的工资项目,设置工资项目对应的计算公式。

任务指导

1. 启用薪资管理系统和计件工资管理系统

(1) 双击"企业应用平台"图标,打开"登录"对话框。

(2) 输入操作员"201",密码"1",在"账套"下拉列表中选择"008 青岛市海思曼股份有限公司",更改操作日期"2022-01-01",如图 5-1 所示。单击"登录"按钮,进入企业应用平台。

(3) 执行"基础设置→基本信息→系统启用"命令,打开"系统启用"对话框,选中"PR 计件工资管理系统"复选框,弹出"日历"对话框,选择薪资管理系统启用日期"2022 年 1 月 1 日",如图 5-2 所示。单击"确定"按钮,系统弹出"确实要启用当前系统吗?"信息提示对话框,单击"是"按钮返回。

图 5-1 登录企业应用平台

图 5-2 启用计件工资管理系统

建立工资
账套.mp4

2. 建立工资账套

(1) 在企业应用平台,执行"业务工作→人力资源→薪资管理"命令,打开"建立工资账套"对话框,选择本账套所需处理的工资类别个数为"多个",币别名称为"人民币 RMB",选中"是否核算计件工资"复选框,如图 5-3 所示,单击"下一步"按钮。

(2) 在建账第二步"扣税设置"中,选中"是否从工资中代扣个人所得税"复选框,如图 5-4 所示,单击"下一步"按钮。

(3) 在建账第三步"扣零设置"中,因为本单位不进行扣零处理,无须做操作,如图 5-5 所示,直接单击"下一步"按钮。

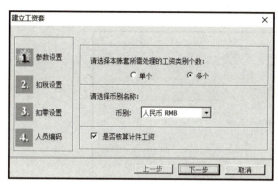

图 5-3　建立工资账套-参数设置

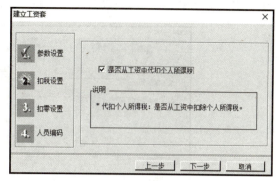

图 5-4　建立工资账套-扣税设置

(4) 在建账第四步"人员编码"中,系统提示"本系统要求您对员工进行统一编号,人员编码同公共平台的人员编码保持一致。"如图 5-6 所示。单击"完成"按钮,完成工资套的建立。

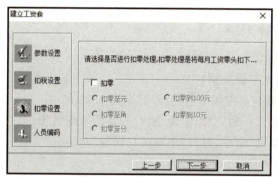

图 5-5　建立工资账套-扣零设置

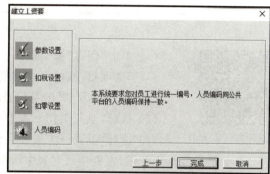

图 5-6　建立工资账套-人员编码

> **温馨提示:**
> (1) 本例中对正式人员和临时人员分别进行核算,所以工资类别应选择"多个"。
> (2) 计件工资是按计件单价支付劳动报酬的一种形式,因此,在薪资管理系统中对于企业是否在计件工资特别设置了确认选项。在用友 ERP-U8 V10.1 中,必须启用"计件工资管理系统",才可以选择"是否核算计件工资",否则不显示该选项。
> (3) 选择代扣个人所得税后,系统将自动生成工资项目"代扣税",并自动进行代扣税金的计算。
> (4) 扣零处理是指每次发放工资时零头扣下,积累取整,与下次工资发放时补上。系统在计算工资时将依据扣零类型(扣零至元、扣零至角、扣零至分、扣零到 100 元、扣零到 10 元)进行扣零计算。用户一旦选择了"扣零处理",系统自动在固定工资项目中增加"本月扣零"和"上月扣零"两个项目,扣零的计算公式将由系统自动定义,无须设置。
> (5) 建账完毕后,部分建账参数可以通过"设置→选项"进行修改。但"是否核算计件工资"选项不可以修改。

3. 基础信息设置

1) 银行档案设置

(1) 以账套主管"201 罗洁"的身份进入企业应用平台,进入日期 2022-01-01。

(2) 执行"基础设置→基础档案→收付结算→银行档案"命令,打开"增加银行档案"对话框。

(3)单击"增加"按钮,增加"中国工商银行青岛李沧支行(01001)",默认"个人账号规则"为"定长",账号长度"19",自动带出个人账号长度"16",如图5-7所示。

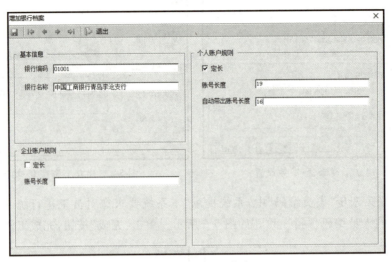

图5-7 增加银行档案

工资项目设置.mp4

(4)单击"保存"按钮退出。

2)工资项目设置(不针对具体工资类别)

(1)以"201罗洁"的身份登录企业应用平台,登录日期为2022-01-01。

(2)执行"业务工作→人力资源→薪资管理"命令,打开薪资管理系统。

(3)执行"设置→工资项目设置"命令,打开"工资项目设置"对话框。

(4)单击"增加"按钮,工资项目列表中增加一空行。

(5)单击"名称参照"栏的下三角按钮,从下拉列表中选择"基本工资"选项。

(6)类型、长度、小数、增减项都按默认选项设置,不需修改。

(7)同理,单击"增加"按钮,增加"奖金""交补"工资项目,"增减项"为"增项";增加"事假天数","增减项"为"其他";增加"事假扣款""代扣税""养老保险""医疗保险""失业保险""住房公积金""增减项"为"减项",设置结果如图5-8所示。

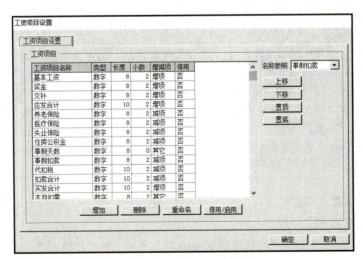

图5-8 工资项目设置结果

（8）设置完毕单击"确定"按钮,系统弹出"提示"对话框,再次单击"确定"按钮,设置结果如图 5-9 所示。

> **温馨提示：**
> （1）系统提供若干常用工资项目供参考,可选择输入。对于参照中未提供的工资项目,可以双击"工资项目名称"栏输入,或先从"名称参照"中选择一个项目,然后单击"重命名"按钮修改为需要的项目。
> （2）表中灰色显示的应发合计、扣款合计、实发合计和代扣税项目是系统项,无须再添加。

3）建立工资类别

（1）建立正式人员工资类别操作如下。

① 在薪资管理系统中,执行"工资类别→新建工资类别"命令,打开"新建工资类别"对话框。

② 输入第一个工资类别当"正式人员",如图 5-10 所示。

③ 单击"下一步"按钮,选中"选定全部部门"复选框,如图 5-11 所示。

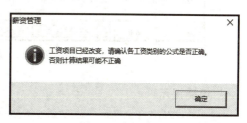

图 5-9 提示框

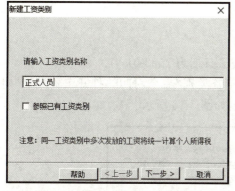

图 5-10 建立正式人员工资类别

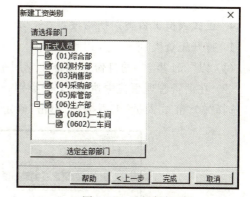

图 5-11 选择部门

④ 单击"完成"按钮,系统弹出"是否以 2022-01-01 为当前工资类别的启用日期?"信息,单击"是"按钮,返回薪资管理系统。

> **温馨提示：**
> 系统管理中给"李明"设置了薪资模块的所有权限,但那只是功能级权限,在数据级权限中仍然对工资权限进行了限制,需要再行设置。

⑤ 执行"工资类别→关闭工资类别"命令,关闭"正式人员"工资类别。

（2）建立临时人员工资类别操作如下。

① 执行"工资类别→新建工资类别"命令,打开"新建工资类别"对话框。

② 输入第二个工资类别"临时人员"。

③ 单击"下一步"按钮,单击"生产部"选取下级部门,如图 5-12 所示。

④ 单击"完成"按钮,系统弹出"是否以 2022-01-01 为当前工资类别的启用日期?"信息,单击"是"按钮,返回薪资管理系统。

⑤ 执行"工资类别→关闭工资类别"命令,关闭"临时人员"工资类别。

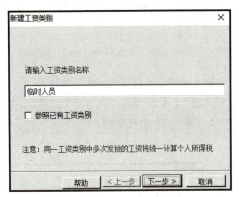
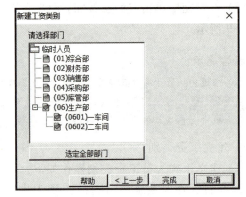

图 5-12　新建临时人员工资类别

> **温馨提示：**
> 　　此时，在薪资管理模块中执行"工资类别→打开工资类别"命令，发现没有刚才所建工资类别，原因是虽然在系统管理中给李明设置了薪资模块的所有权限，但那只是功能级权限，在数据级权限中仍然对工资权限进行了限制，需要再行设置。

4. 正式人员工资类别初始设置

1）打开工资类别

（1）以"201 罗洁"的身份登录企业应用平台，登录日期为 2022-01-01。

（2）在薪资管理系统中执行"工资类别→打开工资类别"命令，打开"打开工资类别"对话框，选择"001 正式人员"工资类别，单击"确定"按钮，如图 5-13 所示。

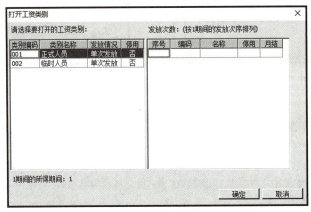

图 5-13　打开工资类别

2）设置人员档案

（1）在薪资管理系统中，执行"设置→人员档案"命令，进入"人员档案"窗口。

（2）单击工具栏上的"批增"按钮，打开"人员批量增加"对话框。

（3）在打开的"人员批量增加"列表框中，单击"管理人员""销售人员""车间管理"和"技术人员""采购人员"前面的选择栏，单击"查询"按钮，所选人员类别下的人员档案出现在右侧列表框中，如图 5-14 所示。

（4）单击"确定"按钮，显示人员档案如图 5-15 所示。

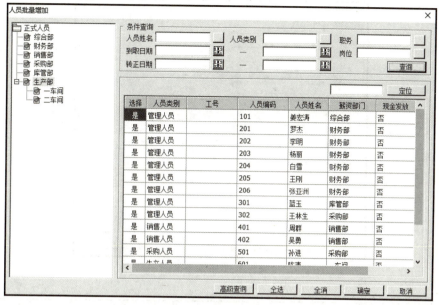

图 5-14 设置人员档案

选择	薪资部门名称	工号	人员编码	人员姓名	人员类别	账号	中方人员	是否计税	工资停发	核算计件工资	现金发放	进入日期	离开日期
	综合部	101		姜宏涛	管理人员		是	是	否	是	否		
	财务部	201		罗杰	管理人员		是	是	否	是	否		
	财务部	202		李明	管理人员		是	是	否	是	否		
	财务部	203		杨丽	管理人员		是	是	否	是	否		
	财务部	204		白雪	管理人员		是	是	否	是	否		
	财务部	205		王刚	管理人员		是	是	否	是	否		
	财务部	206		张亚洲	管理人员		是	是	否	是	否		
	销售部	401		周群	销售人员		是	是	否	是	否		
	销售部	402		吴勇	销售人员		是	是	否	是	否		
	采购部	302		王林生	管理人员		是	是	否	是	否		
	采购部	501		孙进	采购人员		是	是	否	是	否		
	库管部	301		蓝玉	管理人员		是	是	否	是	否		
	一车间	601		陈清	生产人员		是	是	否	是	否		
	一车间	602		陈飞	生产人员		是	是	否	是	否		
	二车间	603		王力	生产人员		是	是	否	是	否		
	二车间	604		洪风	生产人员		是	是	否	是	否		

图 5-15 人员档案输入结果

(5) 修改人员档案信息。单击"全选"按钮,再单击"修改"按钮,弹出"人员档案明细"对话框。

(6) 去掉核算计件工资选项,单击"银行名称"栏的下三角按钮,选择"中国工商银行青岛李沧支行",输入银行账号,最后单击工具栏上的"确定"按钮,如图 5-16 所示。

依上述顺序输入所有人员档案,输入结果如图 5-17 所示。

> **温馨提示:**
>
> (1) 薪资管理系统中工资类别的人员档案一定是来自在企业应用平台基础档案设置中设置的人员档案。企业应用平台中设置的人员档案是企业全部职工信息,薪资管理系统中的人员档案是需要进行工资发放和管理的人员,它们之间是包含关系。
>
> (2) 人员档案画框处需仔细核对有无错误,薪资部门名称和人员类别有误将导致日常业务工资分摊生成的凭证出现错误。

图 5-16 人员档案明细

图 5-17 人员档案输入结果

3）选择工资项目

（1）在"正式人员"工资类别中，执行"设置→工资项目设置"命令，打开"工资项目设置"对话框。

（2）选中"工资项目设置"选项卡，单击"增加"按钮，工资项目列表中增加一行空行。

（3）单击"名称参照"下拉列表，从下拉列表中选择"基本工资"选项，工资项目名称、类型、长度、小数、增减项都自动带出，不能修改。

（4）单击"增加"按钮，按照任务资料增加其他工资项目。

（5）所有项目增加完成后，单击"工资项目设置"对话框上的"上移"和"下移"按钮，按照任务资料所给顺序调整工资项目的排列位置，单击"确定"按钮。最终结果如图 5-18 所示。

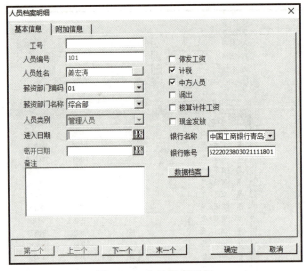

图 5-18 工资项目排序

> **温馨提示：**
> （1）此处工资项目只能选择之前未建立工资类别时录入的工资项目，不能自行录入，工资项目不能重复选择。没有选择的工资项目不允许在计算公式中出现。不能删除已输入数据的工资项目和已设置计算公式的工资项目。
> （2）最后一步请对照检查增减项是否正确，增减项设置错误会导致后期工资变动数据有误。如果此处检查有误，需要关闭工资类别，再打开"工资项目设置"进行调整。

4) 设置计算公式

（1）设置公式：请假扣款＝基本工资/22×事假天数。

① 在"工资项目设置"对话框中，选择"公式设置"选项卡，如图 5-19 所示。

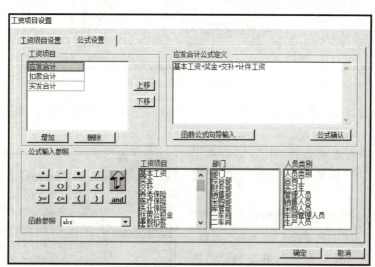

公式设置.mp4

图 5-19 公式设置

② 单击查看已有的工资项目应发合计、扣款合计和实发合计，可知应发合计为所有增项项目之和，扣款合计为所有减项项目之和，实发合计为应发合计减去扣款合计。

> **温馨提示：**
> 如果在建立工资账套之时选择了"核算计件工资"，系统便自带"计件工资"项目，不可删除。但是设置正式人员档案时选择了"不核算计件工资"，因此正式人员中计件工资项目不需录入数据。

③ 单击"增加"按钮，在"工资项目"列表中增加一行空行，单击该行，在下拉列表中选择"事假扣款"选项。

④ 单击"事假扣款公式定义"文本框，选择工资项目列表中的"基本工资"。

⑤ 单击运算符"/"，在"/"后输入数字"22"，单击运算符"＊"，选择工资项目列表中的"事假天数"，如图 5-20 所示，最后单击"公式确认"按钮。

> **温馨提示：**
> 每个公式录入完毕都必须单击"公式确认"按钮，否则该公式不予保存。

（2）设置公式：交补＝iff(人员类别＝"管理人员" or 人员类别＝"生产人员",500,300)。

① 单击"增加"按钮，在"工资项目"列表中增加一行空行，单击该行，在下拉列表中选择"交补"选项。

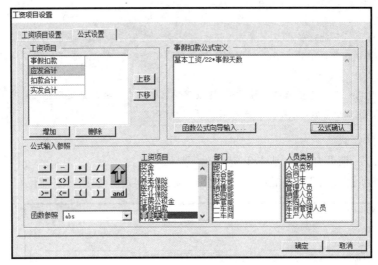

图 5-20　事假扣款公式设置结果

② 单击"交补公式定义"文本框，再单击"函数公式向导输入"按钮，打开"函数向导——步骤1"对话框，如图5-21所示。

③ 从"函数名"列表中选择"iff"，然后单击"下一步"按钮，打开"函数向导——步骤2"对话框。

④ 单击"逻辑表达式"参照按钮，打开"参照"对话框，从"参照列表"中选择"人员类别"选项，从下面的列表中选择"管理人员"，单击"确定"按钮，如图5-22所示。

⑤ 在"逻辑表达式"文本框中的公式后单击，输入空格，输入"or"后，再次输入空格，依然单击按钮，出现"参照"对话框；从"参照列表"下拉列表中选择"人员类别"选项，再在下面的列表中选择"生产人员"，单击"确定"按钮，返回"函数向导——步骤2"对话框。

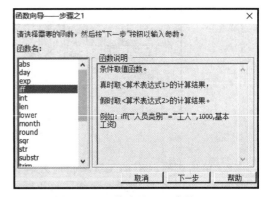

图 5-21　函数向导——步骤1

⑥ 在"算数表达式1"文本框中填入数字"500"，在"算数表达式2"文本框中填入数字"300"，如图5-23所示。

图 5-22　参照

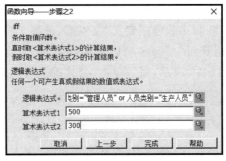

图 5-23　函数向导——步骤2

⑦ 单击"完成"按钮,返回"工资项目设置"对话框,单击"公式确认"按钮,公式结果如图 5-24 所示。

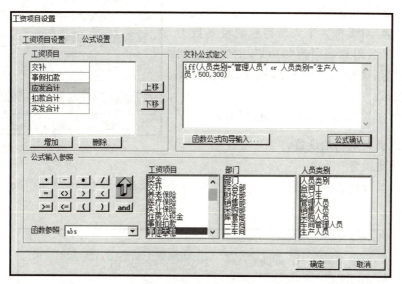

图 5-24 交补公式设置结果

> **温馨提示:**
> (1) 在 or 前后应有空格,否则公式确认会提示"非法的公式定义"。
> (2) iff 函数的格式为 iff(条件,真值,假值),如果符合条件,显示"真值",不符合条件,则显示"假值"。本任务中条件是"人员类别是管理人员或者人员类别是车间管理",符合条件的人员,交通补贴是真值500,不符合条件的人员,交通补贴就是假值300。

(3) 依次设置以下公式。

① 应发工资＝基本工资＋奖金＋交通补贴－请假扣款。

② 养老保险＝应发工资×0.08。

③ 医疗保险＝应发工资×0.02。

④ 失业保险＝应发工资×0.002。

⑤ 住房公积金＝应发工资×0.12。

> **温馨提示:**
> (1) 应发工资和应发合计的区别在于,应发合计是系统项,默认等于所有增项之和,在本任务中等于"基本工资＋奖金＋交通补贴",而应发工资为应发合计再扣除请假扣款的数据,应发工资为实际应该发给员工的工资。应发工资往往作为单位计提职工五险一金和工会经费、职工教育经费的基数,可以自行设置。
> (2) 此处工资项目设置的是员工自己承担部分的养老保险和住房公积金,比例分别是 8% 和 12%。需要企业代扣代缴,因此要在员工工资项目中予以扣除,员工实际到手的工资便是实发合计数。
> (3) 所有公式设置结束之后,要单击"确定"按钮。

5) 扣税设置

(1) 执行"设置→选项"命令,打开"选项"对话框。

(2) 单击"编辑"按钮,打开"扣税设置"选项卡,默认计税依据为"实发合计",如图 5-25 所示。

(3) 单击"税率设置"按钮,打开"个人所得税申报表——税率表"对话框。个人所得税纳税基数为调整为"5000.00",附加费用为"0.00",由后向前调整税率表的内容,调整后如图 5-26 所示,确认无误单击"确定"按钮。

(4) 回到"选项"对话框,单击"确定"离开。

5. 临时工资类别初始设置

1) 人员档案设置

(1) 执行"基础设置→基础档案→机构人员→人员类别"命令,按增加"104 临时工"。如图 5-27 所示。

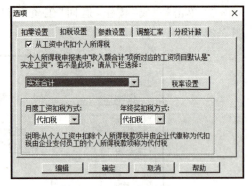

图 5-25 选项-扣税设置

图 5-26 个人所得税申报表——税率表

图 5-27 人员类别

(2) 进入"人员档案"窗口,按照任务资料增加"张成""王子梅"两位职工,如图 5-28 所示。

(3) 执行"人力资源→薪资管理→工资类别→打开工资类别"命令,打开"打开工资类别"对话框。选择"002 临时职工"工资类别,单击"确定"按钮,如图 5-29 所示。

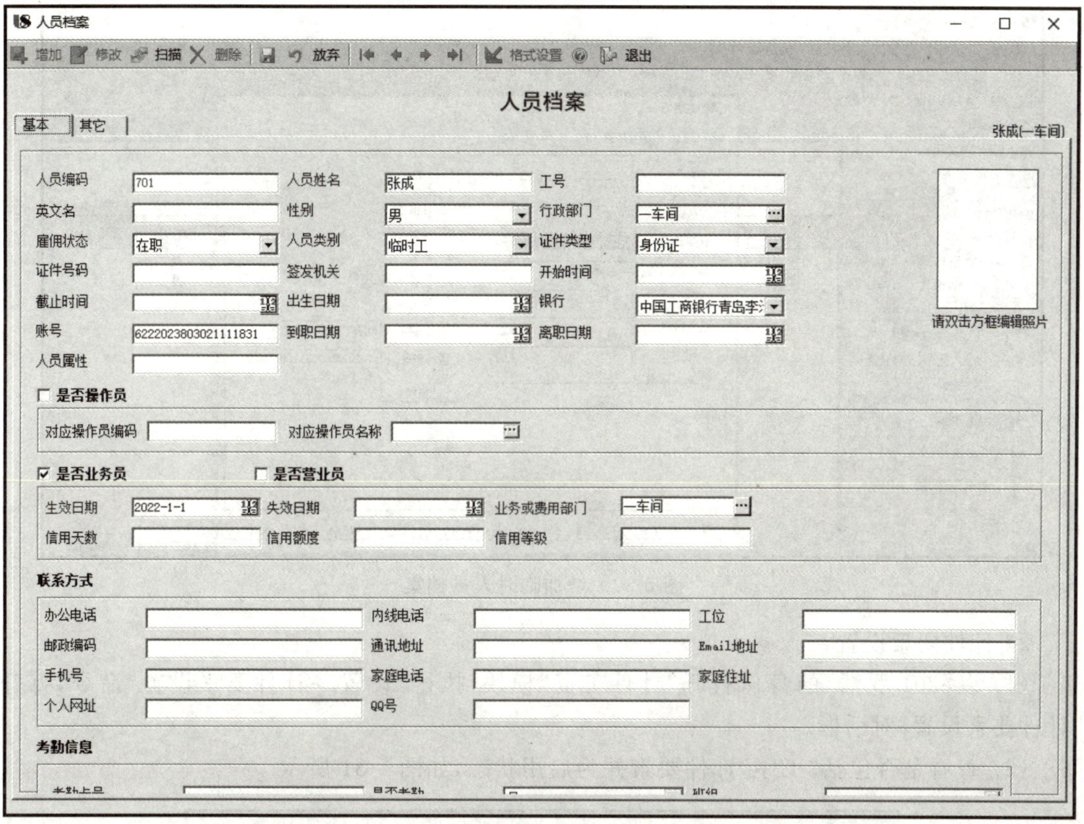

工作领域五　薪资管理系统业务处理

图 5-28　人员档案

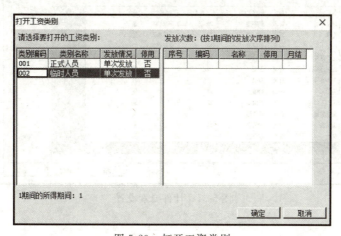

图 5-29　打开工资类别

（4）执行"设置→人员档案"命令，在"人员档案"窗口中单击"批增"按钮，添加"张成""王子梅"两位职工，如图 5-30 所示。

（5）关闭"人员档案"窗口。

> **温馨提示：**
> 设置"核算计件工资"标志。

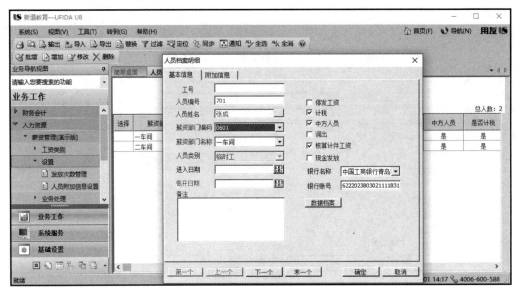

图 5-30 增加临时人员档案

2）计件要素设置

（1）以"201 罗洁"的身份打开"计件工资"模块，执行"设置→计件要素设置"命令，打开"计件要素设置"对话框。

（2）查看是否包括"工序"计件要素并为启用状态，如图 5-31 所示。

图 5-31 计件要素设置

3）工序设置

（1）以"201 罗洁"的身份执行"基础设置→基础档案→生产制造→标准工序资料维护"命令，进入"标准工序资料维护"窗口。

（2）单击"增加"按钮，增加"01 组装"和"02 加工"两种工序，如图 5-32 所示。

4）计件工价设置

（1）在"计件工资"模块中，执行"设置→计件工价设置"命令，进入"计件工价设置"窗口。

（2）单击"增加"按钮，按实验资料输入计件工价，如图 5-33 所示，单击"保存"按钮。

（3）关闭"计件工价设置"窗口。

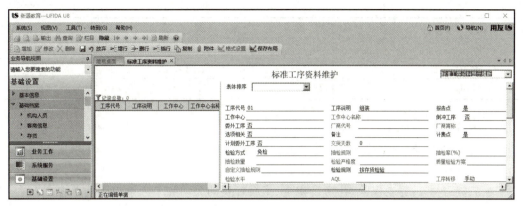

图 5-32　工序设置

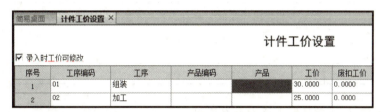

图 5-33　计件工价设置

工作任务二　薪资管理系统日常业务处理

任务资料

1. 正式人员工资类别数据

1）本月正式人员工资数据

本月正式人员工资数据见表 5-6。

表 5-6　正式人员工资

姓　名	基本工资	奖　金	请假天数
姜宏涛	8 000	500	
罗洁	5 000	300	
李明	2 500	200	
杨丽	3 500	200	
白雪	3 000	200	
王刚	3 000	200	
张亚洲	3 000	200	
蓝玉	3 000	200	
王林生	3 000	200	
周群	4 500	200	
吴勇	3 500	200	
孙进	4 000	200	2
陈清	3 800	200	

续表

姓　　名	基本工资	奖　　金	请假天数
陈飞	3 500	200	1
王力	4 500	200	
洪风	5 000	200	

2）1月工资变动情况

发放奖金情况：因去年销售部推广产品业绩较好，每人增加奖励工资300元。

3）工资分摊

（1）工资分摊1：养老保险、住房公积金、工会经费的公司和个人承担比例见表5-7。

表5-7　工资分摊1

项　　目	公司承担比例/％	职工个人承担比例/％	计提基数
社会保险费	20	8	应发工资
住房公积金	12	12	应发工资
工会经费	2	0	应发工资

（2）工资分摊2：计提应付工资构成设置见表5-8（比例100％）。

表5-8　工资分摊2

部门名称	人员类别	项目	借方科目	贷方科目
综合部、财务部、库管部	管理人员	应发工资	660201	221101
销售部	销售人员	应发工资	6601	221101
采购部	采购人员	应发工资	660201	221101
生产部	车间管理	应发工资	5101	221101
生产部	生产人员	应发工资	500102	221101

（3）工资分摊3：计提工会经费设置（比例2％）见表5-9。

表5-9　工资分摊3

部门名称	人员类别	项目	借方科目	贷方科目
综合部、财务部、库管部	管理人员	应发工资	660201	221103
销售部	销售人员	应发工资	6601	221103
采购部	采购人员	应发工资	660201	221103
生产部	车间管理	应发工资	5101	221103
生产部	生产人员	应发工资	500102	221103

（4）工资分摊4：计提公司承担社会保险费设置（比例20％）见表5-10。

表5-10　工资分摊4

部门名称	人员类别	项目	借方科目	贷方科目
综合部、财务部、库管部	管理人员	应发工资	660201	221105
销售部	销售人员	应发工资	6601	221105

续表

部门名称	人员类别	项目	借方科目	贷方科目
采购部	采购人员	应发工资	660201	221105
生产部	车间管理	应发工资	510103	221105
生产部	生产人员	应发工资	500102	221105

（5）工资分摊 5：计提公司承担住房公积金设置（比例 12%）见表 5-11。

表 5-11　工资分摊 5

部门名称	人员类别	项目	借方科目	贷方科目
综合部、财务部、库管部	管理人员	应发工资	660201	221106
销售部	销售人员	应发工资	6601	221106
采购部	采购人员	应发工资	660201	221106
生产部	车间管理	应发工资	510101	221106
生产部	生产人员	应发工资	500102	221106

（6）代扣社会保险：代扣个人承担社会保险设置（比例 8%）见表 5-12。

表 5-12　代扣社会保险

部门名称	人员类别	项目	借方科目	贷方科目
综合部、财务部、库管部	管理人员	社会保险	221101	2241
销售部	销售人员	社会保险	221101	2241
采购部	采购人员	社会保险	221101	2241
生产部	车间管理	社会保险	221101	2241
生产部	生产人员	社会保险	221101	2241

（7）代扣住房公积金：代扣个人承担住房公积金（比例 12%）见表 5-13。

表 5-13　代扣住房公积金

部门名称	人员类别	项目	借方科目	贷方科目
综合部、财务部、库管部	管理人员	住房公积金	221101	2241
销售部	销售人员	住房公积金	221101	2241
采购部	采购人员	住房公积金	221101	2241
生产部	车间管理	住房公积金	221101	2241
生产部	生产人员	住房公积金	221101	2241

2. 临时人员工资类别数据

1）临时人员计件工资统计

临时人员计件工资数据见表 5-14。

表 5-14　临时人员计件工资统计表

姓　名	日　期	组装工时	加工工时
张成	2022-01-31	180	
王子梅	2022-01-31		200

2）工资分摊（假设不需要为临时人员缴纳住房公积金和养老保险）

计提应付工资构成设置见表5-15。

表5-15 计提应付工资构成设置（比例100%）

部门名称	人员类别	项目	借方科目	借方项目大类	借方项目	贷方科目
生产部	生产人员	应发合计	500102	生产成本	101 X 型	221101

任务要求

为"202李明"赋予薪资主管的权限，由李明按照任务资料进行薪资管理系统日常业务处理。

背景知识

1. 业务处理

1）工资数据管理

第一次使用薪资管理系统必须将所有人员的基本工资数据录入计算机，平时如每月发生工资数据的变动也在此进行调整。为了快速、准确地录入工资数据，系统提供以下功能。

（1）筛选和定位：如果对部分人员的工资数据进行修改，宜采用数据过滤的方法，先将所要修改的人员过滤出来，然后进行工资数据修改。修改完毕后进行"重新计算"和"汇总"。

（2）页编辑：工资变动窗口有"编辑"按钮，可以对选定的个人进行快速录入。单击"上一人""下一人"按钮可变更人员，录入或修改其他人员的工资数据。

（3）替换：将符合条件人员的某个工资项目的数据，统一替换成某个数据。如管理人员的奖金上调100元。

（4）过滤器：如果只对工资项目中的某一个或几个项目修改，可将要修改的项目过滤出来。例如，只对"事假天数""病假天数"两个工资项目的数据进行修改。对于常用到的过滤项目可以在项目过滤选择后，输入一个名称进行保存，以后可通过过滤项目名称调用，不用时也可以删除。工资分钱清单：提供部门分钱清单、人员分钱清单、工资发放取款单。

2）工资分钱清单

工资分钱清单是按单位计算的工资发放分钱票面额清单，会计人员根据此表从银行取款并发给各部门。系统提供了票面额设置的功能，用户可根据单位需要自由设置，系统根据实发工资项目分别自动计算出按部门、按人员、按企业各种面额的张数。

3）个人所得税的计算与申报

鉴于许多企事业单位计算职工工资薪金所得税工作量较大，本系统特提供个人所得税自动计算功能，用户只需自定义所得税率，系统自动计算个人所得税。

4）银行代发

目前社会上许多企业发放工资时都采用职工凭工资信用卡去银行取款。银行代发业务处理，是指单位于月末定期向银行提供工资发放数据，它包括设置银行代发文件格式和银行代发磁片输出格式。这样做既减轻了财务部门发放工资的繁重工作，又有效地避免了财务去银行提取大笔款项所承担的风险，同时还提高了对员工个人工资的保密程度。

5）工资分摊

工资是费用中人工费最主要的部分，还需要对工资费用进行工资总额的计提计算、分配及各种经费的计提,并编制转账会计凭证,供登账处理之用。

2. 统计分析报表业务处理

(1) 提供按月查询凭证的功能。

(2) 提供工资表:工资发放签名表、工资发放条、工资卡、部门工资汇总表、人员类别汇总表、条件汇总表、条件明细表、条件统计表、多类别工资表等。

(3) 提供工资分析表:工资项目分析表、工资增长分析、员工工资汇总表、按月分类统计表、部门分类统计表、按项目分类统计表、员工工资项目统计表、分部门各月工资构成分析表、部门工资项目构成分析表等。

3. 常见薪资业务处理会计分录

1) 计提工资

借:管理费用——工资

　　生产成本——直接人工

　　销售费用——人工费用

　　制造费用——工资

　　在建工程——工资

　　……

　　贷:应付职工薪酬——工资

这里的工资数据应当为企业实际应发给员工的工资。如果员工有扣款或罚款,应当是应发工资扣除扣款或罚款之后的实际工资。

2) 计提企业承担五险一金

借:管理费用——工资

　　生产成本——直接人工

　　销售费用——人工费用

　　制造费用——工资

　　在建工程——工资

　　……

　　贷:应付职工薪酬——养老保险

　　　　应付职工薪酬——医疗保险

　　　　应付职工薪酬——生育保险

　　　　应付职工薪酬——工伤保险

　　　　应付职工薪酬——失业保险

　　　　应付职工薪酬——住房公积金

企业承担的五险一金是由于雇佣员工产生的,应计入"应付职工薪酬"中。在手工系统中,计提五险一金的分录只需做一张凭证,但是在会计信息系统中,由于设置的局限性,需要每个项目分别进行分摊设置。

3) 发放工资。

代扣个人养老保费、住房公积金与所得税(一般在下个月发放工资的时候代扣)

借:应付职工薪酬——工资(应发工资)

贷：其他应付款——代扣养老保险
　　　　　　——代扣医疗保险
　　　　　　——代扣失业保险
　　　　　　——代扣住房公积金
　　应交税费——个人所得税
　　银行存款（实发工资）

在发放工资时，已计提未扣款的社保税金等款项反映企业和社保局、税局的代扣代缴债务关系，不应继续在应付职工薪酬里核算，因此需转出到"其他应付款""应交税费"等账户。生育保险和工伤保险个人不需承担。

发放工资凭证如需工资管理系统中生成，也需要对每个项目分别进行分摊设置。

4）上缴五险一金和个人所得税

借：应付职工薪酬——养老保险
　　应付职工薪酬——医疗保险
　　应付职工薪酬——生育保险
　　应付职工薪酬——工伤保险
　　应付职工薪酬——失业保险
　　应付职工薪酬——住房公积金
　　其他应付款——代扣养老保险
　　　　　　——代扣医疗保险
　　　　　　——代扣失业保险
　　　　　　——代扣住房公积金
　　应交税费——个人所得税
贷：银行存款

> **温馨提示：**
> 新会计准则所规范的职工薪酬较以往相比内涵大为增加，既有传统意义上的工资、奖金、津贴和补贴，也包括以往包含在福利费和期间费用中的职工福利费、工会经费、职工教育经费、各类社会保险（包括养老、医疗、失业、工伤、生育保险等），更是增加了诸如辞退福利、带薪休假等新增的职工薪酬形式，因此企业承担的各项保险和住房公积金等均在该账户反映。但是个人承担企业代扣代缴的保险和公积金项目目前在实务中仍存在争议，大部分企业仍计入"其他应付款"科目核算。

任务指导

1. 为薪资主管赋权

（1）以账套主管"201 罗洁"的身份登录企业应用平台，登录日期为2022-01-01。

（2）执行"系统服务→权限→数据权限分配"命令，打开"权限浏览"窗口。

（3）选择"202 李明"，在"业务对象"下拉列表中选择"工资权限"，单击"授权"按钮，打开"记录权限设置"对话框，选中"001 正式人员"之前的"工资类别主管"，单击"保存"按钮，如图 5-34 所示。系统弹出对话框提示"保存成功，重新登录门户，此配置才能生效！"，单击"确定"按钮即可。

（4）同理，选中"002 临时人员"之前的"工资类别主管"，单击"保存"按钮，如图 5-35 所示。

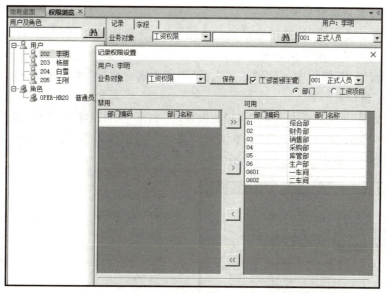

图 5-34　设置数据权限 1

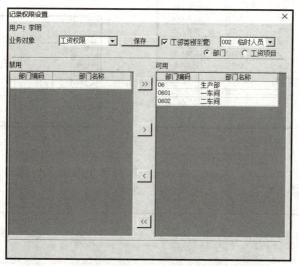

图 5-35　设置数据权限 2

> **温馨提示：**
>
> 为了适应企业精细管理的需求，用友 ERP-U8 V10.1 提供了三种不同层次的权限管理。
>
> (1) 功能级权限管理。系统管理中提供了对操作员功能级权限的设定，包括各功能模块相关业务的权限。例如，设定张玲具有总账模块的所有权限。功能级权限的设置在工作任务 2-2 中已经详细介绍。
>
> (2) 数据级权限管理。该权限提供了记录和字段两个方面的控制。系统默认对"科目、工资权限、用户、仓库"四个记录级业务对象进行控制。对这些特殊的业务对象，操作员要进行操作，除了对操作员进行功能级权限赋权之外，还必须要在数据级权限中进行设置。例如，可以精细控制到只允许张玲录入某几个科目的记账凭证。
>
> (3) 金额级权限。该权限通过对不同岗位和职位的操作员进行金额级别控制，限制他们制单时可以使用的金额数量。例如，设定操作员张玲只能录入金额在 50 000 元以下的凭证。

2. 正式人员工资类别日常业务

以薪资主管"202李明"的身份登录企业应用平台,登录日期为2022-01-31。

1）输入正式人员基本工资数据

（1）在"薪资管理"模块中,打开"正式人员"工资类别。执行"业务处理→工资变动"命令,进入"工资变动"窗口。

（2）在"过滤器"下拉列表中,选择"＜过滤设置＞",打开"项目过滤"对话框,如图5-36所示。

（3）选择"工资项目"列表中的"基本工资""奖金"和"事假天数"选项,单击 按钮,将这三项选入"已选项目"列表中,如图5-37所示。

图 5-36 过滤设置 1

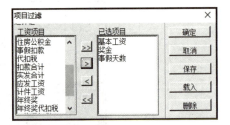

图 5-37 过滤设置 2

（4）单击"确定"按钮,返回"工资变动"窗口,此时每个人的工资项目只显示三项。

（5）按任务资料输入工资数据,结果如图5-38所示。

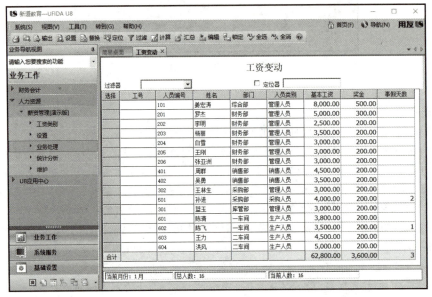

图 5-38 正式职工工资输入结果

(6) 在"过滤器"下拉列表中选择"所有项目"选项,屏幕上显示所有工资项目。

> **温馨提示:**
> 这里只需输入没有进行公式设定的项目,如基本工资、奖金和请假天数,其余各项由系统根据计算公式自动计算生成。

2) 输入正式人员工资变动数据

(1) 单击"全选"按钮,人员前面的"选择"栏出现选中标记"Y",如图 5-39 所示。

输入工资
变动数据.mp4

图 5-39　替换数据 1

(2) 单击工具栏上的"替换"按钮,单击"将工资项目"下拉列表,从中选择"奖金"选项,在"替换成"文本框中输入"奖金+300"。在"替换条件"文本框中分别选择"部门""=""销售部",单击"确定"按钮,系统弹出"数据替换后将不可恢复。是否继续?"信息提示对话框,如图 5-40 所示;单击"是"按钮,系统自动完成工资计算。

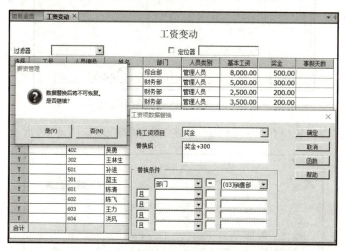

图 5-40　替换数据 2

(3) 系统弹出"有两条记录被替换,是否重新计算"信息提示对话框,单击"是"按钮即可。

(4) 数据汇总。在"工资变动"窗口中,单击工具栏上的"汇总"按钮,汇总工资数据,结果如图 5-41 所示。

图 5-41 工资数据

(5) 退出"工资变动"窗口。

温馨提示:
汇总是将工资数据汇总到工资报表中去,必须要汇总才可以进行工资分摊。如果工资数据发生变化,切记要重新汇总,否则工资分摊生成的凭证数据仍是未更新之前的金额。

3) 查看个人所得税

(1) 执行"业务处理→扣缴所得税"命令,打开"个人所得税申报模板"对话框。

(2) 在"请选择所在地区名"中选择"系统"地区,选中"扣缴个人所得税报表",如图 5-42 所示,单击"打开"按钮,打开"所得税申报"对话框。

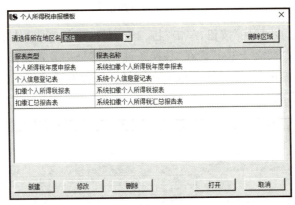

图 5-42 查看个人所得税申报表 1

(3) 在弹出的"所得税申报"对话框中,单击"确定"按钮,如图 5-43 所示。

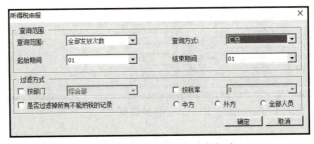

图 5-43 查看个人所得税申报表 2

(4) 进入"系统扣缴个人所得税年度申报表"窗口,如图 5-44 所示。查看完毕之后退出。

姓名	证件号码	所得项目	所属期间	所属期间	收入额	减费用额	应纳税所	税率	速算扣除数	应纳税额	已扣缴税款
姜宏涛		工资	20220101	20221231			2002.00	3	0.00	60.06	60.06
罗杰		工资	20220101	20221231			0.00	0	0.00	0.00	0.00
李明		工资	20220101	20221231			0.00	0	0.00	0.00	0.00
杨丽		工资	20220101	20221231			0.00	0	0.00	0.00	0.00
白雪		工资	20220101	20221231			0.00	0	0.00	0.00	0.00
王刚		工资	20220101	20221231			0.00	0	0.00	0.00	0.00
张亚洲		工资	20220101	20221231			0.00	0	0.00	0.00	0.00
蓝玉		工资	20220101	20221231			0.00	0	0.00	0.00	0.00
王林生		工资	20220101	20221231			0.00	0	0.00	0.00	0.00
周群		工资	20220101	20221231			0.00	0	0.00	0.00	0.00
吴勇		工资	20220101	20221231			0.00	0	0.00	0.00	0.00
孙进		工资	20220101	20221231			0.00	0	0.00	0.00	0.00
陈清		工资	20220101	20221231			0.00	0	0.00	0.00	0.00
陈飞		工资	20220101	20221231			0.00	0	0.00	0.00	0.00
王力		工资	20220101	20221231			0.00	0	0.00	0.00	0.00
洪风		工资	20220101	20221231			0.00	0	0.00	0.00	0.00
合计							2002.00		0.00	60.06	60.06

图 5-44 查看个人所得税申报表 3

4) 工资分摊

(1) 工资分摊类型设置操作如下。

① 执行"业务处理→工资分摊"命令,打开"工资分摊"对话框,如图 5-45 所示。

② 单击"工资分摊设置"按钮,打开"分摊类型设置"对话框,如图 5-46 所示。

③ 单击"增加"按钮,打开"分摊计提比例设置"对话框,如图 5-47 所示。

图 5-46 工资分摊类型设置

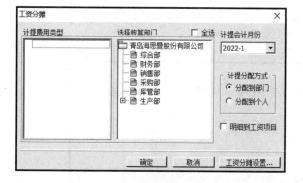

图 5-45 工资分摊界面

图 5-47 工资分摊计提比例设置

④ 输入计提类型名称为"分配工资",计提比例100%,单击"下一步"按钮,打开"分摊构成设置"对话框。

⑤ 按任务资料内容进行设置。设置结果如图5-48所示。

工资分摊设置.mp4

部门名称	人员类别	工资项目	借方科目	借方项目大类	借方项目	贷方科目	贷方项目大类
综合部,财务部,…	管理人员	应发合计	660201			221101	
销售部	销售人员	应发合计	6601			221101	
采购部	采购人员	应发合计	660201			221101	
一车间,二车间	车间管理人员	应发合计	5101			221101	
一车间,二车间	生产人员	应发合计	500102	生产成本	X型	221101	

图5-48 应付工资分摊设置

⑥ 单击"完成"按钮,返回"分摊构成设置"对话框。根据任务资料继续设置工会经费(2%)、公司承担社会保险(20%)、公司承担住房公积金(12%)等项目,如图5-49~图5-53所示。

分摊工资费用.mp4

部门名称	人员类别	工资项目	借方科目	借方项目大类	借方项目	贷方科目	贷方项目大类
综合部,财务部,…	管理人员	应发合计	660201			221103	
销售部	销售人员	应发合计	6601			221103	
采购部	采购人员	应发合计	660201			221103	
一车间,二车间	车间管理人员	应发合计	5101			221103	
一车间,二车间	生产人员	应发合计	500102	生产成本	X型	221103	

图5-49 工会经费分摊设置

部门名称	人员类别	工资项目	借方科目	借方项目大类	借方项目	贷方科目	贷方项目大类
综合部,财务部,…	管理人员	应发合计	660201			221105	
销售部	销售人员	应发合计	6601			221105	
采购部	采购人员	应发合计	660201			221105	
一车间,二车间	车间管理人员	应发合计	5101			221105	
一车间,二车间	生产人员	应发合计	500102	生产成本	X型	221105	

图5-50 公司承担社会保险分摊设置

部门名称	人员类别	工资项目	借方科目	借方项目大类	借方项目	贷方科目	贷方项目大类
综合部,财务部,…	管理人员	应发合计	660201			221106	
销售部	销售人员	应发合计	6601			221106	
采购部	采购人员	应发合计	660201			221106	
一车间,二车间	车间管理人员	应发合计	5101			221106	
一车间,二车间	生产人员	应发合计	500102	生产成本	X型	221106	

图5-51 公司承担住房公积金分摊设置

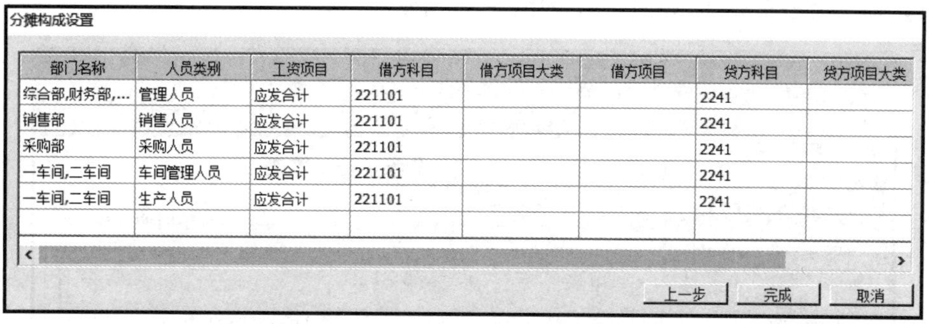

图 5-52　个人承担社会保险分摊设置

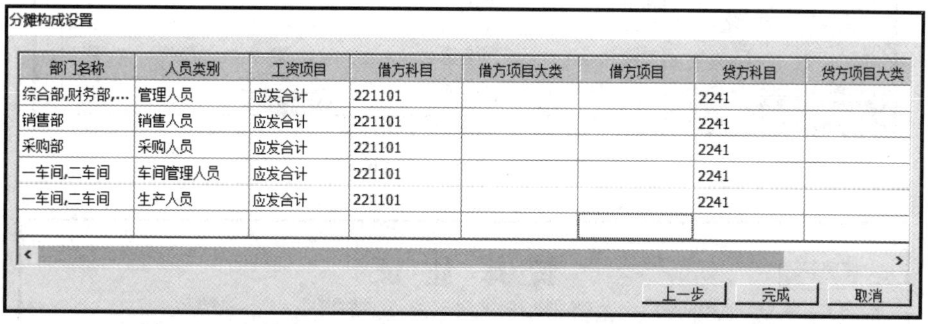

图 5-53　个人承担住房公积金分摊设置

(2) 分摊工资费用生成凭证操作如下。

① 执行"业务处理→工资分摊"命令,打开"工资分摊"对话框。

② 选择需要分摊的计提费用类型,确定分摊计提的月份为"2022-1"。

③ 选择核算部门:综合部、财务部、销售部、采购部、库管部、生产部。

④ 选中"明细到工资项目"复选框。

⑤ 单击"确定"按钮,打开"工资分摊明细"窗口,如图 5-54 所示。

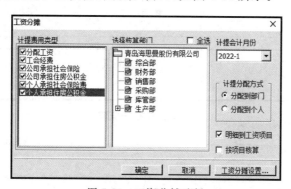

图 5-54　工资分摊选择

⑥ 选中"合并科目相同、辅助项相同的分录"复选框,如图 5-55 所示。单击工具栏上的"制单"按钮,即可生成记账凭证。

⑦ 选择凭证类别"转账凭证",单击"保存"按钮,凭证左上角出现"已生成"字样,代表该凭证已传递到总账,如图 5-56 所示。

⑧ 关闭"填制凭证"对话框。在"工会分摊明细"界面中选择"工会经费",单击"制单"按

钮,生成计提工会经费凭证,如图5-57和图5-58所示。

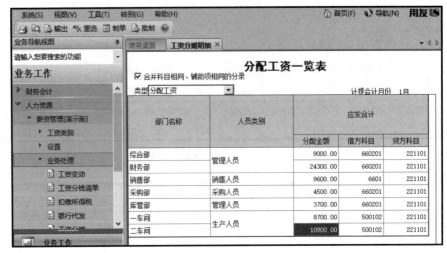

图 5-55 分配工资一览表

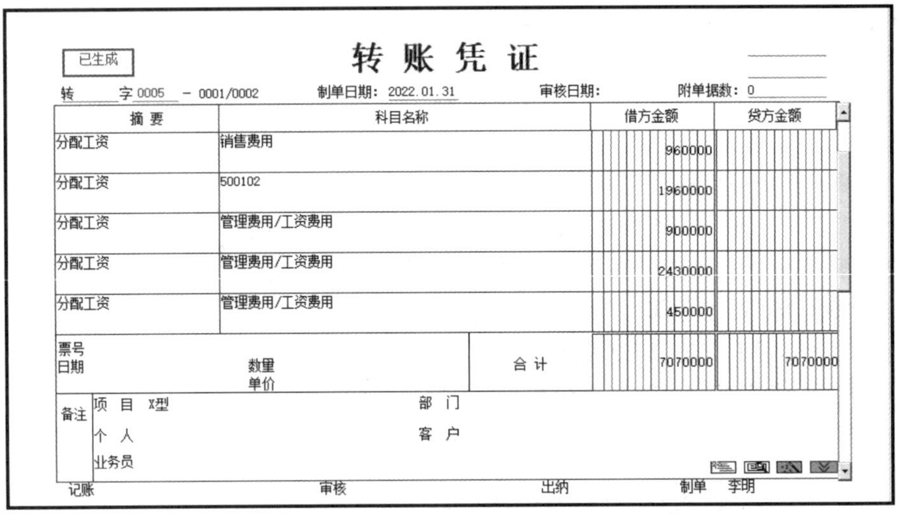

图 5-56 应付工资凭证

图 5-57 工会经费一览表

转账凭证

已生成

转 字 0006 - 0001/0002　　制单日期：2022.01.31　　审核日期：　　附单据数：0

摘要	科目名称	借方金额	贷方金额
工会经费	660201	18000	
工会经费	管理费用/工资费用	48600	
工会经费	管理费用/工资费用	9000	
工会经费	管理费用/工资费用	7400	
工会经费	应付职工薪酬/工会经费		141400
合计		141400	141400

备注　项目　　部门 综合部　　
　　　个人　　客户
　　　业务员

记账　　审核　　出纳　　制单 李明

图 5-58　工会经费凭证

⑨ 同理，生成计提公司承担社会保险和住房公积金的凭证，如图 5-59～图 5-66 所示。

公司承担社会保险一览表

☑ 合并科目相同、辅助项相同的分录

类型 公司承担社会保险　　　　　　　　　　　　　　　　　计提合计

部门名称	人员类别	应发合计				
		计提基数	计提比例	计提金额	借方科目	贷方科目
综合部	管理人员	9000.00	20.00%	1800.00	660201	221105
财务部		24300.00	20.00%	4860.00	660201	221105
销售部	销售人员	9600.00	20.00%	1920.00	6601	221105
采购部	采购人员	4500.00	20.00%	900.00	660201	221105
库管部	管理人员	3700.00	20.00%	740.00	660201	221105
一车间	生产人员	8700.00	20.00%	1740.00	500102	221105
二车间		10900.00	20.00%	2180.00	500102	221105

图 5-59　公司承担社会保险一览表

转账凭证

已生成

转 字 0007 - 0001/0002　　制单日期：2022.01.31　　审核日期：　　附单据数：0

摘要	科目名称	借方金额	贷方金额
公司承担社会保险	销售费用	19200	
公司承担社会保险	生产成本/直接人工	39200	
公司承担社会保险	管理费用/工资费用	18000	
公司承担社会保险	管理费用/工资费用	48600	
公司承担社会保险	管理费用/工资费用	9000	
合计		1414000	1414000

备注　项目　　部门　　
　　　个人　　客户
　　　业务员

记账　　审核　　出纳　　制单 李明

图 5-60　公司承担社会保险凭证

公司承担住房公积金一览表

☑ 合并科目相同、辅助项相同的分录
类型：公司承担住房公积金　　　　　　　　　　　　　　　计提会计

部门名称	人员类别	应发合计				
		计提基数	计提比例	计提金额	借方科目	贷方科目
综合部	管理人员	9000.00	12.00%	1080.00	660201	221106
财务部		24300.00	12.00%	2916.00	660201	221106
销售部	销售人员	9600.00	12.00%	1152.00	6601	221106
采购部	采购人员	4500.00	12.00%	540.00	660201	221106
库管部	管理人员	3700.00	12.00%	444.00	660201	221106
一车间	生产人员	8700.00	12.00%	1044.00	500102	221106
二车间		10900.00	12.00%	1308.00	500102	221106

图 5-61　公司承担住房公积金一览表

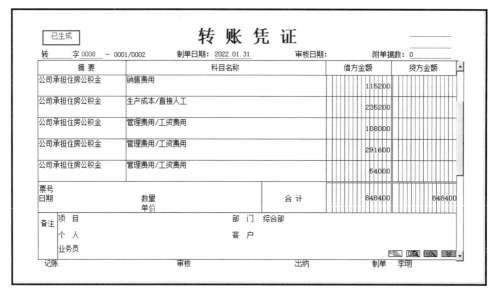

图 5-62　公司承担住房公积金凭证

个人承担社会保险费一览表

☑ 合并科目相同、辅助项相同的分录
类型：个人承担社会保险费　　　　　　　　　　　　　　　计提会计月份　1月

部门名称	人员类别	应发合计				
		计提基数	计提比例	计提金额	借方科目	贷方科目
综合部	管理人员	9000.00	8.00%	720.00	221101	2241
财务部		24300.00	8.00%	1944.00	221101	2241
销售部	销售人员	9600.00	8.00%	768.00	221101	2241
采购部	采购人员	4500.00	8.00%	360.00	221101	2241
库管部	管理人员	3700.00	8.00%	296.00	221101	2241
一车间	生产人员	8700.00	8.00%	696.00	221101	2241
二车间		10900.00	8.00%	872.00	221101	2241

图 5-63　个人承担社会保险一览表

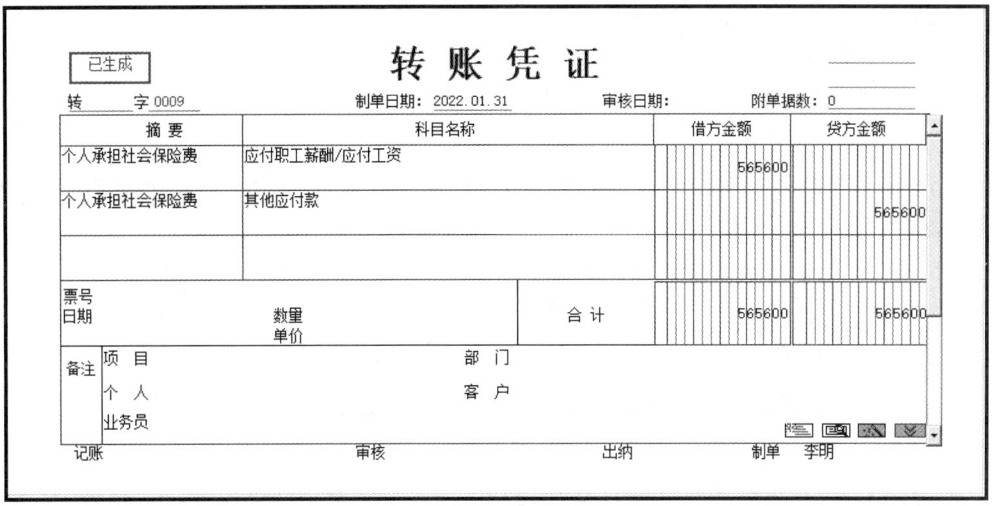

已生成

转账凭证

转　字 0009　制单日期：2022.01.31　审核日期：　附单据数：0

摘要	科目名称	借方金额	贷方金额
个人承担社会保险费	应付职工薪酬/应付工资	565600	
个人承担社会保险费	其他应付款		565600
票号 日期　数量 单价	合计	565600	565600

备注　项　目　部　门　个　人　客　户　业务员

记账　审核　出纳　制单　李明

图 5-64　个人承担社会保险凭证

个人承担住房公积金一览表

☑ 合并科目相同、辅助项相同的分录

类型 个人承担住房公积金

计提会计月份

部门名称	人员类别	应发合计				
		计提基数	计提比例	计提金额	借方科目	贷方科目
综合部	管理人员	9000.00	12.00%	1080.00	221101	2241
财务部		24300.00	12.00%	2916.00	221101	2241
销售部	销售人员	9600.00	12.00%	1152.00	221101	2241
采购部	采购人员	4500.00	12.00%	540.00	221101	2241
库管部	管理人员	3700.00	12.00%	444.00	221101	2241
一车间	生产人员	8700.00	12.00%	1044.00	221101	2241
二车间		10900.00	12.00%	1308.00	221101	2241

图 5-65　个人承担住房公积金一览表

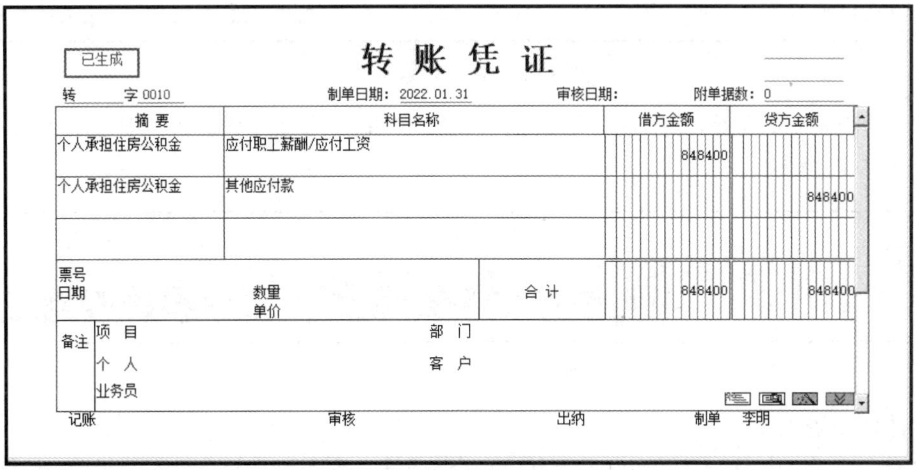

已生成

转账凭证

转　字 0010　制单日期：2022.01.31　审核日期：　附单据数：0

摘要	科目名称	借方金额	贷方金额
个人承担住房公积金	应付职工薪酬/应付工资	848400	
个人承担住房公积金	其他应付款		848400
票号 日期　数量 单价	合计	848400	848400

备注　项　目　部　门　个　人　客　户　业务员

记账　审核　出纳　制单　李明

图 5-66　个人承担住房公积金凭证

3. 临时人员工资类别日常业务

1）计件工资统计

（1）"202 李明"在计件工资中，执行"个人计件→计件工资录入"命令，进入"计件工资录入"窗口。

（2）选择工资类别"临时人员"，部门"(06)生产部门"，单击"批增"按钮，进入"计件数据录入"窗口，如图 5-67 所示。

图 5-67　计件工资录入 1

（3）选择人员"张成"，选择计件日期"2022-01-31"。单击"增行"按钮，在"数量"文本框中输入组装工时"180"，单击"计算"按钮，如图 5-68 所示。

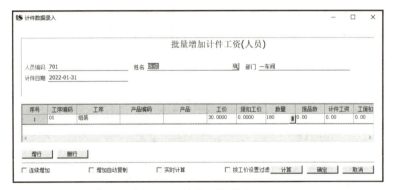

图 5-68　计件工资录入 2

（4）选中"连续增加"复选框，单击"确定"按钮，输入其他计件工资统计数据，如图 5-69 所示。

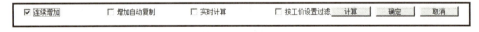

图 5-69　计件工资录入 3

（5）全部输入完成后，分别选中每条记录，单击"审核"按钮，对录入的计件工资数据进行审核，如图 5-70 所示。

图 5-70　计件工资录入 4

2）计件工资汇总

在"计件工资"中，执行"计件工资汇总"命令，选择工资类别"临时人员"，部门"生产部"，单击"汇总"按钮进行计件工资汇总处理，如图 5-71 所示。

图 5-71 计件工资汇总

3) 工资变动

(1) 在薪资管理模块中打开"临时人员"工资类别。

(2) 在"业务处理—工资变动"中进行工资变动处理(计算和汇总),如图 5-72 所示。

图 5-72 临时人员工资变动处理

4) 工资分摊

(1) 工资分摊设置。执行"业务处理→工资分摊"命令进行工资分摊设置,如图 5-73 所示。

图 5-73 应付工资分摊设置

(2) 生成工资分摊凭证。工资分摊的设置如图 5-74 所示。

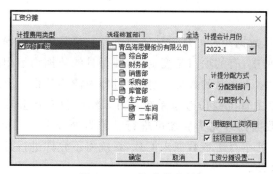

图 5-74 工资分摊选择

应付工资一览表如图 5-75 所示。

图 5-75 应付工资一览表

生成的应付工资凭证如图 5-76 所示。

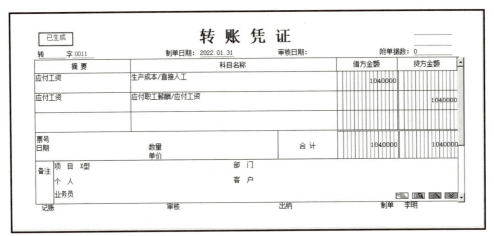

图 5-76　应付工资凭证

工作任务三　薪资管理系统月末处理

📝 任务要求

（1）汇总工资类别：要求汇总正式人员和临时人员工资类别的数据。
（2）查看个人所得税扣缴申报表、银行代发等各种工资表。
（3）月末处理。

💻 背景知识

1. 月末结转

月末结转是指将当月数据经过处理后结转至下月。每月工资数据处理完毕后均可进行月末结转。由于在工资项目中，有的项目是变动的，即每月的数据均不相同，在每月工资处理时，均应将其数据清零，而后输入当月的数据，此类项目即为清零项目。因月末处理功能只有主管人员才能执行，所以应以主管的身份登录系统。月末结转只有在会计年度的 1 月至 11 月进行，且只有在当月工资数据处理完毕后才可进行。若为处理多个工资类别，则应打开工资类别，分别进行月末结转。若本月工资数据未汇总，系统将不允许进行月末结转。进行期末处理后，当月数据将不允许变动。

2. 年末结转

年末结转是指将工资数据经过处理后结转至下年。进行年末结转后，新一年度账将自动建立。只有处理完所有工资类别的工资数据，对于多工资类别，应关闭所有工资类别，然后在系统管理中选择"年度账"菜单，进行上年数据结转。其他操作与月末处理类似。年末结转只有在当月工资数据处理完毕后才能进行。若当月工资数据未汇总，系统将不允许进行年末结转。进行年末结转后，本年各月数据将不允许变动。若用户跨月进行年末结转，系统将给予提示。年末处理功能只有主管人员才能进行。

任务指导

1. 汇总工资类别

(1) 以"202 李明"的身份登录企业应用平台,登录日期 2022-01-31。
(2) 在薪资管理系统中,执行"工资类别→关闭工资类别"命令,关闭工资类别。
(3) 执行"维护→工资类别汇总"命令,打开"选择工资类别"对话框。
(4) 选择要汇总的工资类别,如图 5-77 所示。单击"确定"按钮,完成工资类别汇总。

2. 查看汇总工资类别

(1) 以"201 罗洁"的身份进入企业应用平台,执行"系统服务→权限→数据权限分配"命令,为 202 李明赋予"998 汇总工资类别"的"工资类别主管"权限,如图 5-78 所示。

图 5-77 工资类别汇总

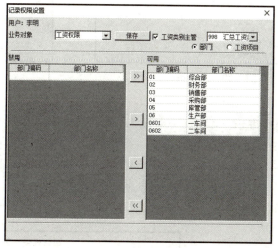

图 5-78 设置数据权限

(2) 以"202 李明"的身份登录企业应用平台,登录日期 2022-01-31。
(3) 执行"薪资管理→工资类别→打开工资类别"命令,选择"998 汇总工资类别",单击"确认"按钮,打开汇总工资类别。
(4) 在"工资变动"中进行计算和汇总可以查看所有人员工资数据合计数,如图 5-79 所示。

选择	工号	人员编号	姓名	部门	人员类别	基本工资	奖金	交补	应发合计	应发工资	养老保险	医疗保险	失业保险	住房公积金	事假天数	事假扣款	代扣税	扣款合计	实发合计
		101	姜宏涛	综合部	管理人员	8,000.00	500.00	500.00	9,000.00	9,000.00	720.00	180.00	18.00	1,080.00			245.20	2,243.20	6,756.80
		201	罗杰	财务部	管理人员	5,000.00	300.00	500.00	5,800.00	5,800.00	464.00	116.00	11.60	696.00			30.37	1,317.97	4,482.03
		202	李明	财务部	管理人员	2,500.00	200.00	500.00	3,200.00	3,200.00	256.00	64.00	6.40	384.00				710.40	2,489.60
		203	杨丽	财务部	管理人员	3,500.00	200.00	500.00	4,200.00	4,200.00	336.00	84.00	8.40	504.00				932.40	3,267.60
		204	白雪	财务部	管理人员	3,000.00	200.00	500.00	3,700.00	3,700.00	296.00	74.00	7.40	444.00				821.40	2,878.60
		205	王刚	财务部	管理人员	3,000.00	200.00	500.00	3,700.00	3,700.00	296.00	74.00	7.40	444.00				821.40	2,878.60
		206	张正洲	财务部	管理人员	3,000.00	200.00	500.00	3,700.00	3,700.00	296.00	74.00	7.40	444.00				821.40	2,878.60
		401	周群	销售部	销售人员	4,500.00	500.00	300.00	5,300.00	5,300.00	424.00	106.00	10.60	636.00			18.70	1,195.30	4,104.70
		402	吴勇	销售部	销售人员	3,500.00	500.00	300.00	4,300.00	4,300.00	344.00	86.00	8.60	516.00				954.60	3,345.40
		302	王新生	采购部	采购人员	3,000.00	200.00	500.00	3,700.00	3,700.00	296.00	74.00	7.40	444.00				821.40	2,878.60
		501	孙进	采购部	采购人员	4,000.00	200.00	300.00	4,500.00	4,136.36	330.91	82.73	8.27	496.36	2	363.64		1,281.91	3,218.09
		301	蓝玉	库管部	管理人员	3,000.00	200.00	500.00	3,700.00	3,700.00	296.00	74.00	7.40	444.00				821.40	2,878.60
		601	陈涛	一车间	生产人员	3,800.00	200.00	500.00	4,500.00	4,500.00	360.00	90.00	9.00	540.00			0.03	999.03	3,500.97
		602	陈飞	一车间	生产人员	3,500.00	200.00	500.00	4,200.00	4,040.91	323.27	80.82	8.08	484.91	1	159.09		1,056.17	3,143.83
		701	张威		临时工				5,400.00	5,400.00									5,400.00
		603	王力	二车间	生产人员	4,500.00	200.00	500.00	5,200.00	5,200.00	416.00	104.00	10.40	624.00			85.00	85.00	5,315.00
		604	洪风	二车间	生产人员	5,000.00	200.00	500.00	5,700.00	5,700.00	456.00	114.00	11.40	684.00			16.37	1,170.77	4,029.23
		702	王子梅	二车间	临时工				5,000.00	5,000.00							28.04	1,293.44	4,406.56
合计						62,800.00	4,200.00	7,400.00	84,800.00	73,877.27	5,910.18	1,477.55	147.75	8,865.27	3	522.73	468.71	17,392.19	67,407.81

图 5-79 所有人员工资数据

3. 查看银行代发数据

（1）执行"业务处理→银行代发"命令，在弹出的"请选择部门范围"对话框中选择所有部门，如图 5-80 所示，单击"确定"按钮。

（2）在弹出的"银行文件格式设置"对话框中选择"中国工商银行青岛李沧支行"，并将表体中账号总长度改为"19"，如图 5-81 所示，单击"确定"按钮。

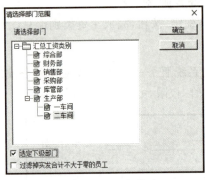

图 5-80　查看银行代发 1

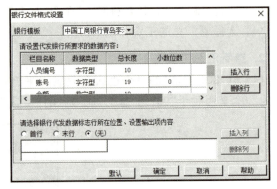

图 5-81　查看银行代发 2

> **温馨提示：**
> （1）该功能必须在关闭所有工资类别时才能使用。
> （2）所选工资类别中必须有汇总月份的工资数据。
> （3）汇总工资类别不能进行月末转结和年末转结。

（3）银行代发一览表如图 5-82 所示。

银行代发一览表

名称：中国工商银行青岛李沧支行

单位编号	人员编号	账号	金额	录入日期
1234934325	101	6222023803021111801	6756.80	20220706
1234934325	201	6222023803021111802	4482.03	20220706
1234934325	202	6222023803021111803	2489.60	20220706
1234934325	203	6222023803021111804	3267.60	20220706
1234934325	204	6222012803021111810	2878.60	20220706
1234934325	205	6222012803021111811	2878.60	20220706
1234934325	206	6222012803021111812	2878.60	20220706
1234934325	301	6222012803021111813	2878.60	20220706
1234934325	302	6222012803021111814	2878.60	20220706
1234934325	401	6222012803021111815	4104.70	20220706
1234934325	402	6222012803021111816	3345.40	20220706
1234934325	501	6222012803021111817	3218.09	20220706
1234934325	601	6222012803021111818	3500.97	20220706
1234934325	602	6222012803021111819	3143.83	20220706
1234934325	603	6222012803021111820	4029.23	20220706
1234934325	604	6222012803021111821	4406.56	20220706
1234934325	701	6222023803021111831	5315.80	20220706
1234934325	702	6222023803021111832	4955.80	20220706
合计			67,407.81	

图 5-82　银行代发一览表

4. 月末处理

（1）打开"正式人员"工资类别。

（2）执行"业务处理→月末处理"命令，打开"月末处理"对话框。单击"确定"按钮，系统弹出"月末处理之后，本月工资将不许变动，继续月末处理吗？"信息提示对话框；单击"是"按钮，系统继续弹出"是否选择清零项？"信息提示对话框；单击"是"按钮，打开"选择清零项目"对话框,如图 5-83 所示。

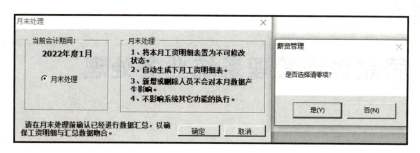

月末处理.mp4

图 5-83　正式人员月末处理

(3) 在"请选择清零项目"列表框中,单击选择"奖金""事假天数"和"事假扣款"项目,单击▶按钮,将所选项目移动到右侧的列表框中,如图 5-84 所示。

(4) 单击"确定"按钮,系统弹出"月末处理完毕!"信息提示对话框,单击"确定"按钮返回。

(5) 以此类推,完成"临时人员"工资类别月末处理(选择"计件工资"为清零项)。

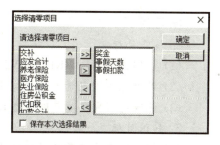

图 5-84　选择清零项目

> 温馨提示:
> (1) 月末结转只有在会计年度的 1—11 月进行。
> (2) 如果是处理多个工资类别,则应打开工资类别,分别进行月末结算。
> (3) 如果本月工资数据未汇总,系统将不允许进行月末结转。
> (4) 进行期末处理后,当月数据将不再允许变动。

课程思政

以二十大精神为指引,学习税收法律法规

党的二十大报告提出,完善个人所得税制度,规范收入分配秩序,规范财富积累机制,保护合法收入,调节过高收入,取缔非法收入。引导、支持有意愿有能力的企业、社会组织和个人积极参与公益慈善事业。《中华人民共和国个人所得税法》是全国人民代表大会常务委员会批准的国家法律文件。2018 年 8 月 31 日,关于修改个人所得税法的决定通过,起征点每月 5 000 元,2018 年 10 月 1 日起实施最新起征点和税率,自 2019 年 1 月 1 日期施行。

税收取之于民,用之于民,依法纳税是每一个公民应尽的法律义务。任何人违反法律都要承担相应的法律责任。自觉纳税是公民社会责任感和国家主人翁地位的具体体现,每个公民应该自觉诚实纳税,履行公民的基本义务。在现实生活中,一些单位和个人存在偷漏税、欠税、骗税、抗税的违反税法的现象,这些行为既危害了国家和人民的根本利益,也直接影响个人的健康成长,因此我们必须坚决同任何违反税法的行为做斗争,维护国家的根本利益。

资料来源:依法纳税,拒绝偷税漏税[R/OL].https://www.sohu.com/a/511026133_120011495(2021-12-23)[2023-05-08].

工作领域六

固定资产管理系统业务处理

学习目标

1. 技能目标
(1) 能够使用用友 ERP-U8 V10.1 完成固定资产账套的建账与初始化工作。
(2) 能够完成固定资产的增减变动、减值准备计提、折旧计提及等操作。
(3) 能够进行固定资产账表查询及期末结账处理。
2. 知识目标
(1) 理解固定资产管理系统功能,明确其与总账系统的关系。
(2) 掌握用友 ERP-U8 V10.1 固定资产管理系统初始化、日常业务处理、月末处理的操作。
3. 思政素养
(1) 理解国家战略,树立远大抱负。
(2) 了解行业前沿,认清历史使命。
(3) 具有较好的沟通技巧和良好的团队协作精神。

用友 ERP-U8 V10.1 管理软件中的固定资产管理系统主要用于完成企业固定资产日常业务的核算和管理,生成固定资产卡片,按月反映固定资产的增加、减少、原值变化及其他变动,并输出相应的增减变动明细账,按月自动计提折旧,生成折旧分配凭证,同时输出一些同设备管理相关的报表和账簿。

固定资产管理系统中资产的增加、减少以及原值和累计折旧的调整、折旧计提都要将有关数据通过记账凭证的形式传输到总账管理系统;同时通过对账保持固定资产账目与总账的平衡,并可以修改、删除以及查询凭证。固定资产管理系统为成本核算系统提供计提折旧有关费用的数据。UFO 报表系统也可以通过相应的取数函数从固定资产管理系统中提取分析数据。

该工作领域的具体工作内容如下。

1. 初始设置

固定资产管理系统初始设置是根据用户单位的具体情况,建立一个适合的固定资产子账套的过程。初始设置包括设置控制参数、设置基础数据、输入期初固定资产卡片。

2. 日常处理

日常处理主要包括资产增减、资产变动、资产评估、生成凭证、账簿管理。

3. 期末处理

固定资产管理系统的期末处理工作主要包括计提减值准备、计提折旧、对账、月末结账等内容。

工作任务一　固定资产管理系统初始化

任务资料

1. 业务控制参数

启用月份：2022.01；计提折旧主要方法：平均年限法（一）；当（月初已计提月份＝可使用月份－1）时，要求将剩余折旧全部提足；固定资产类别编码方式为2-1-1-2；卡片序号长度：4；固定资产编码方式：按"部门编号＋类别编号＋序号"自动编码；要求与总账系统进行对账，固定资产对账科目"1601 固定资产"；累计折旧对账科目"1602 累计折旧"；对账不平的情况下允许固定资产月末结账；选项补充缺省入账科目，减值准备缺省入账科目"1603 固定资产减值准备"，增值税进项税额缺省入账科目"22210101 进项税额"，固定资产清理缺省入账科目"1606 固定资产清理"。

2. 初始设置

1）账套选项

选择"业务发生后立即制单"，默认科目：1601，1602。

2）资产类别

固定资产类别见表6-1。

表6-1　固定资产类别

编码	类别名称	净残值率	单位	计提属性
01	房屋及建筑物	4%	幢	正常计提
02	专用设备	4%		正常计提
03	通用设备	4%	台	正常计提
04	交通运输设备	4%	辆	正常计提
05	其他	4%		正常计提

3）部门及对应折旧科目

部门及对应折旧科目见表6-2。

表6-2　部门及对应折旧科目

部门编码	部门名称	折旧科目
1	综合部	660202，管理费用——折旧费用
2	财务部	660202，管理费用——折旧费用
3	销售部	6601，销售费用
4	采购部	660202，管理费用——折旧费用
5	库管部	660202，管理费用——折旧费用
6	生产部	5101，制造费用

4）增减方式

固定资产增减方式见表6-3。

表 6-3　固定资产增减方式

增加方式			减少方式		
编码	方式	对应科目	编码	方式	对应科目
101	直接购入	100201	201	出售	1606
102	投资者投入	4001	202	盘亏	190102
103	捐赠	6301	203	投资转出	1511
104	盘盈	6901	204	捐赠转出	6711
105	在建工程转入	1604	205	报废	1606
106	融资租入	2701	206	毁损	1606

5）固定资产原始卡片

固定资产原始卡片见表 6-4。

表 6-4　固定资产原始卡片

固定资产名称	类别编号	所在部门	增加方式	可使用年限	开始使用日期	原值	累计折旧	对应折旧科目名称
厂房	01	一车间	在建工程转入	25	2019.12.10	2 000 000.00	153 600	制造费用
厂房	01	二车间	在建工程转入	25	2021.12.10	10 000 000.00	0	制造费用
大众速腾2.0	04	综合部60%、财务部40%	直接购入	8	2021.02.20	175 130.69	17 513.07	管理费用
1号生产线	02	一车间	直接购入	10	2020.01.11	5 000 000.00	920 000.00	制造费用
2号生产线	02	一车间	直接购入	10	2020.01.11	2 800 398.00	515 273.24	制造费用
3号生产线	02	二车间	直接购入	10	2020.01.11	4 000 000.00	736 000.00	制造费用
厢式货车	04	销售部	直接购入	10	2021.02.10	244 000.00	19 520.00	销售费用
笔记本电脑	03	财务部	直接购入	5	2020.10.12	7 250.00	1 624.00	管理费用
笔记本电脑	03	财务部	直接购入	5	2020.10.12	7 250.00	1 624.00	管理费用
商务电脑	03	综合部	直接购入	5	2020.10.20	6 000.00	1 344.00	管理费用
商务电脑	03	销售部	直接购入	5	2020.10.20	6 000.00	1 344.00	销售费用

注：所有资产均为"在用"。

任务要求

完成固定资产账套的初始化，并输入固定资产账套的初始相关信息。

背景知识

固定资产管理系统是用友 ERP-U8 V10.1 管理软件中一个非常重要的项目。该系统主要完成固定资产日常业务的处理，包括固定资产增减、计提减值准备、计提折旧、固定资产变动等，另外于期末进行对账与结账业务。

固定资产管理系统的初始化包括设置控制参数、录入基础信息与原始卡片，期初对账工作。

(1) 设置控制参数：控制参数包括约定与说明、启用月份、折旧信息、编码方式以及与财务接口，部分参数可以在选项中补充设置。

(2) 录入基础数据：基础数据包括资产类别、部门及对应折旧科目设置、增减方式与折旧方法设置。

(3) 录入原始卡片：信息化建账期初，企业以前拥有的固定资产资料需要录入账套，具体包括资产名称、原值及累计折旧、所属类别、使用部门、使用年限、开始使用日期、增加方式等。

(4) 期初对账：原始卡片录入完毕，需要与财务进行对账。期初务必保证对账相符，才能开展日常业务工作。

任务指导

1. 启用固定资产管理系统

(1) 以"201 罗洁"的身份注册进入企业应用平台。

(2) 如果没有启用固定资产管理系统，则执行"基础信息→基本信息→系统启用"命令，打开"系统启用"对话框，选中"FA 固定资产管理"复选框，弹出"日历"对话框，选择启用日期为 2022 年 01 月 01 日，单击"确定"按钮，系统弹出"确实要启用当前系统吗？"信息提示对话框，单击"是"按钮。

2. 固定资产初始化向导操作

由"201 罗洁"进行固定资产账套的初始化。

(1) 以"201 罗洁"的身份注册进入企业应用平台，执行"财务会计→固定资产"命令，弹出"这是第一次打开此账套，还未进行过初始化，是否进行初始化？"信息提示对话框，如图 6-1 所示。

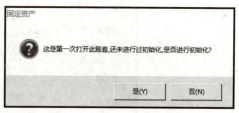

图 6-1 固定资产初始化

(2) 单击"是"按钮，弹出"初始化账套向导—约定及说明"对话框，选中"我同意"选项，如图 6-2 所示。

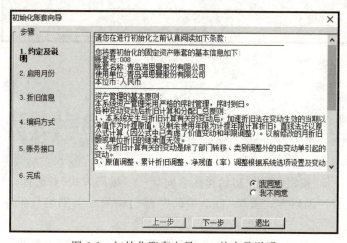

图 6-2 初始化账套向导——约定及说明

(3) 单击"下一步"按钮，弹出"初始化账套向导——启用月份"对话框，账套启用月份默认"2022.01"，如图 6-3 所示。

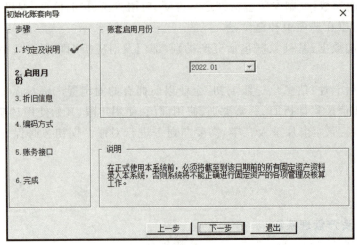

图 6-3　初始化账套向导——启用月份

（4）单击"下一步"按钮，弹出"初始化账套向导——折旧信息"对话框，主要折旧方法选择"平均年限法（一）"，其他默认，如图 6-4 所示。

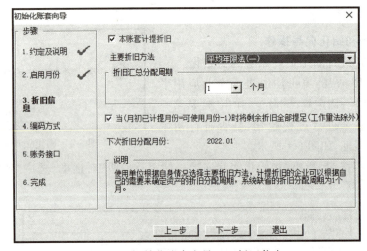

图 6-4　初始化账套向导——折旧信息

> 💡 **温馨提示：**
>
> 　　系统提供了七种折旧方法：不提折旧、平均年限法（一）、平均年限法（二）、工作量法、年数总和法、双倍余额递减法（一）、双倍余额递减法（二），并列出了它们的折旧计算公式。企业可以根据需要选择相应的折旧方法。

（5）单击"下一步"按钮，弹出"初始化账套向导——编码方式"对话框，确定资产类别编码长度"2112"，固定资产编码方式选择"自动编码""部门编号＋类别编号＋序号"，序号长度为"4"，如图 6-5 所示。

（6）单击"下一步"按钮，弹出"初始化账套向导——财务接口"对话框，选中"与财务系统对账"复选框，选中"在对账不平情况下允许固定资产月末结账"，同时录入固定资产对账科目"1601，固定资产"、累计折旧对账科目"1602，累计折旧"，如图 6-6 所示。

（7）单击"下一步"按钮，弹出"初始化账套向导——完成"对话框，如图 6-7 所示。

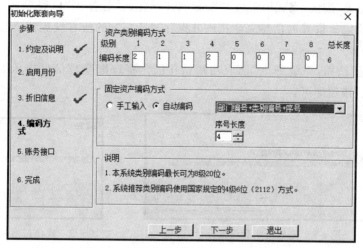

图 6-5 初始化账套向导——编码方式

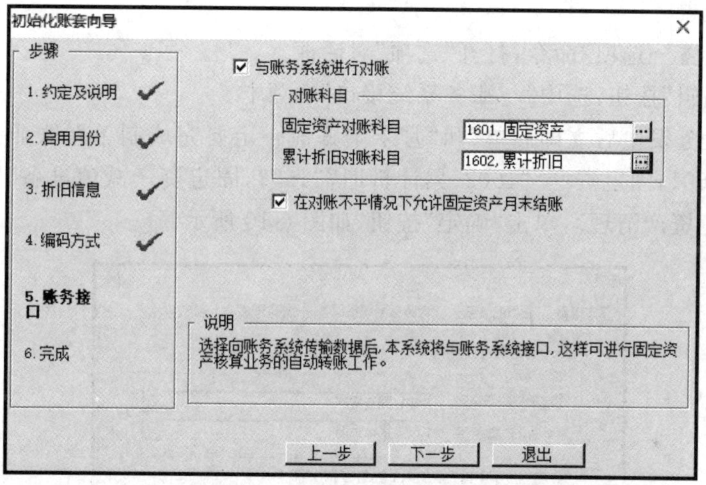

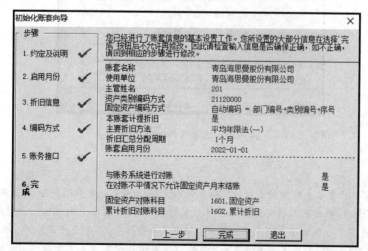

图 6-6 初始化账套向导——财务接口

图 6-7 初始化账套向导——完成

（8）单击"完成"按钮，完成固定资产账套的初始化，系统弹出"已经完成了新账套的所有设置工作，是否确定所设置的信息完全正确并保存对新账套的所有设置？"信息提示对话框，如图6-8所示。

（9）单击"是"按钮，系统弹出"已成功初始化固定资产账套！"信息提示对话框，如图6-9所示，单击"确定"按钮即可。

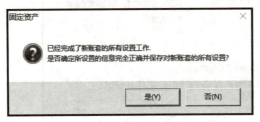
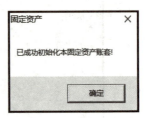

图6-8　完成新账套设置提示　　　　图6-9　成功初始化提示

3．固定资产管理系统基础数据设置

1）选项卡设置

（1）执行"设置→选项"命令，打开"选项"对话框。

（2）单击"编辑"按钮，选中"与账务系统接口"选项卡。

（3）选中"业务发生后立即制单"和"月末结账前一定要完成制单登账业务"复选框，选择缺省入账科目"1601，固定资产""1602，累计折旧""1603，固定资产减值准备""22210101，进项税额""1606，固定资产清理"，单击"确定"按钮，如图6-10所示。

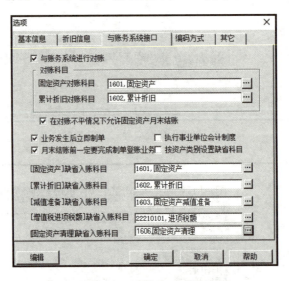

固定资产——
固定资产控制
参数设置.mp4

图6-10　固定资产选项设置

> 💡 **温馨提示：**
>
> （1）完成固定资产管理系统初始设置的控制参数的设置，如果部分参数不完整，可以通过执行"固定资产→设置→选项"命令，补充录入相关信息。与财务系统接口，录入默认入账科目。这里录入默认入账科目是为了后续固定资产业务处理生成凭证的时候自动显示会计科目，不用二次录入。
>
> （2）另外，如果勾选"在对账不平情况下允许固定资产月末结账"，表示固定资产与总账对账固定资产金额不一致也可以进行固定资产月末结账。

2) 设置资产类别

(1) 执行"设置→资产类别"命令,进入"资产类别"窗口。

(2) 单击"增加"按钮,输入类别编码"01"、类别名称"房屋及建筑物"、净残值率录入"4%"、计量单位"幢"、折旧方法"平均年限法(一)"、卡片样式"通用样式",选择计提属性"正常计提",其他默认即可,如图 6-11 所示。单击"保存"按钮。

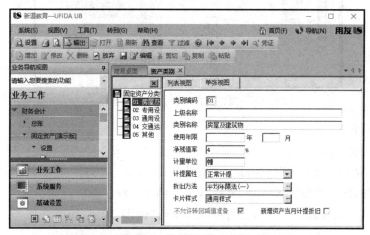

图 6-11　资产类别

(3) 同理,依次完成其他资产类别的设置。

3) 设置部门对应折旧科目

(1) 执行"设置→部门对应折旧科目设置"命令,进入"部门对应折旧科目"窗口。

(2) 选择部门"综合部",单击"修改"按钮。

(3) 选择折旧科目"660202,折旧费用",如图 6-12 所示。

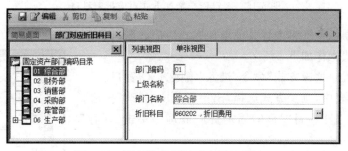

图 6-12　固定资产部门对应折旧科目 1

(4) 单击"保存"按钮,弹出如图 6-13 所示的对话框,选择"是"按钮,即管理部下面的所有下级部门的折旧科目全部设为"660202 折旧费"。

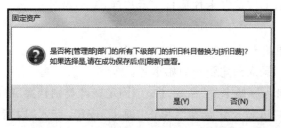

图 6-13　固定资产部门对应折旧科目 2

(5) 依次录入其他部门对应折旧科目。录完所有的部门对应折旧科目之后，请查实是否所有的部门及下级是否都设置了对应折旧科目，结果如图 6-14 所示。

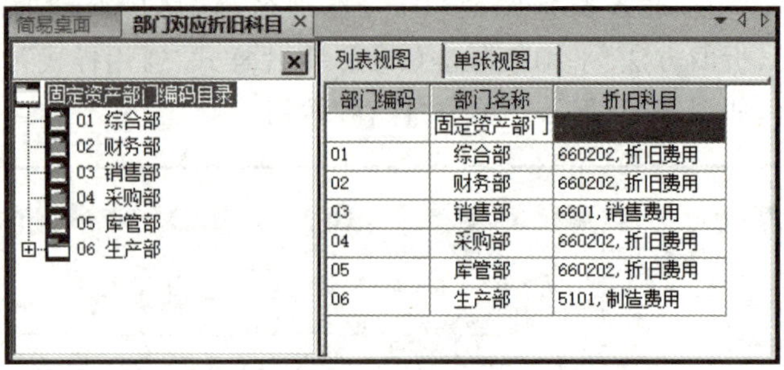

图 6-14 固定资产部门对应折旧科目 3

4) 录入增减方式

(1) 增加方式操作如下。

① 执行“设置→增减方式”命令，进入“增减方式”窗口。

② 在左侧列表中，增加方式选择“直接购入”，单击“修改”按钮。

③ 输入对应入账科目“100201，工行存款”，单击“保存”按钮，如图 6-15 所示。

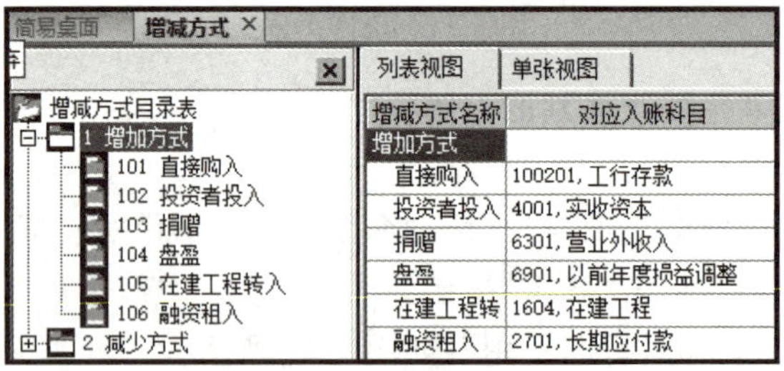

图 6-15 固定资产增加方式对应折旧科目

④ 同理，根据任务资料设置其他增加方式对应入账科目。

(2) 减少方式操作如下。

① 执行“设置→增减方式”命令，进入“增减方式”窗口。

② 在左侧列表中，减少方式选择“出售”，单击“修改”按钮。

③ 输入对应入账科目“1606，固定资产清理”，单击“保存”按钮。

④ 同理，根据任务资料设置其他减少方式对应入账科目，结果如图 6-16 所示。

增减方式名称	对应入账科目
减少方式	
出售	1606，固定资产清理
盘亏	190102，待处理固定资产损溢
投资转出	1511，长期股权投资
捐赠转出	6711，营业外支出
报废	1606，固定资产清理
毁损	1606，固定资产清理
融资租出	
拆分减少	

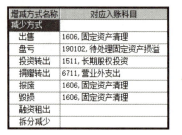

图 6-16 固定资产减少对应入账科目

5) 其他设置

对于“使用状况”“折旧方法”“卡片项目”“卡片样式”不再另行设置。

4. 录入固定资产原始卡片

参数设置完毕之后，录入固定资产原始卡片。

(1) 执行“卡片→录入原始卡片”命令，进入“固定资产类别档案”窗口。

(2) 资产类别选中“房屋及建筑物”，单击“确定”按钮，进入“固定资产卡片”窗口。

固定资产——录入固定资产原始卡片.mp4

(3)"固定资产编号"自动产生,"固定资产名称"输入"厂房","增加方式"选择"在建工程转入",使用状况"在用",开始使用日期"2019-12-10",原值"2000000.00",累计折旧"153600.00","使用部门"选择"单部门使用",然后选择"一车间","使用年份(月)"输入"300"(25×12),对应折旧科目"5101,制造费用",其他信息自动计算出,如图6-17所示。

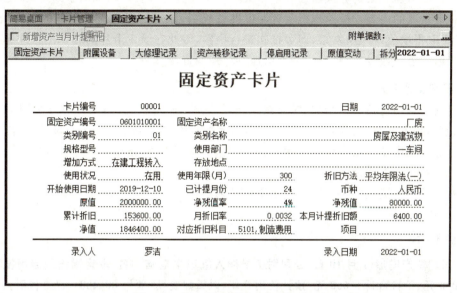

图 6-17　固定资产原始卡片录入窗口

(4)单击"保存"按钮,系统弹出"数据成功保存!"信息提示对话框,单击"确定"按钮。

(5)同理,完成其他固定资产卡片的录入。

5. 与总账进行对账

固定资产原始卡片录入完毕,要与总账进行对账。执行"固定资产→处理→对账"命令,显示结果如图6-18所示。

如果对账不平衡,请去"卡片管理"中找出问题所在,并修改正确。

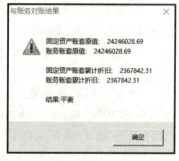

图 6-18　与总账对账结果

工作任务二　固定资产日常业务处理

任务资料

2022年1月,青岛海思曼股份有限公司发生固定资产业务如下。

(1)1月10日,公司财务部购入笔记本电脑一台,取得增值税专用发票,注明单价5 000元,价税合计5 650元,预计使用5年,以转账支票(票号004488),已交付财务部使用。

(2)1月12日,大众速腾2.0轿车新添置配件18 000元,以转账支票支付,票号004489。

(3)1月14日,经公司领导批复,将财务部的旧计算机(卡片编号00008)转移到采购部。

任务要求

完成固定资产资产增加及转移等工作,并生成相关凭证。

背景知识

1. 固定资产增加

固定资产增加是指购进或通过其他方式增加企业资产。资产增加属于固定资产日常业务处理中非常重要的内容。按照现行会计制度准备规定，除了房屋建筑物之外的固定资产购置业务，只要取得增值税专用发票，即可抵扣进行税额，因此在录入卡片的需要注意进项税额。

资产增加需要通过"卡片"→"资产增加"或"采购资产"即可。

2. 固定资产变动

固定资产变动包括原值增加、原值减少、部门转移、使用状况调整、折旧方法调整、累计折旧调整、使用年限调整、工作总量调整、净残值（率）调整、类别调整、增值税调整、位置调整、变动单管理等。其中使用状况包括使用中、未使用、不需用三种，使用中具体包含再在用、季节性停用、经营性出租、大修理停用等。

资产变动需要通过"变动单"来记录调整结果。

任务指导

1. 固定资产增加（1月10日，公司财务部购入笔记本电脑一台，取得增值税专用发票，注明单价5 000元，价税合计5 650元，预计使用5年，以转账支票（票号004488），已交付财务部使用）

（1）更换操作员"202李明"登录企业应用平台。

（2）进行含税卡片的设置。执行"固定资产→设置→资产类别→03通用设备→编辑"命令，把卡片样式修改为"含税卡片样式"。

（3）执行"卡片→资产增加"命令，进入"资产类别参照"窗口，选择资产类别"03通用设备"，单击"确定"按钮，进入"固定资产卡片"窗口。

（4）固定资产名称输入"笔记本电脑"；双击"使用部门"选择"单部门使用"，单击"确定"按钮，选择"财务部"；双击"增加方式"选择"直接购入"；双击"使用状况"选择"在用"；原值输入"5000.00"；增值税输入"650.00"；使用年限（月）输入"60"；开始使用日期输入"2022-01-10"，如图6-19所示。

固定资产——
增加固定
资产卡片.mp4

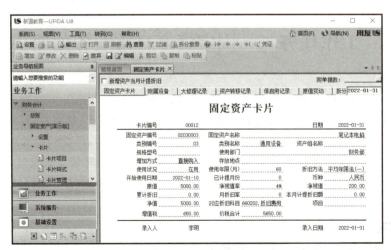

图6-19　固定资产卡片

(5)单击"保存"按钮,进入填制凭证窗口。

(6)凭证类别选择"付款凭证",修改制单日期为"2022.01.10",输入"100201"的辅助核算项目,结算方式"202"、票号"004488"、日期"2022.01.10",单击"保存"按钮。凭证如图6-20所示。

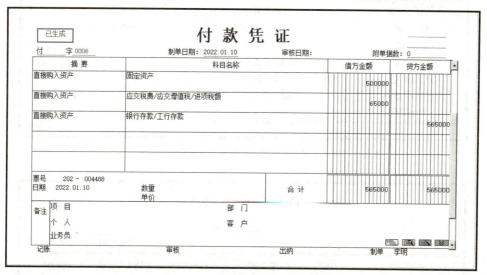

图6-20 生成购入固定资产凭证

> **温馨提示:**
>
> (1)选项中如果勾选"业务发生后立即制单",则直接弹出一张凭证。如果没有勾选"业务发生后立即制单",需要通过执行"固定资产→处理→批量制单"命令来生成记账凭证。
>
> (2)该凭证在未审核记账之前,可以通过凭证查询"删除"凭证在固定资产系统作废凭证,然后账套主管在总账里进行"整理"凭证,达到彻底删除该凭证。
>
> (3)保存凭证时,如果提示制单不序时,可以执行"总账→设置→选项"命令,单击"编辑"按钮,将"制单序时控制"前的选中符号去掉,确认后即可。

2. 固定资产变动(1月12日,大众速腾2.0轿车新添置配件18 000元,以转账支票支付,票号004489)

固定资产——固定资产变动单.mp4

(1)填制变动单。执行"固定资产→卡片→变动单→原值增加→固定资产变动单→卡片编号"命令,选中"大众速腾2.0",如图6-21所示。

(2)"增加金额"输入"18000.00","变动原因"输入"添置配件",如图6-22所示,保存。

(3)生成原值增加的凭证。执行"固定资产→处理→批量制单→制单选择"命令,选Y,凭证类别选"付款凭证",合并制单,贷方科目输入"100201",录入辅助项,单击"保存"按钮,凭证如图6-23所示。

3. 固定资产转移(1月14日,经公司领导批复,将财务部的旧计算机(卡片编号00008)转移到采购部)

(1)执行"卡片→变动单→部门转移→固定资产变动单"命令,单击"卡片编号"按钮,选中"笔记本电脑",如图6-24所示,单击"确定"按钮。

(2)输入变动后部门"采购部",变动原因"部门转移",单击"保存"按钮,如图6-25所示。

固定资产变动单
— 原值增加 —

变动单编号 00001		变动日期	2022-01-31
卡片编号 00002	资产编号	开始使用日期	
资产名称	大众速腾2.0	规格型号	
增加金额 0.00	币种	汇率	0
变动的净残值率 0%	变动的净残值		0.00
变动前原值 0.00	变动后原值		0.00
变动前净残值 0.00	变动后净残值		0.00
变动原因			
		经手人	李明

图 6-21 固定资产变动单 1

固定资产变动单
— 原值增加 —

变动单编号 00001		变动日期	2022-01-31
卡片编号 00002	资产编号 01040001	开始使用日期	2021-02-20
资产名称	大众速腾2.0	规格型号	
增加金额 18000.00	币种 人民币	汇率	1
变动的净残值率 4%	变动的净残值		720.00
变动前原值 175130.69	变动后原值		193130.69
变动前净残值 7005.23	变动后净残值		7725.23
变动原因			添置配件
		经手人	李明

图 6-22 固定资产变动单 2

付 款 凭 证
已生成

付 字 0007 制单日期：2022.01.31 审核日期： 附单据数：0

摘 要	科目名称	借方金额	贷方金额
原值增加	固定资产	1800000	
原值增加	100201		1800000
票号 202-004489	数量		
日期 2022.01.12	单价	合 计 1800000	1800000
备注 项 目	部 门		
个 人	客 户		
业务员			

记账 审核 出纳 制单 李明

图 6-23 生成固定资产变动凭证

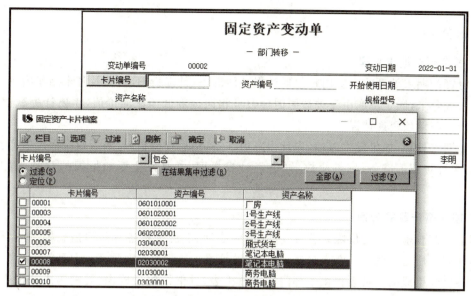

图 6-24 录入固定资产变动单

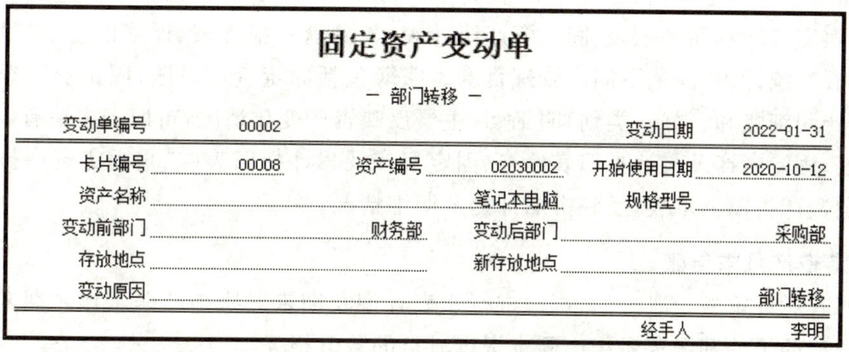

图 6-25 固定资产变动单 3

（3）该笔业务只涉及部门转移，不需要生成任何凭证。

工作任务三　固定资产期末处理

任务资料

（1）1月31日，经核查对2020年购置的两台笔记本电脑各计提300元的减值准备，合并制单。

（2）1月31日，固定资产会计对各部门的固定资产计提折旧。

（3）1月31日，公司对固定资产进行清理，账实相符。总经理办公室的商用电脑申请报废。主管领导已同意。

任务要求

固定资产会计完成本月期末业务的处理。

背景知识

1. 固定资产期末处理

固定资产期末处理的主要内容包括计提减值准备、计提折旧、对账及月末结账内容。

月末或年末,固定资产由于种种原因导致可收回金额低于账面价值,需要计提减值准备,并且必须按照单项资产计提。

对于期末处理,如果发生减值,先计提减值准备,然后计提折旧,最后减少固定资产。如果先折旧,再计提减值准备,软件会提示"已经计提折旧,并且发生影响折旧的业务,请删除凭证"等。

2. 固定资产账表管理

固定资产管理系统提供账表管理功能,以便统计、汇总资产各方面的信息等,可以根据需要查询并调出所需的账表。账表包括分析表、减值准备表、统计表、账簿、折旧表五大类。

软件自动生成的分析表提供了部门构成分析表、价值结构分析表、类别构成分析表、使用状况分析表 4 种分析表,对固定资产进行综合分析;减值准备表包括减值准备明细表、减值准备余额表和减值准备总账;统计表包括(固定资产原值)一览表、采购资产统计表、固定资产变动情况表、固定资产到期提示表、固定资产统计表、盘盈盘亏报告表、评估汇总表、役龄资产统计表、逾龄资产统计表,满足不同的管理目的。账簿包括固定资产总账、固定资产登记簿、(单个)固定资产明细账和(部门、类别)明细账,主要反映资产变化情况;折旧表主要有(布恩)折旧计提汇总表、固定资产及累计折旧表(一)、固定资产及累计折旧表(二)、固定资产折旧计算明细表及固定资产折旧清单表,反映折旧计提及明细情况。

3. 固定资产月末结账

当月所有凭证审核记账之后,可以进行账表查询及期末对账与结账工作。期末对账主要检查固定资产的价值和账务系统中固定资产科目的数值相等。

对账之前必须确保与账务系统接口界面已经设置好了正确的对账科目,固定资产模块所有应该制单的任务全部已经制单,另外总账模块所有涉及固定资产和累计折旧等对账科目的凭证已经全部记账。

月末结账即每月进行一次,结账后档期数据不能修改。如确需要修改,看通过"恢复月末结账前状态"功能反结账,再进行修改。本期结账完毕,才可以处理下期数据。

任务指导

1. 计提固定资产减值准备

1月31日,经核查对 2012 年购置的两台笔记本电脑各计提 300 元的减值准备,合并制单。

(1) 会计"002 李明"2022 年 1 月 31 日进入企业应用平台。

(2) 执行"卡片→变动单→计提减值准备"命令,弹出"固定资产变动单",卡片编号选择"00007 笔记本电脑",减值准备金额录入"300.00",变动原因录入"笔记本电脑降价",如图 6-26 所示。

(3) 单击"保存"按钮,弹出凭证,放弃。

(4) 增加固定资产变动单,录入相关信息,如图 6-27 所示。

固定资产变动单
— 计提减值准备 —

变动单编号 00003		变动日期	2022-01-31
卡片编号 00007	资产编号 02030001	开始使用日期	2020-10-12
资产名称	笔记本电脑	规格型号	
减值准备金额 300.00	币种 人民币	汇率	1
原值 7250.00	累计折旧		1624.00
累计减值准备金额 300.00	累计转回准备金额		0.00
可回收市值 5326.00			
变动原因			笔记本电脑降价
		经手人	李明

图 6-26　固定资产变动单 4

固定资产变动单
— 计提减值准备 —

变动单编号 00004		变动日期	2022-01-31
卡片编号 00008	资产编号 02030002	开始使用日期	2020-10-12
资产名称	笔记本电脑	规格型号	
减值准备金额 300.00	币种 人民币	汇率	1
原值 7250.00	累计折旧		1624.00
累计减值准备金额 300.00	累计转回准备金额		0.00
可回收市值 5326.00			
变动原因			笔记本电脑降价
		经手人	李明

图 6-27　固定资产变动单 5

（5）生成凭证。执行"固定资产→处理→批量制单"命令，打开"查询条件选择——批量制单"窗口，单击"确定"按钮，选择合并凭证，凭证类别调整为"转账凭证"，如图 6-28 所示。

序号	业务日期	业务类型	业务描述	业务号	发生额	合并号	选择
1	2022-01-31	变动单	计提减值准备	00003	300.00	1	Y
2	2022-01-31	变动单	计提减值准备	00004	300.00	1	Y

图 6-28　合并制单选择

（6）然后切换到"制单设置"，如图 6-29 所示，录入减值准备的对方科目"6701 资产减值损失"。

序号	业务日期	业务类型	业务描述	业务号	方向	发生额		科目
1	2022-01-31	变动单	计提减值准备	00003	借	300.00	6701	资产减值损失
2	2022-01-31	变动单	计提减值准备	00003	贷	300.00	1603	固定资产减值准备
3	2022-01-31	变动单	计提减值准备	00004	借	300.00	6701	资产减值损失
4	2022-01-31	变动单	计提减值准备	00004	贷	300.00	1603	固定资产减值准备

图 6-29　合并制单设置

（7）合并生成如图 6-30 凭证，保存即可。

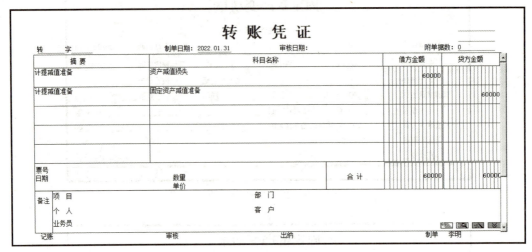

图 6-30　生成计提减值准备凭证

2. 计提本月折旧费用

1 月 31 日，固定资产会计对各部门的固定资产计提折旧。

（1）会计"202 李明"2022 年 1 月 31 日进入企业应用平台

（2）执行"处理→计提本月折旧"命令，系统弹出"是否查看折旧清单"信息提示对话框，如图 6-31 所示。

（3）单击"是"按钮，系统继续弹出"本操作将计提本月折旧，并花费一定时间，是否要继续？"信息提示对话框，如图 6-32 所示。单击"是"按钮。

图 6-31　查看提示

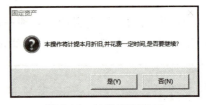

图 6-32　计提折旧提示

（4）系统计提折旧完成后，进入"折旧清单"窗口，如图 6-33 所示。

卡片编号	资产编号	资产名称	原值	计提原值	本月计提折旧额	累计折旧	本年计提折旧	减值准备	净值	净残值	折旧率	单位折旧	本月工作量	累计工作量	规格型号
00001	0601010001	厂房	000.00	000,000.00	6,400.00	160,000.00	6,400.00	0.00	0,000.00	0.0032		0.000	0.000		
00002	01040001	大众速腾2	130.69	175,130.69	1,751.31	19,264.38	1,751.31	0.00	866.31	7,725.23	0.0100		0.000	0.000	
00003	0601020001	1号生产线	000.00	000,000.00	40,000.00	960,000.00	40,000.00	0.00	0,000.00	0.0080		0.000	0.000		
00004	0601020002	2号生产线	398.00	800,398.00	22,403.18	537,676.42	22,403.18	0.00	721.58	2,015.92	0.0080		0.000	0.000	
00005	0602020001	3号生产线	000.00	000,000.00	32,000.00	768,000.00	32,000.00	0.00	0,000.00	0.0080		0.000	0.000		
00006	03040001	厢式货车	000.00	244,000.00	1,952.00	21,472.00	1,952.00	0.00	528.00	9,760.00	0.0080		0.000	0.000	
00007	02030001	笔记本电脑	250.00	7,250.00	116.00	1,740.00	116.00	300.00	210.00	290.00	0.0160		0.000	0.000	
00008	02030002	笔记本电脑	250.00	7,250.00	116.00	1,740.00	116.00	300.00	210.00	290.00	0.0160		0.000	0.000	
00009	01030001	商务电脑	000.00	6,000.00	96.00	1,440.00	96.00	0.00	560.00	240.00	0.0160		0.000	0.000	
00010	03030001	商务电脑	000.00	6,000.00	96.00	1,440.00	96.00	0.00	560.00	240.00	0.0160		0.000	0.000	
00011	0602010001	厂房	000.00	000,000.00	32,000.00	32,000.00	32,000.00	0.00	0,000.00	0.0032		0.000	0.000		
合计			028.69	246,028.69	136,930.49	504,772.80	136,930.49	600.00	655.89	0,561.15		0.000	0.000		

图 6-33　折旧清单

（5）单击"退出"按钮，进入"折旧分配表"窗口，如图 6-34 所示。

（6）单击工具栏中的"凭证"按钮，进入"填制凭证"窗口，选择凭证类别，根据任务资料修改其他项目，单击"保存"按钮，如图 6-35 所示。退出后，系统提示"折旧计提完成"。

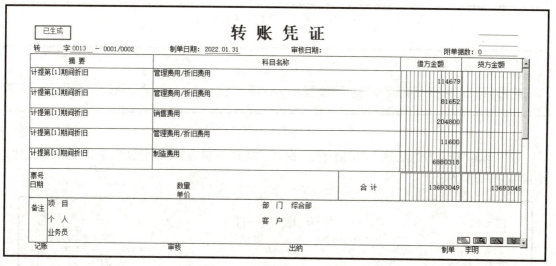

图 6-34　固定资产计提折旧分配表

图 6-35　计提折旧生成凭证

> **温馨提示：**
> (1) 无论固定资产有无增减变动业务，折旧计提必不可少。
> (2) 如果上次计提折旧已通过记账凭证把数据传递到账务系统，则必须先删除该凭证才能重新计提折旧。计提折旧后，如果又对账套进行了影响折旧计算或分配的操作，则必须重新计提折旧，否则系统不允许结账。

3. 固定资产减少（1月31日，公司对固定资产进行清理，总经理办公室的商用电脑申请报废，主管领导已同意）

固定资产——
固定资产
减少处理.mp4

企业会计制度规定本月减少的固定资产照提折旧，因此，本账套需要在计提折旧后才能减少资产。

(1) 减少卡片。执行"卡片→资产减少"命令，进入"资产减少"窗口。
(2) 选中"00009 商务电脑"，如图 6-36 所示。
(3) 确定后，单击"增加"按钮会弹出对话框，减少方式选择"报废"，清理原因录入"报废"，如图 6-37 所示。单击"确定"按钮，系统提示"所选卡片减少成功"。

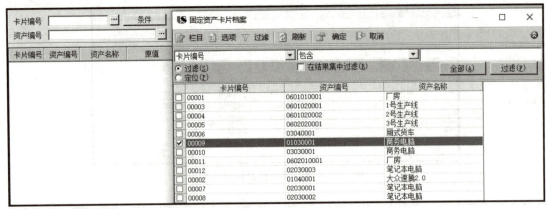

图 6-36　固定资产减少卡片档案

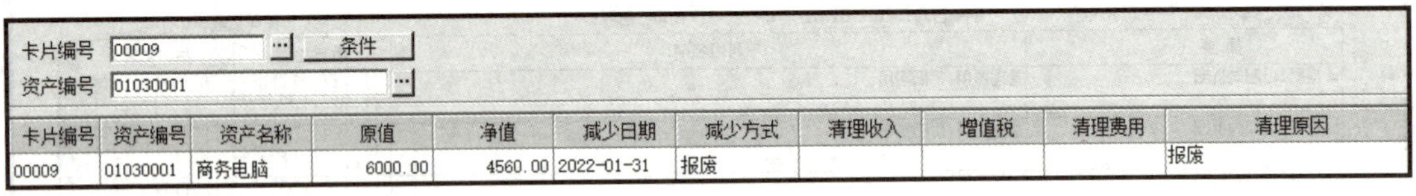

图 6-37　固定资产减少原因录入

(4) 单击"确定"按钮,进入"填制凭证"窗口。凭证类别选"转账凭证",单击"保存"按钮,生成如图 6-38 凭证。

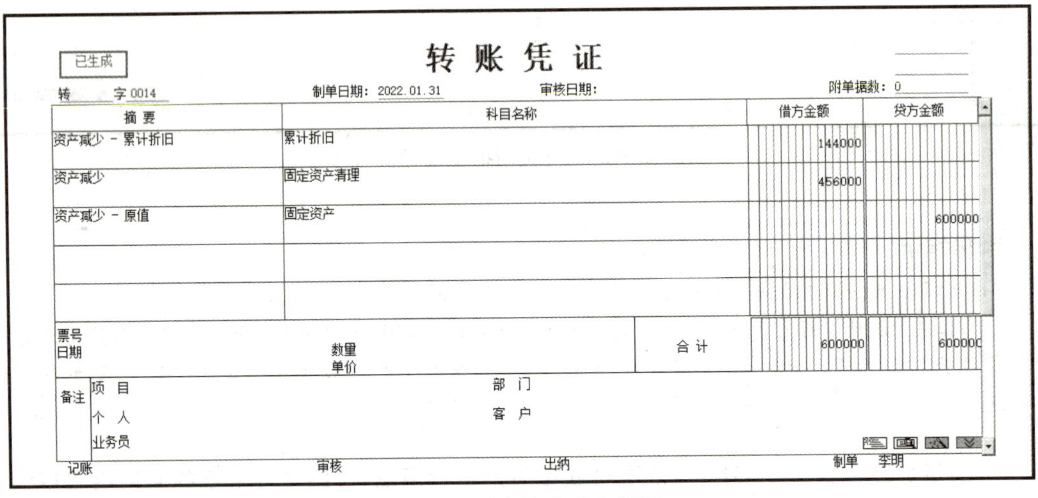

图 6-38　固定资产减少凭证

(5) 报废固定资产的净损失,在总账中由总账会计填制清理净损失凭证,如图 6-39 所示。

> **温馨提示:**
>
> 　　固定资产减少业务放在计提折旧业务之后,原因在于当月减少的固定资产当月仍然要计提折旧,因此只有先计提折旧才能减少。另外如果先减少该固定资产的话,相当于卡片没有了,卡片没有的话也就不能计提折旧。因此固定资产的减少业务在当月计提折旧之后。

(6) 在"卡片→卡片管理"界面,单击最右面下三角下拉列表显示有"在役资产""已减少资产"和"已拆分资产",选中"已减少资产",显示已减少资产的情况。如图 6-40 和图 6-41 所示。

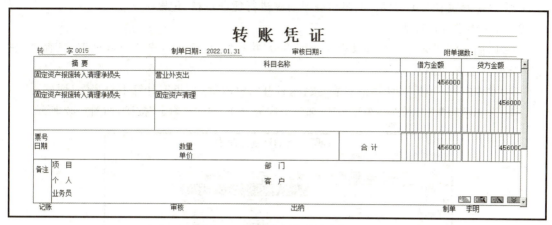

转账凭证

转 字 0015　　制单日期：2022.01.31　　审核日期：　　附单据数：

摘要	科目名称	借方金额	贷方金额
固定资产报废转入清理净损失	营业外支出	456000	
固定资产报废转入清理净损失	固定资产清理		456000
票号 日期	数量 单价　　合 计	456000	456000

备注　项　目　　部　门
　　　个　人　　客　户
　　　业务员

记账　审核　出纳　制单　李明

图 6-39　固定资产清理转账凭证

00002	2021.02.20	96	193,130.69	01040001	0.04	罗洁
00003	2020.01.11	120	000,000.00	0601020001	0.04	罗洁
00004	2020.01.11	120	800,398.00	0601020002	0.04	罗洁
00005	2020.01.11	120	000,000.00	0602020001	0.04	罗洁
00006	2021.02.10	120	244,000.00	03040001	0.04	罗洁
00007	2020.10.12	60	7,250.00	02030001	0.04	罗洁
00008	2020.10.12	60	7,250.00	02030002	0.04	罗洁
00010	2020.10.20	60	6,000.00	03030001	0.04	罗洁
00011	2021.12.10	300	000,000.00	0602010001	0.04	罗洁
00012	2022.01.10	60	5,000.00	02030003	0.04	李明
合计：(共计			263,028.69			

图 6-40　已减少固定资产查询

卡片编号	开始使用日期	使用年限(月	原值	固定资产编号	净残值率	录入人
00009	2020.10.20	60	6,000.00	01030001	0.04	罗洁
合计：(共计			6,000.00			

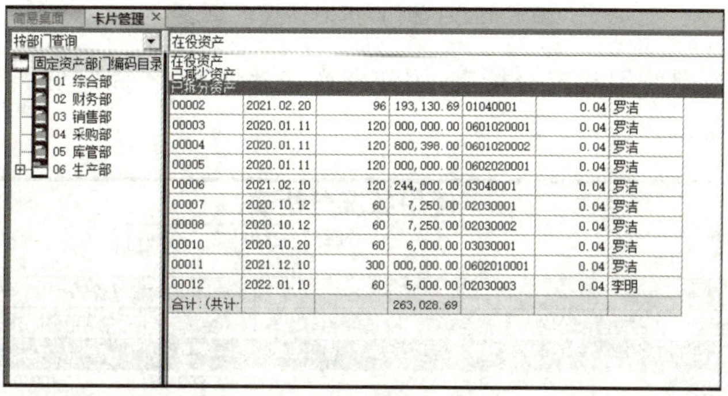

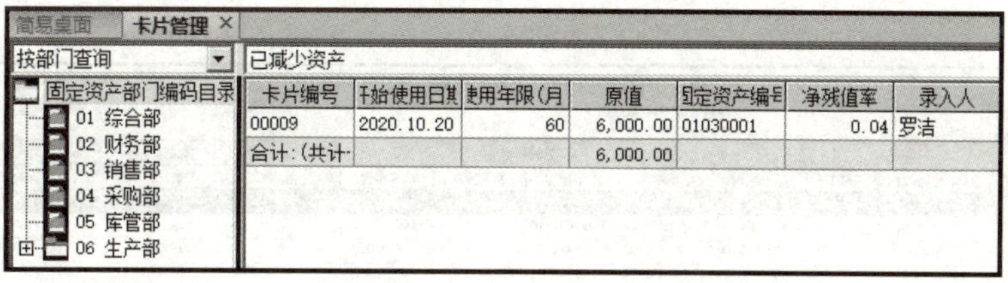

图 6-41　已减少固定资产

温馨提示：

撤销减少小知识：假如不小心减少固定资产，可以通过“撤销减少”功能来实现，资产减少的恢复是一个纠错的功能，当月减少的资产可以通过本功能恢复使用。通过资产减少的资产只有在减少的当月可以恢复。

撤销减少首先登录卡片管理，然后将卡片显示类型由在役资产更改为已减少资产，最后单击选中减少的固定资产，单击上方的撤销减少，即达到了撤销减少资产的目的。撤销减少需要注意，当月较少的资产可以直接撤销，之前月的需要重新录入原始卡片增加，另外如果资产减少已经生成凭证，需要删除凭证后再撤销。

4. 固定资产账表管理

1）总账系统处理

(1) 以出纳 203 的身份登录企业应用平台，执行“总账→凭证”命令，进行出纳签字。

(2)以账套主管"201罗洁"的身份登录总账进行凭证审核、记账。

2)查询固定资产账表

(1)以固定资产会计202登录企业应用平台,执行"固定资产→账表→我的账表"命令,进入"固定资产报表"窗口。

(2)双击"(部门)折旧计提汇总表"按钮,打开"条件(部门)折旧计算汇总表"对话框。

(3)选择期间为"2022.01-2022.01",部门级次为"1-1",单击"确定"按钮,如图6-42所示。

(部门)折旧计提汇总表		
使用单位:青岛海思曼股份有限公司		期间:2022.01--2022.01
部门级次1--1		
部门名称	计提原值	折旧额
综合部(01)	111,078.41	1,146.79
财务部(02)	77,302.28	816.52
销售部(03)	250,000.00	2,048.00
采购部(04)	7,250.00	116.00
生产部(06)	23,800,398.00	132,803.18
合计	24,246,028.69	136,930.49

图6-42 (部门)折旧计提汇总表

(4)同理,分别查询使用状况分析表,固定资产变动情况表,固定资产登记簿等账表,分别如图6-43~图6-45所示。

使用状况分析表								
使用单位:青岛海思曼股份有限公司				期间:2022.01				
使用状况	原值		累计折旧		减值准备		净值	
	金额	占总值百分比%	金额	占总值百分比%	金额	占总值百分比%	金额	占总值百分比%
使用中(1)	,263,028.69	100.00	,503,332.80	100.00	600.00	100.00	,759,095.89	100.00
在用(1001)	,263,028.69	100.00	,503,332.80	100.00	600.00	100.00	,759,095.89	100.00
合计	,263,028.69	100.00	,503,332.80	100.00	600.00	100.00	,759,095.89	100.00

图6-43 使用状况分析表

固定资产变动情况表													
统计方式:资产类别				期间:2022.01--2022.01									
资产类别		使用部门:		类别级次:1--1									
项目	原值				累计折旧				减值准备			净值	
	期初余额	本年增加	本年减少	期末余额	期初余额	本年增加	本年减少	期末余额	期初余额	本年增加	本年减少	期末余额	期初余额	期末余额
房屋及建筑物(01)	2,000,000.00			2,000,000.00	153,600.00	38,400.00		192,000.00					1,846,400.00	1,808,000.00
专用设备(02)	1,800,398.00			1,800,398.00	2,171,273.24	94,403.18		2,265,676.42					9,629,124.76	9,534,721.58
通用设备(03)	26,500.00	5,000.00	6,000.00	25,500.00	5,936.00	424.00	1,440.00	4,920.00	600.00			600.00	20,564.00	19,980.00
交通运输设备(04)	419,130.69	18,000.00		437,130.69	37,033.07	3,703.31		40,736.38					382,097.62	396,394.31
合计	4,246,028.69	23,000.00	6,000.00	4,263,028.69	2,367,842.31	136,930.49	1,440.00	2,503,332.80	600.00			600.00	1,878,186.38	1,759,095.89

图6-44 固定资产变动情况表

5. 固定资产月末对账与结账

1)固定资产账套对账

(1)月末,执行"处理→对账"命令,系统弹出"与账务对账结果"信息提示对话框。

(2)单击"确定"按钮,显示对账结果。

> 💡 **温馨提示:**
> 当总账记账完毕,固定资产管理系统才可以进行对账。
> 如果出现对账不平,需要找原因。对账不平的原因主要有固定资产期初就对账不平、固定资产还有未制单的任务、选项里设置的对账科目不正确、总账未对固定资产产生的凭证审核记账、固定资产模块当资产减少时生成凭证取的折旧数据要修改为月末数、其他模块使用了固定资产或累计折旧科目制单等。

> 如果出现了与总账对账不平，先把总账的所有凭证审核、记账，保证正确；再查看批量制单里是否还有制单记录；检查选项里设置的对账科目是否正确；最后检查资产减少凭证折旧金额是否修改为月末数。

固定资产登记簿

使用单位：青岛海思曼股份有限公司　　　　期间：2022.01—2022.01
资产类别：　　　　　　　　　　　　　　　使用部门：

日期	资产编号	业务单号	凭证号	摘要	资产名称	使用部门	原值 借方	原值 贷方	原值 余额	数量
2022-01-01	060101000	00001		录入原始卡片	厂房	一车间	,000,000.00		,000,000.00	1.00
2022-01-01	01040001	00002		录入原始卡片	大众速腾2.0	综合部/财务部	175,130.69		,175,130.69	2.00
2022-01-01	060102000	00003		录入原始卡片	1号生产线	一车间	,000,000.00		,175,130.69	3.00
2022-01-01	060102000	00004		录入原始卡片	2号生产线	一车间	,800,398.00		,975,528.69	4.00
2022-01-01	060202000	00005		录入原始卡片	3号生产线	二车间	,000,000.00		,975,528.69	5.00
2022-01-01	03040001	00006		录入原始卡片	厢式货车	销售部	244,000.00		,219,528.69	6.00
2022-01-01	02030001	00007		录入原始卡片	笔记本电脑	财务部	7,250.00		,226,778.69	7.00
2022-01-01	02030002	00008		录入原始卡片	笔记本电脑	财务部	7,250.00		,234,028.69	8.00
2022-01-01	01030001	00009		录入原始卡片	商务电脑	综合部	6,000.00		,240,028.69	9.00
2022-01-01	03030001	00010		录入原始卡片	商务电脑	销售部	6,000.00		,246,028.69	10.00
2022-01-01	060201000	00011		录入原始卡片	厂房	二车间	,000,000.00		,246,028.69	11.00
2022-01-31	02030003	00012	付—5	新增固定资产	笔记本电脑	财务部	5,000.00		,251,028.69	12.00
2022-01-31	01040001	00001	付—6	原值增加	大众速腾2.0	综合部/财务部	18,000.00		,269,028.69	12.00
2022-01-31	01030001	00009	转—14	资产减少	商务电脑	综合部		6,000.00	,263,028.69	11.00
				本期合计			,269,028.69	6,000.00	,263,028.69	11.00

图 6-45　固定资产登记簿

2）固定资产账套结账

（1）执行"处理→月末结账"命令，打开"月末结账"对话框，如图 6-46 所示。

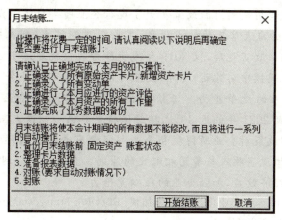

图 6-46　月末结账

（2）单击"开始结账"按钮，系统弹出"月末结账成功完成！"信息提示对话框。
（3）单击"确定"按钮。

> **温馨提示：**
> 先结固定资产账，再结总账。二者顺序不能颠倒。
> 本会计期间做完月末结账工作后，所有数据资料将不能再进行修改。
> 本会计期间不做完月末结账工作，系统将不允许处理下一个会计期间的数据。月末结账前一定要进行数据备份，否则数据一旦丢失，将造成无法挽回的后果。

3) 取消结账

（1）执行"工具→恢复月末记账前状态"命令，系统弹出"是否继续？"信息提示对话框。

（2）单击"是"按钮，系统弹出"成功恢复月末结账前状态！"信息提示对话框。

（3）单击"确定"按钮。

> **温馨提示：**
> 　　如果在结账后又发现结账前操作有误，必须修改结账前的数据，则可以使用"恢复结账前状态"功能，该功能又称"反结账"，即将数据恢复到月末结账前状态，结账时所做的所有工作都将被无痕迹删除。
> 　　在总账管理系统未进行月末结账时，才可以使用恢复结账前状态功能。一旦本系统提取了某期的数据，该期不能反结账。如果当前的账套已经做了年末处理，那么就不允许再执行恢复月初状态功能。

课程思政

学习贯彻党的二十大精神　推动制造业高质量发展

　　习近平总书记在党的二十大报告中强调，"建设现代化产业体系，坚持把发展经济的着力点放在实体经济上，推进新型工业化"，为我们推动制造业高质量发展指明了方向、提供了遵循、注入了动力。目前，我国拥有41个工业大类、207个工业中类、666个工业小类，是全世界唯一拥有联合国产业分类中所列全部工业门类的国家。"中国制造"遍布230多个国家和地区，是名副其实的"世界工厂"。

　　为支持制造业企业加快技术改造和设备更新，自2014年起国家先后出台政策，扩大固定资产加速折旧优惠政策适用范围。新政策扩大了现行企业所得税法下允许固定资产加速折旧的适用范围，使企业加快淘汰落后的技术设备，不断引进新技术、新工艺，提高产品的科技含量。固定资产加速折旧新政实施后，仅2019年减税降费规模就超过了2.36亿元，制造业及其相关环节在增值税减税规模中占比近70%，企业可以利用这部分资金去购买新设备，研发新产品，同时增强企业未来的竞争能力。工信部数据显示，中国制造业增加值占全球比重从2012年的22.5%提高到2021年的近30%，持续保持世界第一制造大国地位。

　　固定资产加速折旧政策对企业所得税和企业利润都有着较大的影响，加速折旧不仅体现了谨慎性原则，同时还体现了收入与费用相配比的原则。企业应充分利用这一政策的优势，不断更新设备，提高企业经济效益，加强企业的核心竞争力。

　　资料来源：工信部. 我国新型工业化步伐显著加快[EB/OL]. https://m.gmw.cn/baijia/2023-03-02/36401257.html(2023-03-02)[2023-05-08].

工作领域七

应收款管理系统业务处理

学习目标

1. 技能目标
(1) 能够使用用友 ERP-U8 V10.1 完成应收款的建账与初始化工作。
(2) 能够完成往来岗位操作。
(3) 能够进行往来账表查询及期末结账处理。

2. 知识目标
(1) 理解应收款与应付款管理系统功能,明确其与总账系统的关系。
(2) 掌握应收款管理系统初始化、日常业务处理及月末处理的操作。
(3) 理解应收款管理在总账核算与在应收款管理系统核算的区别。

3. 思政素养
(1) 掌握会计行业规范,遵守会计职业标准。
(2) 坚守会计准则,遵守职业道德。
(3) 提升学生沟通技巧和合作能力。

应收款管理系统,主要用于核算和管理客户往来款项。应收款管理系统以发票、费用单、其他应收单等原始单据为依据,记录销售业务及其他业务所形成的往来款项,处理应收款项的收回、坏账、转账等情况,同时提供票据处理功能。

通过进行综合管理,及时、准确地提供客户的往来账款余额资料,提供各种分析报表,如账龄分析表、欠款分析情况分析等,通过各种分析报表,帮助企业合理地进行资金的调配,提高资金的利用效率。

该工作领域的具体工作内容如下。

(1) 应收款管理系统初始化:应收款管理系统的初始化包括设置控制参数、录入基础信息与期初余额,期初对账工作。

(2) 应收款管理系统的日常业务处理包括应收单据处理、收款单据处理、核销、票据管理与转账处理。

(3) 期末处理主要包括进行汇兑损益结算和月末结账。

工作任务一　应收款管理系统初始化

任务资料

1. 业务控制参数

应收账款核算模型:详细核算;坏账处理方式:应收账款余额百分比,自动计算现金折扣;

取消核销生成凭证;根据单据自动报警,信用方式提前 7 天;根据信用额度自动报警,提前比率 20%;包含信用额度为零;进行信用额度控制;应收款核销方式:按单据;其他参数为系统默认。

2. 存货分类

存货分类见表 7-1。

表 7-1　存货分类

存货分类编码	存货分类名称
01	原材料
02	辅助材料
03	库存商品
04	应税劳务

3. 计量单位

计量单位见表 7-2。

表 7-2　计量单位

计量单位组	计量单位编号	计量单位名称
01 自然单位组（无换算率）	1	支
	2	个
	3	卷
	4	公里
02 固定换算组（固定换算率）	5	公斤（主计量单位）
	6	吨
	1 吨=1 000 公斤	

4. 存货档案

存货档案见表 7-3。

表 7-3　存货档案

存货编码	存货名称	所属分类码	主计量单位	税率/%	存货属性	参考成本/元	参考售价/元
0101	甲材料	01	公斤	13	内销、外购、生产耗用	2.4	
0102	乙材料	01	公斤	13	内销、外购、生产耗用	3	
0103	丙材料	01	公斤	13	内销、外购、生产耗用		
0201	丁材料	02	卷	13	内销、外购、生产耗用		
0202	申材料	02	公斤	13	内销、外购、生产耗用		
0301	A 商品	03	支	13	自制、内销、外购	10 000	13 000
0302	B 商品	03	支	13	自制、内销、外购	8 000	12 000
0303	C 商品	03	个	13	自制、内销、外购	500	700
0304	D 商品	03	个	13	自制、内销、外购	700	900
0401	运输费	04	公里	11	内销、外购、应税劳务		

5. 基本科目设置

应收科目为"1122 应收账款",销售收入科目为"6001 主营业务收入",税金科目为

"22210103 应交税费——应交增值税（销项税额）"，销售退回科目为"6001 主营业务收入"，银行承兑科目为"112101 应收票据——银行承兑汇票"，商业承兑科目为"112102 应收票据——商业承兑汇票"，预收科目为"2203 预收账款"，票据利息科目为"660301 财务费用——利息支出"，票据费用科目为"660302 财务费用——其他"，汇兑损益科目为"660302 财务费用——其他"。

6. 本单位开户行设置

增加本单位开户银行相关信息见表 7-4。

表 7-4 开户银行信息

编码	银行账号	账户名称	币种	开户银行	所属银行
01	600024578975	工行李沧支行	人民币	工商银行李沧分理处	01

7. 结算方式科目设置

现金结算方式科目为"1001 库存现金"；支票结算方式均对应科目"100201 银行存款——工行存款"，银行承兑汇票和商业承兑汇票对应科目均为"1012 其他货币资金"，电汇结算方式科目为"100201 银行存款——工行存款"。

8. 坏账准备设置

坏账准备提取比例为 0.5%，坏账准备期初余额为 30 000.00，坏账准备科目为"1231 坏账准备"，坏账准备对方科目为"6701 资产减值损失"。

9. 账龄区间设置

账期内账龄区间设置总天数分别为 10 天、30 天、45 天、60 天。

10. 逾期账龄区间设置

逾期账龄区间设置总天数分别为：30 天、60 天、90 天。

11. 设置报警级别

报警级别见表 7-5。

表 7-5 报警级别

序 号	起止比率/%	总比率/%	级别名称
01	0～10	10	A
02	10～20	20	B
03	20～30	30	C
04	30～40	40	D
05	40～50	50	E
06	50 以上		F

12. 单据编号设置

将销售专用发票、其他应收单及收款单，单据编号详细信息设置为"手工改动，重号时自动重取"。

13. 期初余额

会计科目：112101 应收票据-商业承兑汇票　　　余额：借 58 500 元

应收票据的期初余额见表 7-6。

表 7-6　期初余额——应收票据

开票日期	科目	开票单位	销售部门	业务员	票据编号	期限	利息	金额
2021-12-15	112202	特汽	销售部	周群	HP0002	3 个月	无息	58 500

会计科目：1122 应收账款　　　　余额：借 508 800 元　　　　普通发票

应收账款的期初余额见表 7-7。

表 7-7　期初余额——应收账款

开票日期	科目	客户	销售部门	业务员	货物名称	数量	单价	金额
2021-12-01	1122	宏发	销售部	周群	A 商品	20	15 440	308 800
2021-12-18	1122	特汽	销售部	周群	B 商品	16	12 500	200 000

任务要求

请以"201 罗洁"的身份登录进入企业应用平台，进入应收款管理系统进行操作，请根据本单位财务工作的具体情况，将应收款管理系统设置为适合本单位核算要求的专用账务核算系统。

背景知识

1. 受控科目

如果企业信息化只购买了总账和报表，那么企业和客户之间的往来核算在总账系统中完成。如果企业既购买了总账系统，也购置了应收款系统，且同一期间启用，则相关业务需要在应收款管理系统中填制并审核销售发票，对销售发票制单生成凭证传递到总账，总账中不再人工填制与客户往来核算相关的一切凭证。为了避免在总账中填制凭证时使用"应收账款""预收账款"和"应收票据"这几个客户往来核算科目，需要将其受控系统设置为"应收款"。即只有在应收款系统中可以使用这几个科目制单，其他系统中不可使用。

2. 应收款管理系统科目设置

科目设置是为应收款系统自动生成业务凭证设置模板。应收款系统中生成的凭证主要包括三类：销售商品或劳务形成的确认应收凭证、收款形成的确认收入的凭证、坏账处理业务形成的坏账处理及计提坏账准备凭证。

在基本科目中可以设置应收凭证和收款凭证中常用的应收账款、预收账款、主营业务收入、销项税。

在结算方式科目设置中可以设置不同结算方式下用到的收款科目，如库存现金、银行存款。

3. 坏账准备设置

坏账准备设置包括坏账处理方法和设置坏账准备参数。

U8 系统提供的坏账处理方法包括销售收入百分比法、应收余额百分比法、账龄分析法等。选择某一种坏账处理方法后，还要设置与之相关的期初信息。

4. 期初余额录入

通过期初余额功能,可将正式启用账套前的所有应收业务数据录入系统中,作为期初建账的数据。这样既保证了数据的连续性,也保证了数据的完整性。当初次使用应收款系统时,要将上期未处理完全的单据都录入系统,以便以后的处理;当计入第二年度处理时,系统自动将上年度未处理完全的单据转变成为下一年度的期初余额;在下一年度的第一个会计期间里,可以进行期初余额的调整。

任务指导

1. 启用系统

(1)以账套主管"201 罗洁"的身份登录系统,在用友 ERP-U8 V10.1 企业应用平台中,打开"基础设置"选项卡,执行"基本信息→系统启用"命令,打开"系统启用"对话框。

(2)启用"应收款管理"和"应付款管理"系统,启用自然日期为"2022-01-01",如图 7-1 所示。

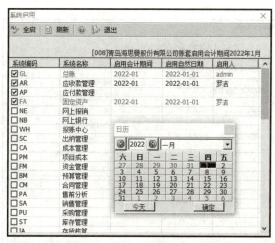

图 7-1 系统启用

选项设置.mp4

2. 设置应收款系统参数

(1)在企业应用平台中,打开"业务工作"选项卡,执行"财务会计→应收款管理→设置→选项"命令,打开"账套参数设置"对话框,显示四个页签:常规、凭证、权限与预警、核销设置。

(2)单击"编辑"按钮,使所有参数处于可修改状态。

(3)常规参数设置。单击"坏账处理方式"栏的下三角按钮,选择"应收余额百分比法",勾选"自动计算现金折扣"复选框,其他默认,如图 7-2 所示。

(4)凭证参数设置。打开"凭证"选项卡,不勾选"核销生成凭证"复选框,其他默认,结果如图 7-3 所示。

(5)权限与预警参数设置。打开"权限与预警"选项卡,勾选"信用额度控制"复选框,单据报警选择"信用方式",在"提前天数"录入提前天数"7",信用额度报警在"提前比率"录入20%,如图 7-4 所示。

(6)核销设置。应收款核销方式选中"按单据"核销,其他默认。选项设置完毕,单击"确定"按钮即可。

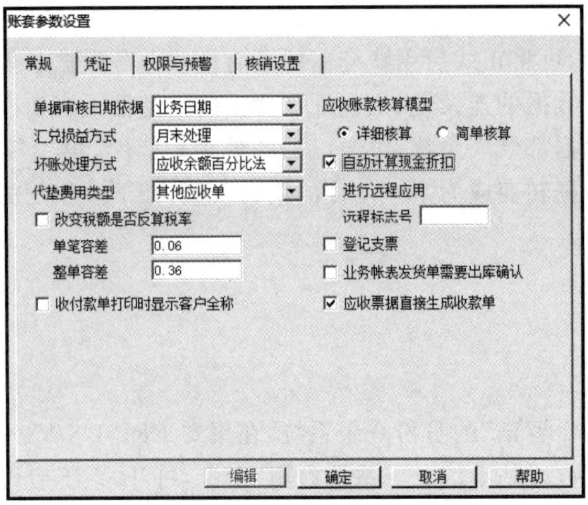

图 7-2 账套参数设置——常规

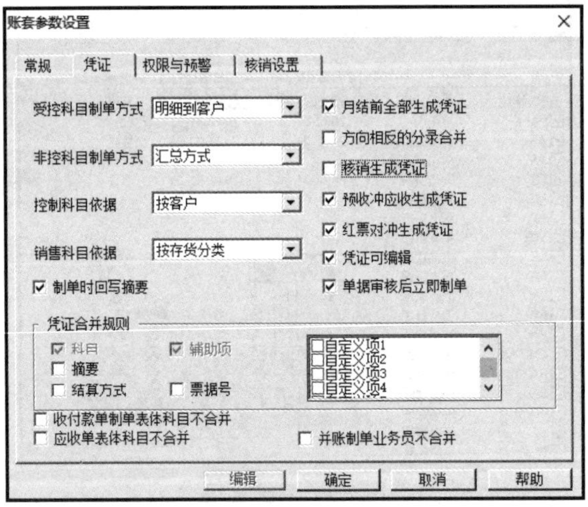

图 7-3 账套参数设置——凭证

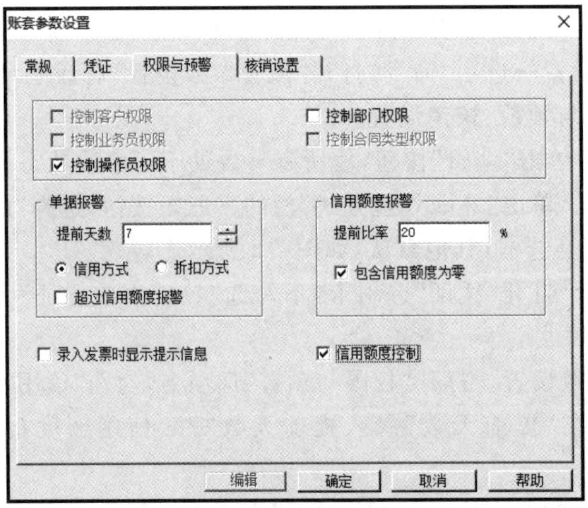

图 7-4 账套参数设置——权限与预警

3. 设置存货分类

(1) 在用友 ERP-U8 V10.1 企业应用平台中,打开"基础设置"选项卡,执行"基础档案→存货→存货分类"命令,进入"存货分类"窗口。

(2) 单击"增加"按钮,录入分类编码 01,分类名称"原材料",单击"保存"按钮。

(3) 依次录入其他存货分类信息,注意,存货分类编码一定要符合分类编码规则,如图 7-5 所示。

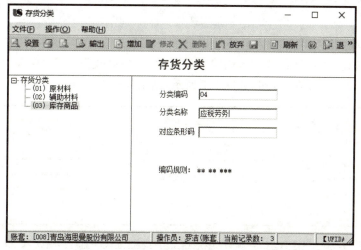

图 7-5　存货分类

> **温馨提示:**
>
> (1) 有下级分类编码的"存货分类"前面会出现带框的"＋"符号,双击该分类编码时,会出现或取消下级分类编码。
>
> (2) 新增存货分类的分类编码必须与"编码原则"中设定的编码级次结构相符。例如,编码级次结构为"××-×××",那么,"001"是一个错误的存货分类编码。
>
> (3) 存货分类必须逐级增加。除了一级存货分类外,新增的存货分类的分类编码必须有上级分类编码。例如,编码级次结构为"××-×××",那么,"01001"这个编码只有在编码"01"已存在的前提下才是正确的。

4. 设置计量单位

(1) 在用友 ERP-U8 V10.1 企业应用平台中,打开"基础设置"选项卡,执行"基础档案→存货→计量单位"命令,打开"计量单位"窗口。

(2) 单击工具栏中的"分组"按钮,打开"计量单位组"窗口。

(3) 单击"增加"按钮,录入"计量单位组编码"为"01","计量单位组名称"为"自然单位组",选择"计量单位组类别"为"无换算率",单击"保存"按钮,结果如图 7-6 所示。单击"保存"按钮后,单击"退出"按钮。

设置计量
单位.mp4

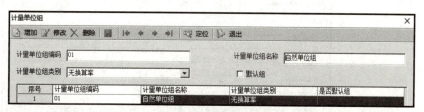

图 7-6　计量单位分组

> **温馨提示：**
>
> (1) 无换算率计量单位组：该组下的计量单位都以单独形式存在，即相互之间不需要输入换算率，而且全部缺省为主计量单位。固定换算率的计量单位组：包括多个计量单位，一个主计量单位和多个辅计量单位。浮动换算率的计量单位组：只能包括两个计量单位，一个主计量单位和一个辅计量单位。
>
> (2) 先分组，再录入具体的计量单位；计量单位组保存后，只可对计量单位组的名称和类别进行修改；已经使用过的计量单位组，不能修改其已经存在的计量单位信息；已经有数据的存货，不允许修改该存货的计量单位组。

(4) 在自然单位组大类里录入具体的计量单位。单击"单位"按钮，打开"计量单位"对话框，单击"增加"按钮，输入计量单位编码"1"，计量单位名称"支"，单击"保存"按钮。同理输入其他计量单位后，单击"保存"按钮，如图 7-7 所示，结果如图 7-8 所示。

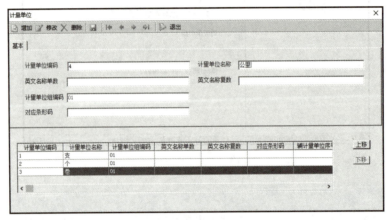

图 7-7　计量单位录入

图 7-8　计量单位

(5) 同理，录入"02 固定换算组（固定换算率）"，保存。计量单位录入编码录入"5"，计量单位名称录入"公斤"，选中主计量单位标志，单击"保存"按钮，如图 7-9 所示。

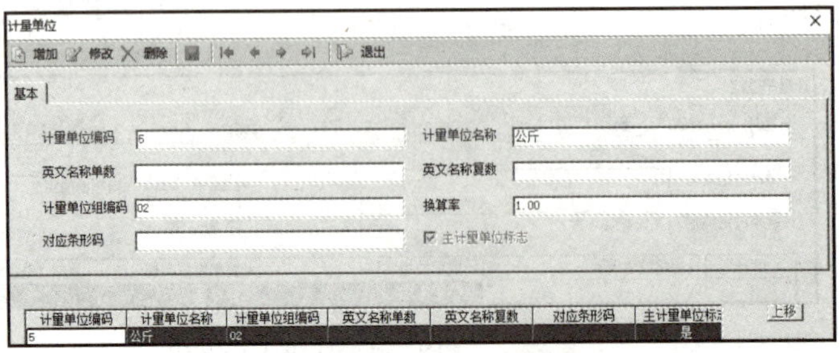

图 7-9　固定换算组主计量单位

（6）增加计量单位6，计量单位编码录入"6"，计量单位名称录入"吨"，换算率录入"1000"，主计量单位不勾选，如图7-10所示。固定换算组结果如图7-11所示。

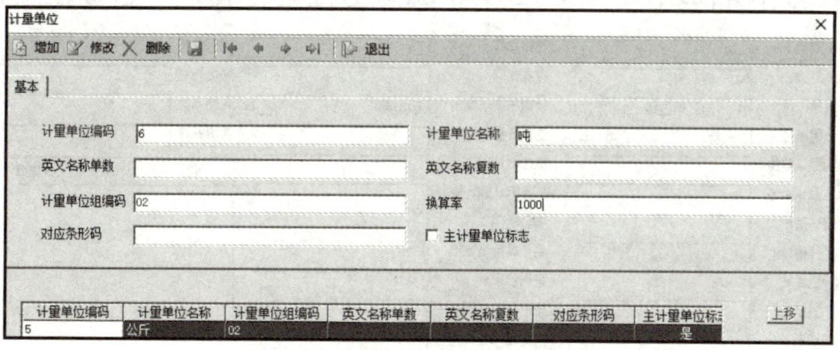

图7-10　固定换算组计量单位

图7-11　固定换算组

5. 设置存货档案

（1）打开"基础设置"选项卡，执行"基础档案→存货→存货档案"命令，进入"存货档案"窗口。

（2）单击"增加"按钮，打开"增加存货档案"对话框，单击"增加"按钮，录入存货编码"0101"，存货名称"甲材料"，分类名称"原料材料"，计量单位组02，主计量单位自动弹出05，销项税率默认录入"13"，存货属性勾选"内销、外购、生成耗用"。切换成本界面，参考成本录入"2.4"，单击"保存"按钮，如图7-12所示。

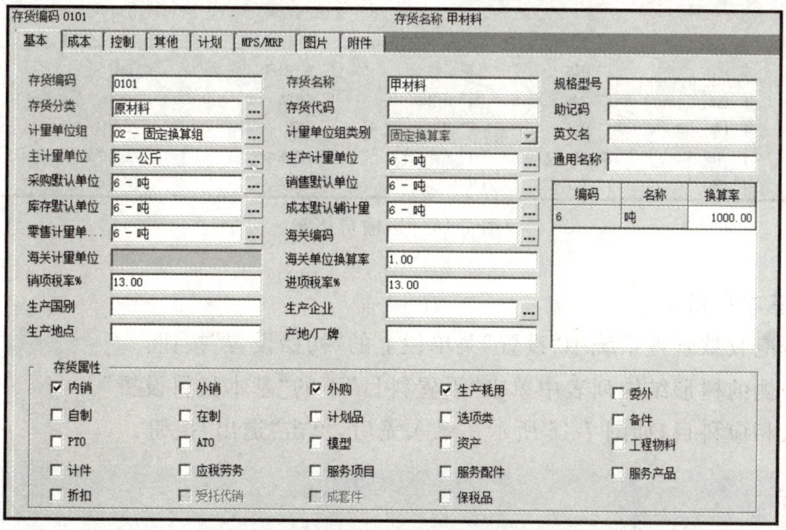

图7-12　甲材料档案

依次录入其他存货档案信息。丁材料档案信息如图 7-13 所示,注意计量单位组的选择。

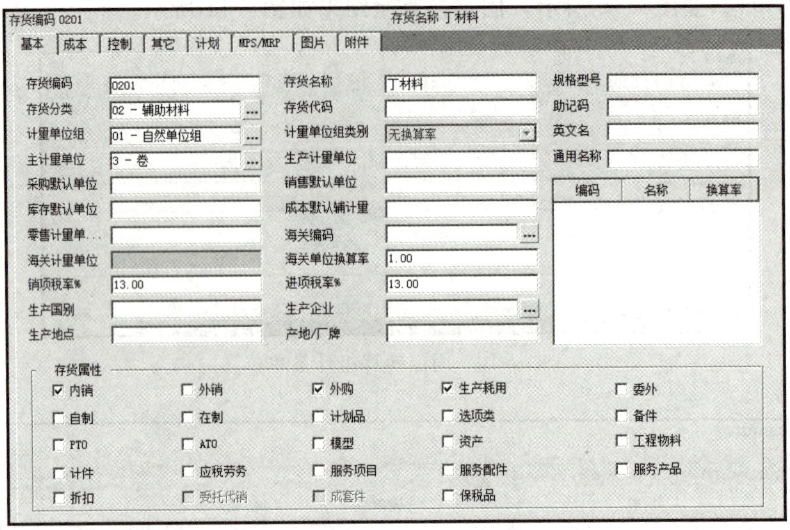

图 7-13　丁材料档案

运输费注意税率,运费档案如图 7-14 所示。

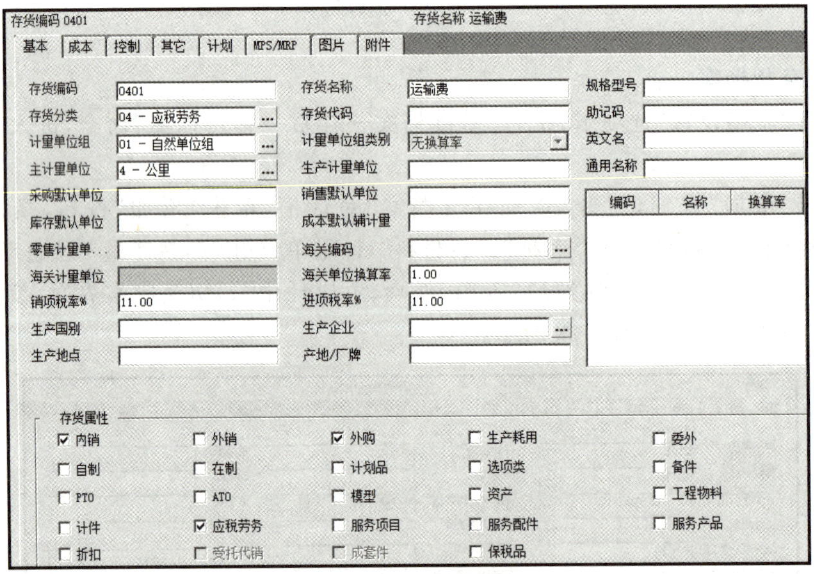

图 7-14　运输费档案

6. 设置基本科目

(1) 单击应收款管理系统中"设置"菜单栏上的"初始设置"按钮。
(2) 在左侧的树形结构列表中单击"设置科目"下的"基本科目设置"。
(3) 录入相应科目,如图 7-15 所示。录入完后,单击"退出"按钮。

> **温馨提示:**
> (1) 本系统只支持本位币票据。
> (2) 控制科目设置应收科目可以不设置,因为可能涉及应收票据,预收科目全部设置成 2203 即可。

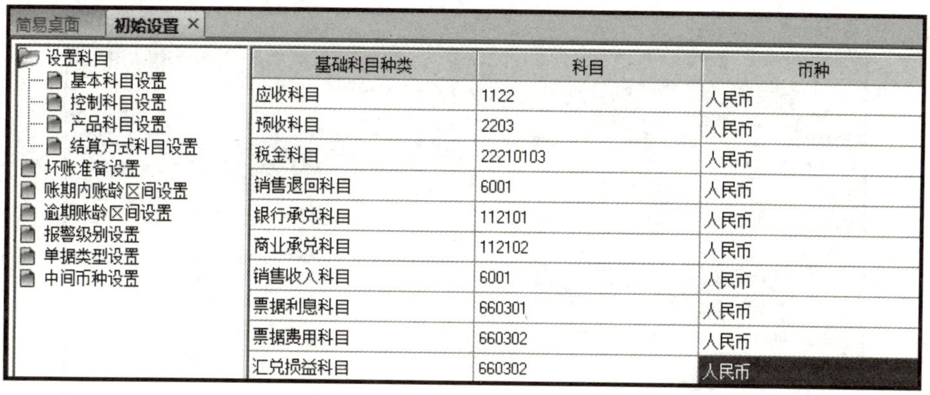

工作领域七　应收款管理系统业务处理

基础科目种类	科目	币种
应收科目	1122	人民币
预收科目	2203	人民币
税金科目	22210103	人民币
销售退回科目	6001	人民币
银行承兑科目	112101	人民币
商业承兑科目	112102	人民币
销售收入科目	6001	人民币
票据利息科目	660301	人民币
票据费用科目	660302	人民币
汇兑损益科目	660302	人民币

图 7-15　基本科目设置

7. 设置开户银行

(1) 在企业应用平台，执行"基础设置→基础档案→收付结算→本单位客户银行"命令，进入"本单位开户银行"窗口。

(2) 单击"增加"按钮，打开"增加本单位开户银行"对话框，录入编码"01"、银行账号"24578975"、账户名称"工行李沧支行"、客户银行"工商银行李沧分理处"、所属银行编码"01"，如图 7-16 所示，单击"保存"按钮后单击"退出"按钮。

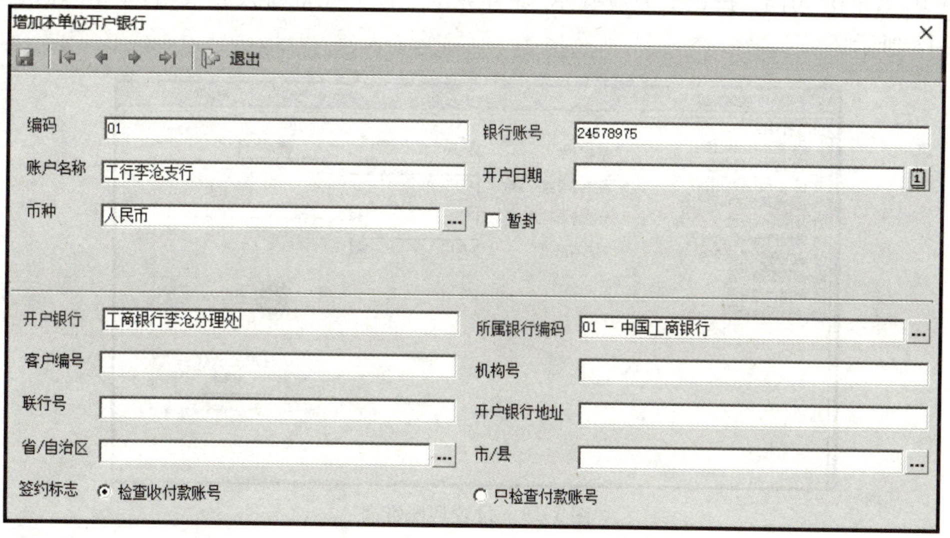

图 7-16　本单位开户银行设置

8. 设置结算方式科目

(1) 在应收款管理系统中，执行"设置→初始设置→设置科目→结算方式科目设置"命令，进入"账套参数设置"窗口。

(2) 单击"结算方式"栏的下三角按钮，选择"1 现金结算"，单击"币种"栏，选择"人民币"，选中本单位账号，在"科目"栏输入或选择"100201"，按 Enter 键。继续录入其他科目设置，结果如图 7-17 所示。

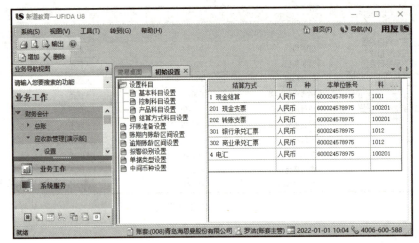

图 7-17　设置结算方式科目

9. 坏账准备设置

（1）在应收款管理系统中，执行"设置→初始设置→坏账准备设置"命令，进入"坏账准备设置"窗口。

（2）输入提取比例"0.500"、坏账准备期初余额"30 000.00"、坏账准备科目"1231"、对方科目"6701"，单击"确定"按钮。系统提示"储存完毕"，即坏账准备设置成功，单击"确定"按钮，如图 7-18 所示。

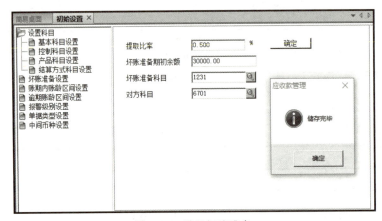

图 7-18　设置坏账准备

> 温馨提示：
> （1）如果在选项中并未选中坏账处理的方式为"应收余额百分比法"，则在此处就不能录入"应收余额百分比法"所需要的初始设置。即此处的初始设置是与选项中所选择的坏账处理方式相对应的。
> （2）坏账准备的期初余额应与总账系统中所录入的坏账准备的期初余额相一致，但是，系统没有坏账准备期初余额的自动对账功能，只能人工核对。坏账准备的期初余额如果在借方则用"—"号表示，如果没有期初余额，应将期初余额录入"0"，否则，系统将不予确认。
> （3）坏账准备期初余额被确认后，只要进行了坏账准备的日常业务处理就不允许再修改。下一年度使用本系统时，可以修改提取比率、区间和科目。
> （4）如果在系统选项中默认坏账处理方式为直接转销，则不用进行坏账准备设置。

10. 设置账龄区间

(1) 在应收款管理系统中,执行"设置→初始设置→账期内账龄区间设置"命令,进入"账期内账龄区间设置"窗口。

(2) 在第一行"总天数"输入"10",按 Enter 键,接着在第二行"总天数"录入"30",按 Enter 键,第三行"总天数"录入"45",按 Enter 键,第四行"总天数"录入"60",按 Enter 键,如图 7-19 所示。

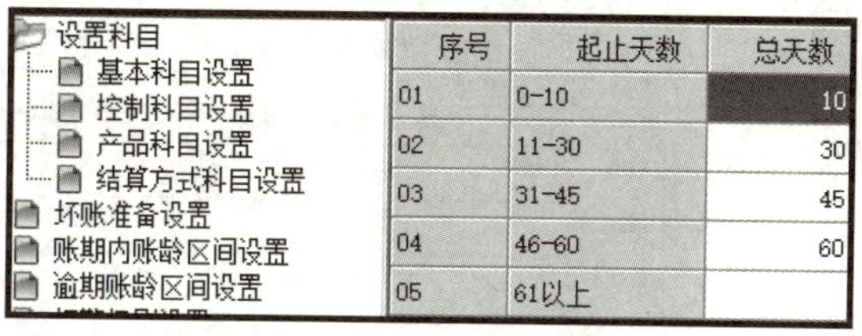

图 7-19 设置账龄区间

11. 设置逾期账龄区间

(1) 在应收款管理系统中,执行"设置→初始设置→逾期账龄区间设置"命令,进入"逾期账龄区间设置"窗口。

(2) 在"总天数"栏输入"30",按 Enter 键,接着在第二行"总天数"录入"60",按 Enter 键,第三行"总天数"录入"90",按 Enter 键,如图 7-20 所示。

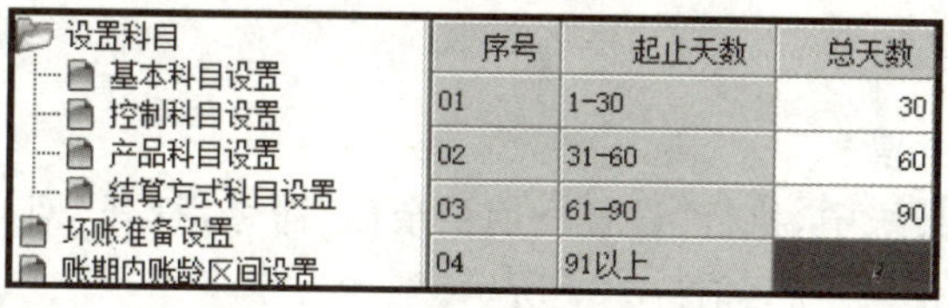

图 7-20 设置逾期账龄区间

12. 设置报警级别

(1) 在应收款管理系统中,执行"设置→初始设置→报警级别设置"命令,进入"报警级别设置"窗口。

(2) 在"总比率"栏输入"10",在"级别名称"栏输入"A",按 Enter 键,按此方法输入其他内容,如图 7-21 所示。

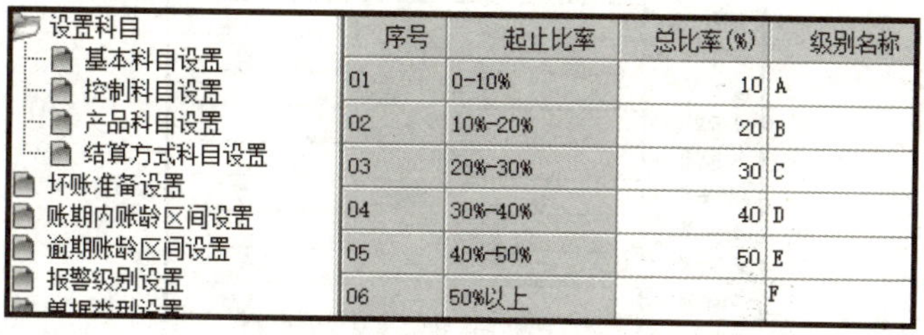

图 7-21 设置报警级别

13. 设置单据编号

(1) 在企业应用平台中,执行"基础设置→单据设置→单据编号设置"命令,进入"单据编号设置"窗口。

(2)执行"单据类型→销售管理→销售专用发票"命令,打开"单据编号设置-[销售专用发票*]"对话框。

(3)单击"修改"按钮,勾选"手工改动,重号时自动重取"复选框,如图7-22所示。

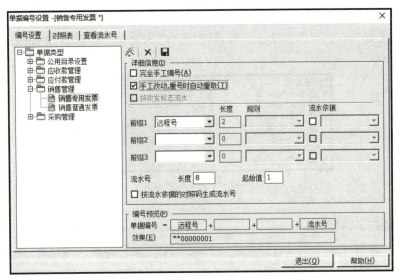

图7-22　单据编号设置-[销售专用发票*]

(4)单击"保存"按钮,单击"退出"按钮,按此方法设置应收款管理系统中的"其他应收款"和"收款单",编号允许修改。

14. 录入期初销售发票

(1)在应收款管理系统中,执行"设置→期初余额"命令,打开"期初余额→查询"对话框。单击"确定"按钮,如图7-23所示。

(2)单击"增加"按钮,打开"单据类别"对话框,选中"应收票据",单据类型选中"商业承兑汇票",方向"正向",单击"确定"按钮,打开"期初票据"对话框,单击"增加"按钮。录入商业承兑汇票相关信息。期初商业承兑汇票如图7-24所示。

录入期初余额.mp4

图7-23　期初余额——查询

图 7-24 期初商业承兑汇票

录入销售
普通发票.mp4

15. 录入期初销售普通发票

（1）在应收款管理系统中，执行"设置→期初余额"命令，打开"期初余额→查询"对话框。单击"确定"按钮。

（2）单击"增加"按钮，打开"单据类别"对话框，单据名称选择"销售发票"，单据类型选中"销售普通发票"，方向选择"正向"，单击"确定"按钮。

（3）单击"增加"按钮，修改开票日期为"2021-12-01"，输入发票号"0000000001"，客户名称选择"青岛宏利"，系统自动带出该公司信息。在"税率"栏输入"13.00"，在科目栏输入"1122"，"销售部门"选择"销售部"，业务员"周群"，表体货物名称选择"A 商品"，数量"20"，含税单价"15440"，如图 7-25 所示。

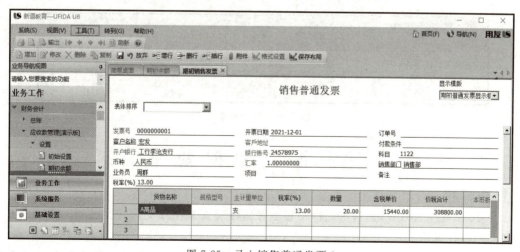

图 7-25 录入销售普通发票 1

（4）单击"保存"按钮。第一张发票录完，同理录入第二张普通发票，如图 7-26 所示。

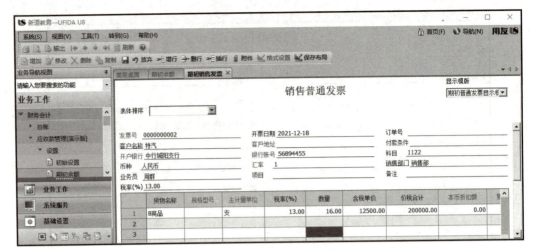

图 7-26 录入销售普通话票 2

16. 期初对账

(1) 在应收款管理系统中，执行“设置→期初余额”命令，进入“期初余额→查询”窗口。单击“确定”按钮，进入“期初余额明细表”窗口，如图 7-27 所示。

期初余额明细表

本币合计 借 567,300.00

单据类型	单据编号	单据日期	客户	部门	业务员	币种	科目	方向	原币金额	原币余额	本币金额	本币余额	备注	订单号
商业承兑汇票	HP0002	2021-12-15	青岛特汽有限公司	销售部	周群	人民币	112102	借	58,500.00	58,500.00	58,500.00	58,500.00	期初商业汇票	
销售普通发票	0000000001	2021-12-01	青岛宏发股份有限公司	销售部	周群	人民币	1122	借	308,800.00	308,800.00	308,800.00	308,800.00		
销售普通发票	0000000002	2021-12-18	青岛特汽有限公司	销售部	周群	人民币	1122	借	200,000.00	200,000.00	200,000.00	200,000.00		

图 7-27 期初余额明细表

(2) 在“期初余额明细表”窗口中，单击左上角“对账”按钮，进入“期初对账”窗口，如图 7-28 所示。期初对账完成，退出该窗口。

简易桌面 期初余额 期初对账

科目		应收期初		总账期初		差额	
编号	名称	原币	本币	原币	本币	原币	本币
112101	银行承兑汇票	0.00	0.00	0.00	0.00	0.00	0.00
112102	商业承兑汇票	58,500.00	58,500.00	58,500.00	58,500.00	0.00	0.00
1122	应收账款	508,800.00	508,800.00	508,800.00	508,800.00	0.00	0.00
2203	预收账款	0.00	0.00	0.00	0.00	0.00	0.00
	合计		567,300.00		567,300.00		0.00

图 7-28 期初对账

工作任务二 单据处理

任务资料

(1) 2022 年 1 月 6 日，销售部周群销售给青岛特汽 A 商品 6 支，含税单价 13 500 元，开出普通发票，货已发出。

注意：销售类型包含批发销售、门市零售和销售退回三种，出库类型为销售出库，如无特殊说明，均为批发销售。

(2) 2022 年 1 月 7 日，销售部吴勇销售给长春润冠 B 商品 10 支，单价 12 000 元，增值税税率 13%，开出增值税专用发票，货已发出，款未收到。同时以转账支票(票号 004499)代垫运费 2 000 元(合并制单)。

(3) 2022年1月10日,收到青岛特汽购买A商品的转账支票一张,金额81 000元,票号008866。

(4) 2022年1月13日,收到青岛宏发交来转账支票一张,金额200 000元,票号008868,用于归还上月1号所欠部分货款。

(5) 2022年1月15日,收到青岛特汽交来转账支票一张,金额50 000元,票号008869,作为预购C商品的定金。

任务要求

请以"205王刚"的身份登录进入企业应用平台,进入应收款管理系统操作。
(1) 录入应收单据、收款单据。
(2) 修改应收单据、收款单据。
(3) 核销收款单。
(4) 对上述业务进行制单。

背景知识

1. 应收单据处理

如果应收款管理系统与销售管理系统集成使用,销售发票和代垫费用在销售管理系统中录入,在应收款管理系统中可对这些单据进行查询、核销、制单等操作。此时应收款管理系统需要录入的只限于应收单。如果没有使用销售管理系统,则所有发票和应收单均需在应收款管理系统中录入。

本项目没有启用销售管理系统,所以发票与应收单均可在应收款管理系统中录入。

2. 收款单据处理

收款单据处理主要是对结算单据(收款单、付款单即红字收款单)进行管理,包括收款单、付款单的录入以及单张结算单的核销。

3. 核销

核销,即建立收款与应收款的对应关系,明确收到的是哪笔应收款,以便监督应收款及时回收,加强往来款项的管理。

(1) 核销方式:系统提供单张核销(即时核销)、自动核销和手工核销三种核销方式。
(2) 核销规则:收款单与原有单据完全核销。二者金额完全一致的情况下,收款单与原有单据可以完全核销。在核销时使用预收款。

注意:核销时,如果结算的金额小于收款单金额与预收款的金额之和,则系统优先使用收款单的金额。例如,预收款10 000元,收款单20 000元,结算26 000元,则系统优先使用收款单20 000元,再使用预收款6 000元。

(3) 收款单的数额小于原有单据的数额,单据仅得到部分核销。
(4) 预收款大于实际结算数,余款退回。

任务指导

1. 第一笔业务

1) 录入销售普通发票
(1) 以"205王刚"的身份登录企业应用平台,登录日期为2022年1月31日。

(2) 在应收款管理系统中,执行"应收单据处理－应收单据录入"命令,打开"单据类别"对话框。"单据类型"选择"普通发票",单击"确定"按钮,如图 7-29 所示。

(3) 单击"增加"按钮,修改开票日期为"2022-01-06",单击"销售类型参照"按钮,进入"销售类型基本参照"窗口,单击"编辑"按钮,单击"增加"按钮,输入销售类型编码"01",销售类型名称"批发销售",单击"出库类别"参照按钮,单击右下角,弹出"收发类别档案基本参照",单击"编辑"按钮,单击"增加"按钮,输入收发类别编码"1"、收发类别名称"销售出库"、选中收发标志"发",单击"保存"按钮,继续输入其他内容,如图 7-30 所示。

图 7-29 单据类别 1 对话框

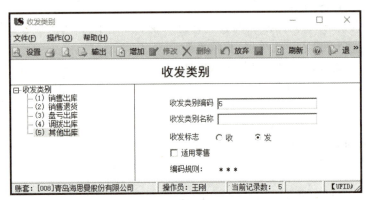

图 7-30 收发类别

(4) 单击"退出"按钮。回到"收发类型档案基本参照"窗口,如图 7-31 所示。选择"销售出库",单击"确定"按钮。回到"销售类型"窗口,出库类别选中"销售出库",默认值是。单击"保存"按钮。

图 7-31 收发类别档案基本参照

(5) 录入其他销售类型,如图 7-32 所示。单击右上方"关闭"按钮,关闭该窗口。

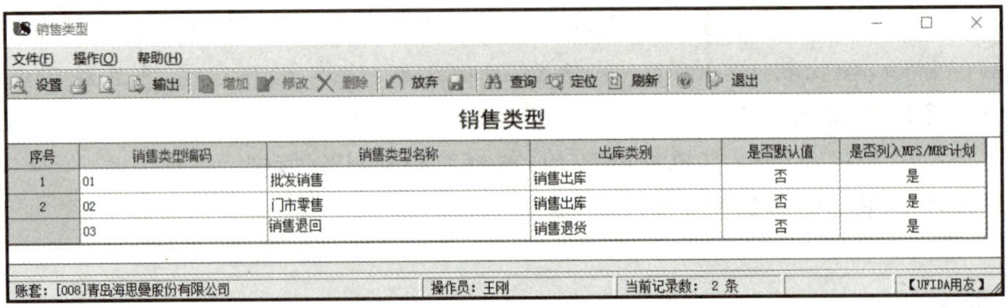

图 7-32 销售类型

(6) 回到"销售类型基本参照"窗口,销售类型选中"批发销售",单击"确定"按钮,如图 7-33 所示。

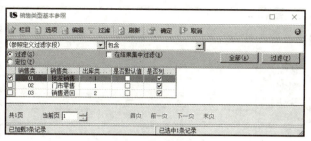

图 7-33　销售类型基本参照

（7）在"客户简称"文本框中输入"03"，或查看参照，选择"特汽"，"销售部门"选择"销售部"，"税率"输入"13.00"。在"存货编码"栏输入"0301"，在"存货名称"栏输入"A 产品"，在"数量"栏输入"6.00"，在"含税单价"栏输入"13500"，如图 7-34 所示，单击"保存"按钮。

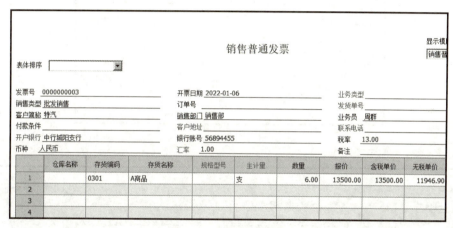

图 7-34　销售普通发票

2）审核发票

录完发票之后，可以直接单击发票上方的"审核"按钮进行审核，也可以利用单独的"应收单据审核"进行审核，前提是要由具有审核权限的操作员进行审核。

（1）在应收款管理系统中，执行"应收单据处理→应收单据审核"命令，进入"单据过滤条件"窗口。

（2）应收单查询条件，注意单据日期不勾选，单击"确定"按钮，如图 7-35 所示。

（3）双击要审核的单据，弹出发票，单击"审核"按钮，弹出"是否立即制单"对话框。可以选择立即制单，也可以批量制单。本例选择批量制单。

> **温馨提示：**
> 如果"205 李刚"没有审核应收单据的权限，可以由账套主管"201 罗洁"登录企业应用平台，执行"系统服务→权限数据→权限分配"命令，选中"205 王刚"，单击工具栏上的"授权"，打开"记录权限设置"窗口，单击业务对象右侧的下三角按钮，选中"用户"，将左侧的用户全部选到右侧，勾选"主管"，然后单击"保存"按钮，具体如图 7-36 所示。

3）制单

（1）在应收款管理系统中，执行"制单处理→制单查询"命令，打开"制单查询"对话框，选中"发票制单"，如图 7-37 所示。

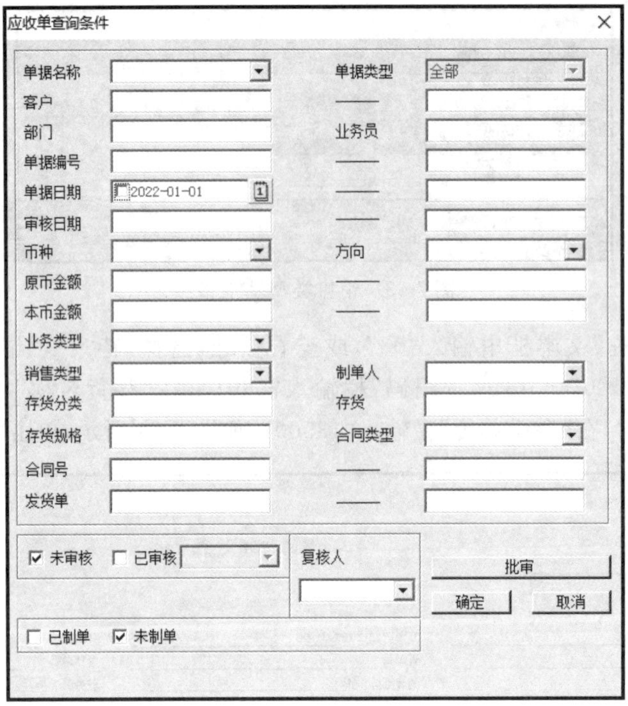

图 7-35 应收单查询条件

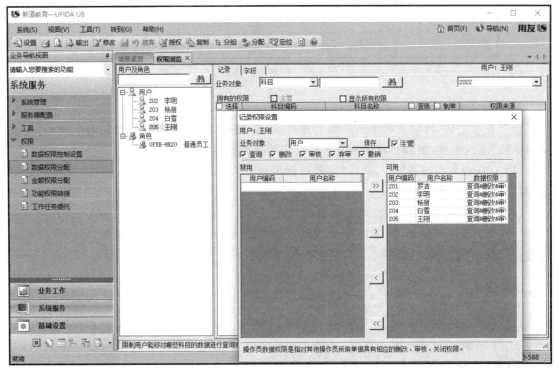

图 7-36 数据权限分配

图 7-37　制单查询

（2）单击"确定"按钮，进入"销售发票制单"窗口，单击"全选"按钮，如图 7-38 所示。

图 7-38　销售发票制单

（3）单击"制单"按钮，注意修改凭证类别为"转"，制单日期为"2022.01.06"，单击"保存"按钮。凭证如图 7-39 所示。

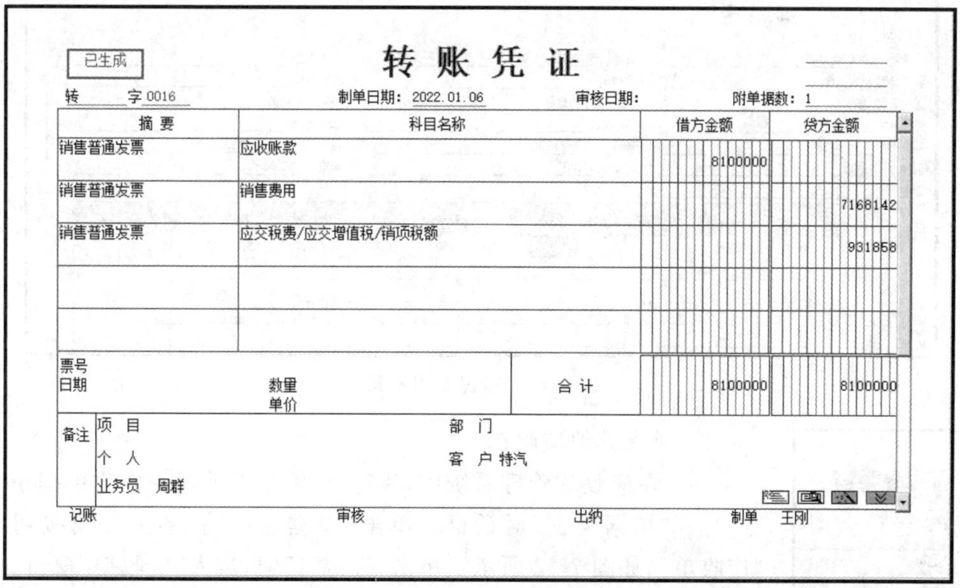

已生成		转　账　凭　证		
转　字 0016		制单日期：2022.01.06　　审核日期：　　　附单据数：1		
摘　要	科目名称		借方金额	贷方金额
销售普通发票	应收账款		8100000	
销售普通发票	销售费用			7168142
销售普通发票	应交税费/应交增值税/销项税额			931858
票号日期	数量单价	合　计	8100000	8100000
备注	项　目　　　　　　　　部　门 个　人　　　　　　　　客　户　特汽 业务员　周群			
记账	审核	出纳	制单　王刚	

图 7-39　第 1 笔业务记账凭证

温馨提示：

已审核的单据不能修改或删除，已生成凭证或进行过核销的单据在单据界面不再显示。在录入销售发票后可以直接进行审核，在直接审核后系统会提示"是否立即制单"，此时可以直接制单。如果录入销售发票后不直接审核可以在审核功能中审核，再到制单处理中制单。

已审核的单据在未进行其他处理之前可以取消审核后修改。

问题与反思：

假如该制单日期不小心没修改，并且已经制单了，能不能将该凭证在应收款系统直接删除呢？如何彻底删除该凭证？请同学们操作一下，并重新生成一张凭证。

2. 第二笔业务

该业务属于赊销业务，开具增值税专用发票，另外代垫运费需要填制其他应收单，该笔业务需要合并制单。

1) 录入增值税专用发票

（1）在应收款管理系统中，执行"应收单据处理→应收单据录入"命令，打开"单据类别"对话框。"单据类型"选择"增值税专用发票"，单击"确定"按钮，如图 7-40 所示。

（2）单击"增加"按钮，修改"开票日期"为"2022-01-07"，"销售类型"为"批发销售"，"客户简称"选择"润冠"，表体中"存货编码"选中"0302"，录入数量"10"，无税单价"12000"，单击"保存"按钮，如图 7-41 所示。

图 7-40　单据类别 2

图 7-41　销售专用发票

图 7-42　单据类别 3

2) 录入其他应收单

（1）在应收款管理系统中，执行"应收单据处理→应收单据录入"命令，打开"单据类别"对话框。单击"单据名称"栏的下三角按钮，选择"应收单"，如图 7-42 所示。单击"确定"按钮，进入"应收单"窗口。

（2）单击"增加"按钮，修改单据日期为"2022-01-07"，客户选择"润冠"，在"本币金额"栏输入"2 000.00"，在"摘要"栏输入"代垫运费"，在

"科目"栏输入"1122",如图7-43所示。单击"保存"按钮。

图7-43 应收单

3)审核单据,合并制单

(1)审核单据:在应收款管理系统中,执行"应收单据处理→应收单据审核"命令,进入"单据过滤条件"窗口。应收单查询条件中,注意"单据日期"不要勾选。单击"确定"按钮,弹出应收单据列表,选择按钮双击,如图7-44所示。单击"审核",提示审核成功2张。

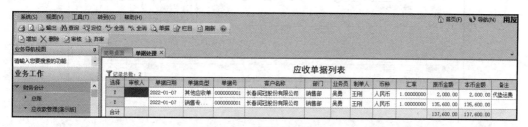

图7-44 审核应收单据

(2)合并制单操作如下。

① 执行"制单处理"命令,打开"制单查询"对话框。在"制单查询"对话框中,选中"发票制单"与"应收单制单",不勾选日期,如图7-45所示。

图7-45 制单查询

② 单击"确定"按钮,弹出"应收制单"对话框,单击"全选"按钮,单击"凭证类别"栏的下三角按钮,"凭证类别"选择"付账凭证",单击"合并"按钮,如图7-46所示。

图 7-46　应收制单 1

③ 单击"制单"按钮,修改制单日期为"2022-01-07",银行存款票号等辅助项,单击"保存"按钮。凭证如下图 7-47 所示。

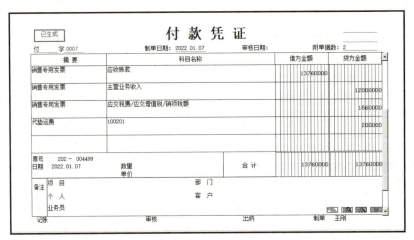

图 7-47　第二笔业务记账凭证

> **温馨提示:**
> 业务 2 合并制单必须在"制单处理"中进行,只有制单处理才可以进行合并制单。

3. 第三笔业务

该业务是收到货款,需要填制收款单,然后进行核销。

1) 录入收款单

(1) 在应收款管理系统中,执行"收款单据处理→收款单据录入"命令,进入"收款单"窗口。

(2) 单击"增加"按钮,修改日期为"2022-01-10","客户"选择"特汽","结算方式"选择"转账支票",在"金额"栏输入"81000.00","摘要"录入"收到货款",单击"科目"栏,修改为"1122",票据号"008866",单击表体第一行,款项类型默认"应收款",单击"保存"按钮,如图 7-48 所示。

2) 审核收款单并制单

审核收款单方式有两种,第一种是直接利用单据界面上方的"审核"按钮;第二种是利用收款单单据处理——收款单据审核,进行审核。二者的效果一样,前提是要由具有审核权限的操作员进行审核才可以。这里采用第二种方式。

(1) 在应收款管理系统中,执行"收款单据处理→收款单据审核"命令,打开"结算单过滤条件"对话框。收款单查询条件,单据日期不勾选。

(2) 单击"确定"按钮,弹出"收付款单列表"窗口,双击要审核的收款单,弹出收款单,单击"审核"按钮,弹出"是否立即制单"窗口。

图 7-48 收款单录入

(3) 单击"是"按钮,生成记账凭证,修改凭证类型为"收款凭证",修改制单日期为"2022-01-10",单击"保存"按钮,生成的记账凭证如图 7-49 所示。

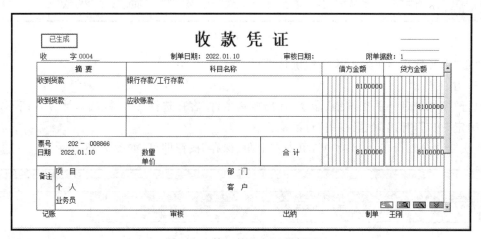

图 7-49 第三笔业务记账凭证

3）核销

核销方式常用的有两种,自动核销与手工核销。下面分别介绍自动核销、取消核销操作与手工核销。

(1) 自动核销

执行"核销处理→自动核销"命令,弹出核销条件,客户选择"002 - 青岛特汽有限公司",计算日期不勾选,单击"确定"按钮,如图 7-50 所示。

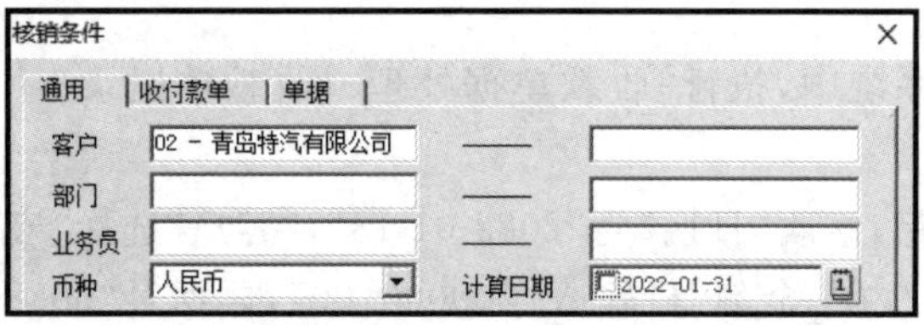

图 7-50 核销条件

弹出"是否进行自动核销"窗口,选择"是",弹出"自动核销报告"窗口,单击"确定"按钮,如图 7-51 所示。

自动核销报告

核销日期	单位编码	单位名称	核销金额
2022-1-31	02	特汽	81,000.00

保存 明细 栏目 确定

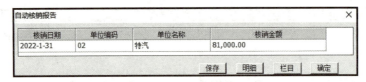

图 7-51 自动核销报告

(2) 取消核销

对于已经核销的记录,可以取消核销。“取消核销”操作流程如下。

执行“应收款处理→其他处理→取消操作”命令,弹出“取消操作条件”窗口,客户选择“002”,单击“确定”按钮。弹出“取消操作”对话框,如图 7-52 所示。

取消操作

操作类型: 核销　　客户: 02

选择标志	单据类型	单 据 号	日 期	客 户	金 额	部 门	业 务 员
	核销	0000000001	2022-01-31	特汽	81,000.00	销售部	周群

图 7-52 取消核销

双击“选择标志”,单击 OK 按钮确认即可。

(3) 手工核销

执行“核销处理→手工核销”命令,弹出核销条件,客户选择“002-特汽”,计算日期不勾选,单击“确定”按钮,弹出“单据核销”对话框。

本次结算第二行录入“81000”,单击左上角“保存”按钮即可,如图 7-53 所示。

单据核销

单据日期	单据类型	单据编号	客户	款项类型	结算方式	币种	汇率	原币金额	原币余额	本次结算金额	订单号
2022-01-10	收款单	0000000001	特汽	应收款	转账支票	人民币	1.00000000	81,000.00	81,000.00	81,000.00	
合计								81,000.00	81,000.00	81,000.00	

单据日期	单据类型	单据编号	到期日	客户	币种	原币金额	原币余额	可享受折扣	本次折扣	本次结算	订单号	凭证号
2021-12-18	销售普...	0000000002	2021-12-18	特汽	人民币	200,000.00	200,000.00	0.00				
2022-01-06	销售普...	0000000003	2022-01-06	特汽	人民币	81,000.00	81,000.00	0.00	0.00	81,000.00		转-0016
合计						281,000.00	281,000.00	0.00		81,000.00		

图 7-53 单据手工核销

建议采用手工核销,具体核销信息可在“单据查询→应收核销明细表”查询。

4. 第四笔业务

该业务是收到货款,需要填制收款单,然后进行手工核销。

1) 填写收款单

(1) 在应收款管理系统中,执行“收款单据处理→收款单据录入”命令,进入“收款单”窗口。

(2) 单击“增加”按钮,修改“日期”为“2022-01-13”,“客户”选择“宏发”,“结算方式”选择“转账支票”,在“金额”栏输入“200000.00”,票据号“008868”,“摘要”选择“收到货款”。单击表体第一行,款项类型默认为“应收款”,单击“科目”栏,修改为“1122”,单击“保存”按钮,如图 7-54 所示。

收款结算.mp4

图 7-54 收款单

2）审核收款单并制单

（1）在应收款管理系统中，执行"收款单据处理→收款单据审核"命令，打开"结算单过滤条件"对话框。

（2）收款单查询条件，单据日期不勾选。单击"确定"按钮，弹出"收付款单列表"窗口，双击要审核的收款单，弹出"收款单"窗口，单击"审核"按钮，弹出"是否立即制单"，单击"是"，生成凭证。

（3）修改凭证类型为"收款凭证"，修改凭证日期为"2022-01-13"，单击"保存"按钮。生成的收款凭证如图 7-55 所示。

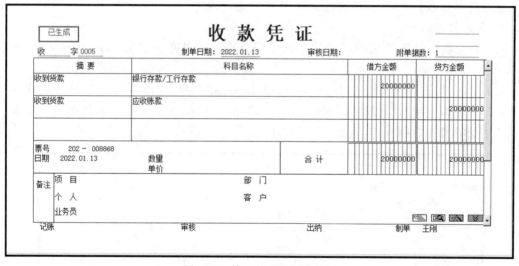

图 7-55 第四笔业务记账凭证

3）核销收款单

收到货款 200 000 元，12 月 1 日欠货款总额为 308 800，所以最好采用手工核销，能够清晰地反映款项与应收之间的来龙去脉关系。

（1）在应收款管理系统中，执行"核销处理→手工核销"命令，打开"核销条件"对话框。

（2）在"客户"栏选择"001-宏发"，计算日期不勾选，单击"确定"按钮，进入"单据核销"窗口，如图 7-56 所示。

单据核销

单据日期	单据类型	单据编号	客户	款项类型	结算方式	币种	汇率	原币金额	原币余额	本次结算金额	订单号
2022-01-13	收款单	0000000002	宏发	应收款	转账支票	人民币	1.00000000	200,000.00	200,000.00	200,000.00	
合计								200,000.00	200,000.00	200,000.00	

单据日期	单据类型	单据编号	到期日	客户	币种	原币金额	原币余额	可享受折扣	本次折扣	本次结算	订单号	凭证号
2021-12-01	销售普...	0000000001	2021-12-01	宏发	人民币	308,800.00	308,800.00	0.00				
合计						308,800.00	308,800.00	0.00				

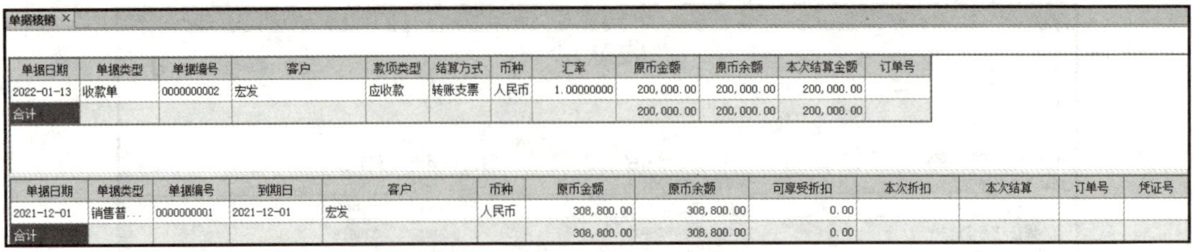

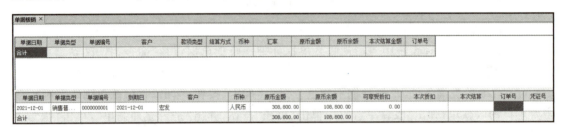

图 7-56　单据核销-手工核销

(3) 收款单金额 200 000 元，收到的是 2021-12-01 日销售货款的一部分，所以对应的结算金额应填“200000”。单击“保存”按钮，显示核销 200 000 元，余 108 800 元，如图 7-57 所示。

单据核销

单据日期	单据类型	单据编号	客户	款项类型	结算方式	币种	汇率	原币金额	原币余额	本次结算金额	订单号
合计											

单据日期	单据类型	单据编号	到期日	客户	币种	原币金额	原币余额	可享受折扣	本次折扣	本次结算	订单号	凭证号
2021-12-01	销售普...	0000000001	2021-12-01	宏发	人民币	308,800.00	108,800.00	0.00				
合计						308,800.00	108,800.00					

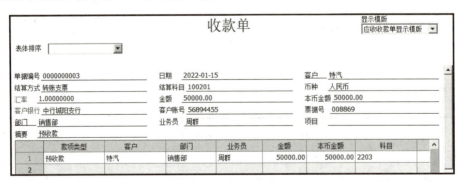

图 7-57　单据手工核销结果

5. 第五笔业务

该业务是预收货款，需要填制收款单，不需要进行核销。

1) 录入收款单

(1) 在应收款管理系统中，执行“收款单据处理→收款单据录入”命令，进入“收款单”窗口。

(2) 单击“增加”按钮，修改“日期”为“2022-01-15”，“客户”选择“特汽”，结算方式选择“转账支票”，在金额栏输入“50000”，票据号“008869”，摘要录入“收到定金”，表体第一行单击，款项类型务必调整为“预收款”，单击“保存”按钮，如图 7-58 所示。

收款单

显示模版：应收收款单显示模版

表体排序

单据编号 0000000003　日期 2022-01-15　客户 特汽

结算方式 转账支票　结算科目 100201　币种 人民币

汇率 1.00000000　金额 50000.00　本币金额 50000.00

客户银行 中行城阳支行　客户账号 56894455　票据号 008869

部门 销售部　业务员 周群　项目

摘要 预收款

	款项类型	客户	部门	业务员	金额	本币金额	科目
1	预收款	特汽	销售部	周群	50000.00	50000.00	2203
2							

图 7-58　收款单录入

2) 审核收款单并制单

(1) 在应收款管理系统中，执行“收款单据处理→收款单据审核”命令，打开“结算单过滤条件”对话框。

(2) 收款单查询条件，单据日期不勾选，单击“确定”按钮，弹出“收付款单列表”窗口，双击要审核的收款单，弹出“收款单”，单击“审核”按钮，弹出“是否立即制单”，单击“是”，生成凭证。

（3）修改凭证类型为"收款凭证"，修改制单日期为"2022-01-15"，单击"保存"按钮，收款凭证如图 7-59 所示。

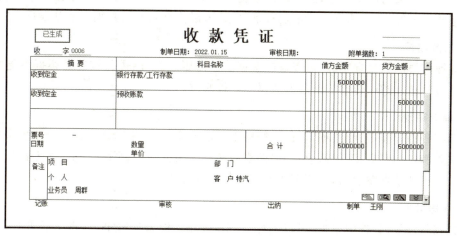

图 7-59　第五笔业务记账凭证

> **温馨提示：**
> 核销是收到以前的货款或支付所欠货款进行的操作，而预收货款只是收定金，实际销售以后才发生，所以预收货款或预付货款业务本身不需要进行核销。

工作任务三　票据管理

任务资料

（1）2022 年 1 月 15 日，收到长春润冠公司签发并承兑的商业承兑汇票一张（票号 HP367809），面值为 100 000 元，到期日为 2022 年 1 月 25 日。

（2）2022 年 1 月 17 日，将 2022 年 12 月 15 日收到的青岛宏利签发并承兑的商业承兑汇票（HP0002）到银行贴现，贴现率为 6%。

（3）2022 年 1 月 25 日，将 2022 年 1 月 15 日收到的长春润冠公司签发并承兑的商业承兑汇票（HP367809）结算。

青岛市海思曼股份有限公司发生以上三笔关于票据有关的业务往来，会计怎么处理呢？

任务要求

请以"205 王刚"的身份登录进入企业应用平台，进入应收款管理系统操作。
（1）填写商业承兑汇票。
（2）商业承兑汇票贴现并制单。
（3）商业汇票结算并制单。

背景知识

票据管理主要是对商业承兑汇票和银行承兑汇票进行日常的业务处理，所有涉及票据的收入、结算、贴现、背书、转出、计息等处理都应该在票据管理中进行。

1. 增加票据

收到客户开来的商业汇票,需要增加票据。在增加票据的时候,注意票据生成的收款单不能进行修改。另外,商业承兑汇票不能有承兑银行,银行承兑汇票必须有承兑银行。

2. 修改票据

当商业汇票的信息有误时,可以修改票据。但需要注意,已进行核销的票据不能被修改;已经进行过计息、结算、转出等处理的票据不能被修改。

3. 票据贴现

在票据管理界面,选中票据,可以进行贴现。需要注意,如果贴现净额大于票据余额,系统自动将其差额作为利息,不能修改;如果贴现净额小于票据余额,系统自动将其差额作为费用,不能修改。另外票据贴现后,将不能再对其进行其他处理。

4. 票据背书

在票据管理界面,选中票据,可以进行"背书"操作。但票据背书后,将不能再对其进行其他处理。当背书方式为"冲销应付账款"时,如果背书金额大于应付账款,则将剩余金额记为供应商的预付款,并结清该张票据。

5. 票据转出

将应收票据转入应收账款,需要进行票据"转出"操作。在票据管理界面,选中票据,执行"转出"。票据执行转出后,系统自动生成已审核的一张"应收单"。

6. 票据计息

票据分为带息票据和不带息票据。进行票据计息时,只需输入"计息日期",利息金额由系统自动计算得出,确认后,系统会自动把结果保存在票据登记簿中。再次计息时,系统自动扣除以前已计提过的利息。

7. 票据结算

票据结算,即票据兑现,从承兑单位或承兑银行处收取相应款项。当票据到期,持票收款时,执行票据结算。需要注意:结算金额减去利息加上费用的金额要小于等于票据余额,即票据余额+利息-费用≥结算金额。另外,票据结算后,不能再进行其他与票据相关的处理。

任务指导

1. 第一笔业务

第1笔业务是收到商业承兑汇票,需要录入票据,审核收款单。

1)增加商业承兑汇票

(1)在应收款管理系统中,双击"票据管理",打开"票据查询"对话框。

(2)单击"确定"按钮,进入"票据管理"窗口。

(3)单击"增加",进入"商业汇票"窗口。"票据类型"选择"商业承兑汇票","方向"为"收款","票据编号"录入"HP367809","结算方式"选择"商业承兑汇票","收到日期"选择"2022-01-15",出票日期相同,到期日"2022-01-25","出票人"选择"长春润冠专用车辆邮箱公司","金额"录入"100000",票据摘要录入"收到商业承兑汇票",如图 7-60 所示。单击"保存"按钮,关闭窗口。

增加商业承兑汇票.mp4

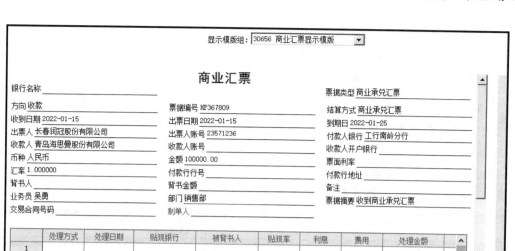

图 7-60　商业承兑汇票

2）审核票据

(1) 在应收款管理系统中，执行"收款单据处理→收款单据审核"命令，弹出收款单查询条件，单据日期不勾选，单击"确定"按钮，弹出"收付款单列表"窗口，如图 7-61 所示。

图 7-61　收付款单列表

(2) 双击要审核的收款单，弹出"收款单"界面，单击"审核"按钮，弹出"是否立即制单"，选"是"按钮，会弹出凭证。

(3) 凭证类别选"转"，制单日期修改为"2022-01-15"，单击"保存"按钮。凭证如图 7-62 所示。关闭退出。

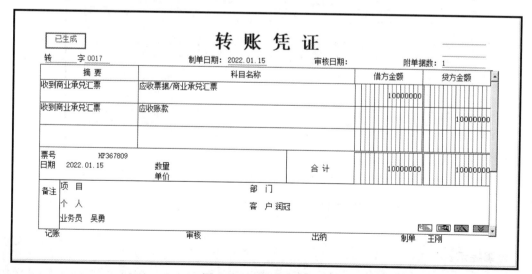

图 7-62　生成转账凭证 1

温馨提示：

保存一张商业票据之后，系统会自动生成一张收款单。这张收款单还需经过审核之后才能生成记账凭证。由票据生成的收款单不能修改。

2. 第二笔业务

第二笔业务是票据贴现业务。

1）进行贴现

（1）在应收款管理系统中，执行“票据管理”命令，打开“票据查询”对话框，单击“确定”按钮，进入“票据管理”窗口，如图 7-63 所示。

票据管理

票据总数：2

记录总数：2

选择	序号	方向	票据类型	收到日期	票据编号	银行名称	票据摘要	币种	出票日期	结算方式	背书人	背书金额	金额	汇率	票面利率	票面余额	出票人	出票人账号	承兑银行
	1	收款	商业承...	2021-12-15	HP0002		期初商业汇票	人民币	2021-12-15			0.00	58,500.00		0	58,500.00	青岛特汽...		
	2	收款	商业承...	2022-1-15	HP367809		收到商业...	人民币	2022-1-15	商业承...			100,00...	1.00000000	0	100,000.00	长春润冠...	23571236	工行南岭分行
合计												0.00	158,50...			158,500.00			

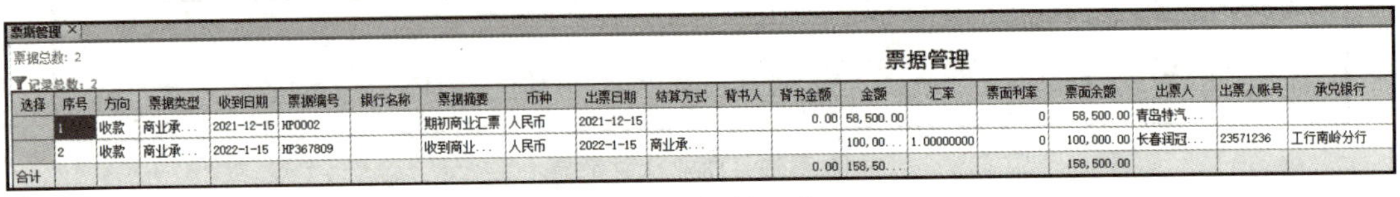

图 7-63　票据管理窗口

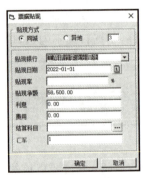

（2）双击选中 2022 年 12 月 15 日的商业承兑汇票。

（3）单击“贴现”按钮，打开“票据贴现”对话框，如图 7-64 所示。

（4）贴现日期修改为“2022-01-17”，贴现率栏输入“6”，在“结算科目栏”录入“100201”，或单击结算科目栏参照按钮，选择“100201 人民币户”。

2）制单

单击“确定”按钮，出现“是否立即制单”提示。单击“是”，生成收款凭证，制单日期修改为 2022-01-17，单击“保存”按钮，凭证如图 7-65 所示，关闭，退出。

图 7-64　票据贴现窗口

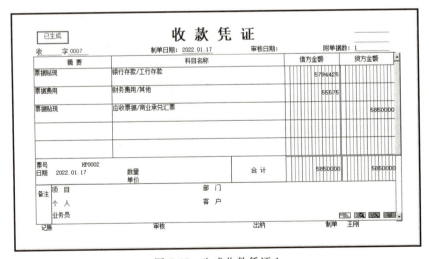

图 7-65　生成收款凭证 1

温馨提示：

如果贴现净额大于余额，系统自动将其差额作为利息，不能修改；如果贴现净额小于票据余额，系统自动将其差额作为费用，不能修改。票据贴现后，且未制单之前，可以取消贴现操作。

3. 第三笔业务

第三笔业务是商业承兑汇票结算。

（1）在应收款管理系统中，执行"票据管理"命令，打开"票据"对话框，单击"确定"按钮，打开"票据管理"窗口。

（2）双选中 2022 年 1 月 15 日填制的收到长春润冠签发并承兑的商业承兑汇票（HP367809）。单击"结算"按钮，打开"票据结算"对话框，修改结算日期为"2022-01-25"，输入结算金额"100000.00"，结算科目"100201"，或单击结算科目栏参照按钮，选择"100201 人民币户"，如图 7-66 所示。

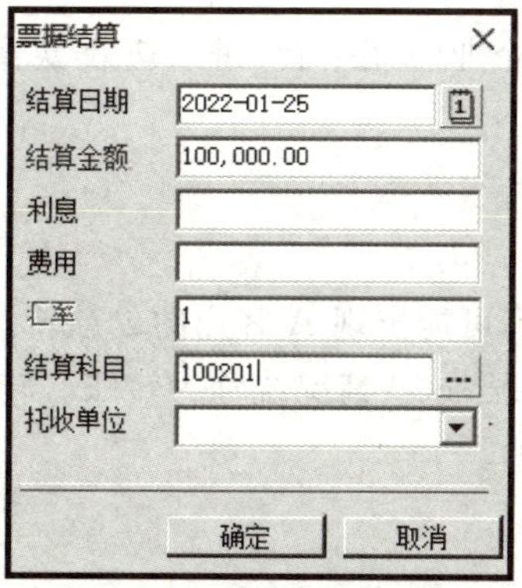

图 7-66 "票据结算"对话框

（3）单击"确定"按钮，系统提示"是否立即制单"。单击"是"按钮，生成结算凭证，调整凭证类型为"收款凭证"，修改制单日期为"2022.01.25"，单击"保存"，凭证如图 7-67 所示。

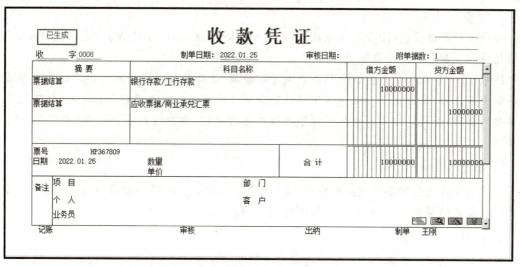

图 7-67 生成收款凭证 2

> **温馨提示：**
> 当票据到期持票收款时，执行票据结算处理；进行票据结算时，结算金额应是通过结算实际收到的金额；结算金额减去利息加上费用的金额要小于等于票据余额。

工作任务四　转账处理

任务资料

(1) 2022年1月25日,经双方同意,将青岛特汽交来的定金50 000元冲抵其期初应收账款。

(2) 2022年1月26日,双方同意将青岛宏发108 800元的应收款转给青岛特汽公司。

任务要求

请以"205王刚"的身份登录企业应用平台,进入应收款管理系统,进行预收冲应收、应收冲应收。

背景知识

在往来业务处理中,转账处理可能出现A客户的欠款转让给B客户,由B客户负责偿还,C客户的预收款冲抵应收款等情况,这些情况统称为转账。转账处理主要包括应收冲应收、预收冲应收、应收冲应付和红票对冲。

1. 应收冲应收

应收冲应收,也称并账,是将应收账款在客户、部门、业务员、项目和合同之间进行转入、转出,实现应收业务的调整,以解决应收款业务在不同客户、部门、业务员、项目和合同间入错户或合并户的问题。

注意:每一笔应收款的转账金额不能大于其余额;每次只能选择一个转入单位。

2. 预收冲应收

处理客户的预收款(即红字预收款)与该客户应收欠款(即红字应收款)之间的核销业务,主要是对同一客户的两张单据进行冲销。

注意:每一笔应收款的转账金额不能大于其余额;应收款的转账金额合计应该等于预收款的转账金额合计;无论是手工输入的单据转账金额还是自动分摊添入的转账金额,均不能大于该单据的余额;如果是红字预收款和红字应收单进行冲销,要把过滤条件中的"类型"选为"付款单"。

3. 应收冲应付

客户的应收账款冲抵供应商的应付款项。将应收款业务在客户和供应商之间进行转账,实现应收业务的调整,解决应收债权与应付债务的冲抵。

4. 红票对冲

红票对冲是可实现客户的红字应收单据与其蓝字应收单据、收款单与付款单之间进行冲抵的操作。它可以自动对冲或手工对冲。自动对冲可以同时对多个客户依据对冲原则进行红票对冲,提高红票对冲的效率;手工对冲只能对一个客户进行红票对冲,可以自行选择红票对冲的单据,提高红票对冲的灵活性。

任务指导

1. 预收冲应收

预收冲应收业务属于预收款冲抵期初应收款,需要进行并账处理。

(1) 打开"预收冲应收"窗口。以会计"205 王刚"的身份,操作日期为 2022 年 1 月 31 日,登录企业应用平台。在"应收款管理"系统中,依次单击"转账→预收冲应收"菜单项,弹出"预收冲应收"窗口。

(2) 预收冲应收查询。录入日期为"2022-01-25",执行"预收款→客户选择 02→过滤"命令,弹出收款单信息,如图 7-68 所示。

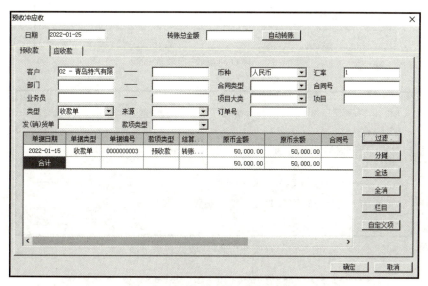

图 7-68　预收冲应收-预收款过滤

(3) 向右拖动滚动条,录入转账金额"50000",如图 7-69 所示,然后按 Enter 键。

结算...	原币金额	原币余额	合同号	合同名称	项目编码	项目	转账金额
转账...	50,000.00	50,000.00					50,000.00
	50,000.00	50,000.00					50,000.00

图 7-69　预收冲应收-预收款转账金额录入

切换到应收款界面,单击"过滤"按钮,如图 7-70 所示。

录入转账金额"50000",如图 7-71 所示。

单击"确定"按钮,显示"是否立即制单",选择"否",关闭界面。也可立即制单,这里采用批量制单,操作见下一步。

> **温馨提示:**
> 每笔应收款的转账金额不能大于其余额;应收款的转账金额合计应等于预收款的转账金额合计。如果是红字预收款和红字应收单进行冲销,要把过滤条件中的"类型"选为"付款单"。

(4) 制单。在应收款管理系统中,执行"制单处理→制单查询"命令,勾选"预收冲应收制单",不勾选记账日期,单击"确定"按钮,弹出凭证界面,如图 7-72 所示。

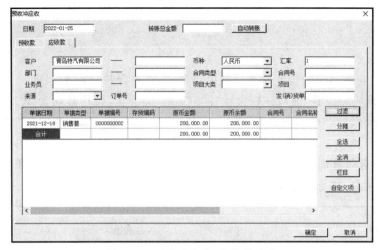

图 7-70　预收冲应收-应收款过滤

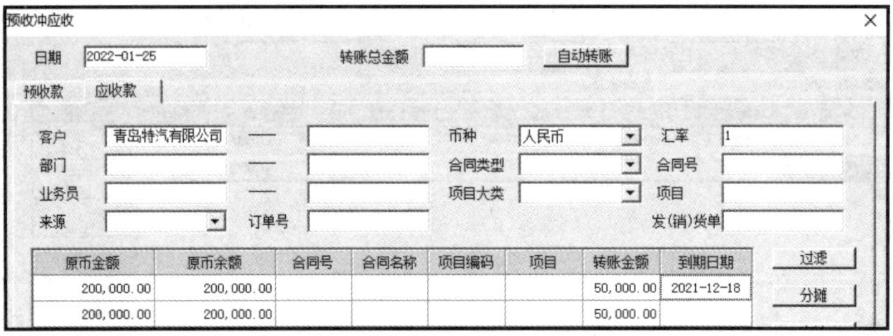

图 7-71　预收冲应收-应收款转账金额录入

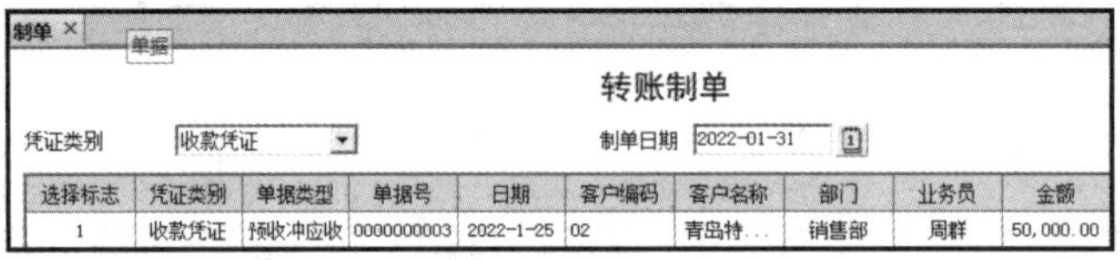

图 7-72　应收制单 2

凭证类别选中"转账凭证",制单日期调整为"2022.01.25",双击"选择标志",双击选择标志下一栏,单击"制单",弹出凭证,单击"保存"按钮。凭证如图 7-73 所示。

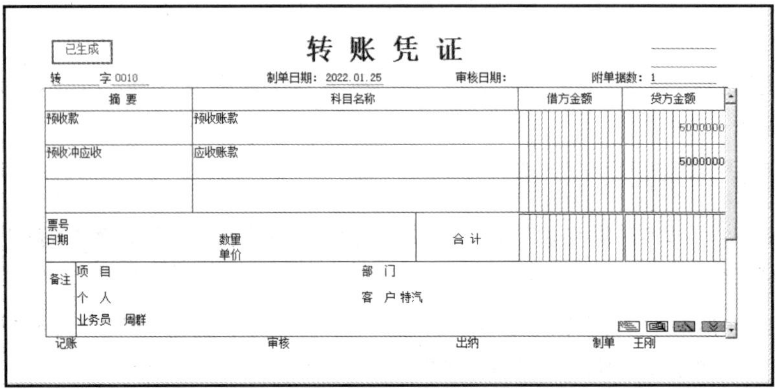

图 7-73　生成转账凭证 2

2. 应收冲应收

应收业务是青岛宏发所欠货款转给青岛特汽,青岛特汽承担青岛宏发的 108 800 元货款,属于应收冲应收业务。

(1) 在应收款管理系统,执行"转账→应收冲应收"命令,弹出"应收冲应收"界面,转出客户选择"001",转入客户选择"002",如图 7-74 所示。

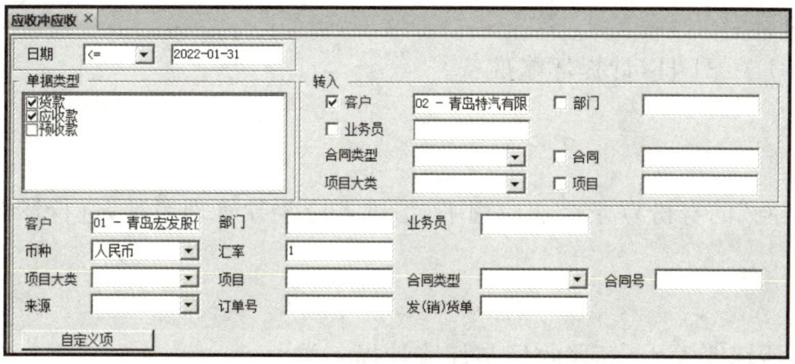

图 7-74　应收冲应收-转出转入客户选择

(2) 单击工具栏中的"查询"按钮,弹出信息,并账金额录入"108800",如图 7-75 所示。

单据日期	单据类型	单据编号	方向	原币金额	原币余额	部门编号	业务员	合同号	合同名称	项目编码	项目	并账金额
2021-12-01	销售普…	0000000001	借	308,800.00	108,800.00	03	401					108,800.00
借方合计				308,800.00	108,800.00							108,800.00
贷方合计				0.00	0.00							0.00

图 7-75　应收冲应收-并账金额录入

注意:每笔应收款的转账金额不能大于其余额,每次只能选择一个转入单位。

(3) 制单。单击"保存"按钮。系统弹出"是否立即制单"对话框,单击"是"按钮,系统打开"填制凭证"窗口,凭证类别修改为"转",单击"保存"按钮,凭证如图 7-76 所示。

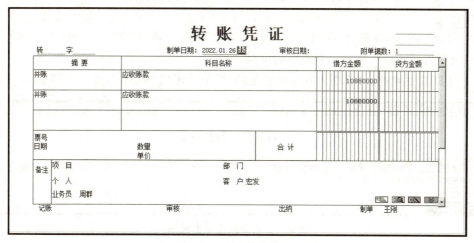

图 7-76　生成转账凭证 3

> 💡 **温馨提示**:
> 预收冲应收、应收冲应收本身就是核销,转账可以理解为特殊的核销,所以不需要再进行核销操作。

工作任务五 坏账处理

📋 任务资料

(1) 2022年1月26日,本月7日代垫运费2 000元,无法收回,做坏账处理。

(2) 2022年1月31日,收到长春润冠开来的转账支票,金额2 000元,票据号12598,系本月26日确认的坏账。

(3) 2022年1月31日,计提坏账准备。

📋 任务要求

请以"205 王刚"的身份登录企业应用平台,进入应收款管理系统,进行坏账处理。

📺 背景知识

坏账处理包括坏账发生、坏账收回与坏账计提三类。

坏账收回需要执行收款单录入与坏账收回两个环节。收款单录入同正常的收款,但不需要审核,因为一旦审核,就要生成凭证,这样应收账款会出现赤字,此外已经审核的单据,在坏账收回时参照不到结算号。

坏账计提根据初始设置的坏账准备计提方法,由系统自动生成。

📋 任务指导

1. 坏账发生

该业务确认坏账,需要录入普通发票。

(1) 打开"坏账发生"对话框。以会计"205 王刚"的身份登录企业应用平台,操作日期为2022年01月26日。在应收款管理系统中,执行"坏账处理→坏账发生"命令,打开"坏账发生"窗口。

(2) 打开"发生坏账损失"窗口。客户选择"003",单击"确定"按钮,打开"发生坏账损失"窗口,系统列出该客户所有未核销的应收单据。

(3) 坏账发生处理。在"本次发生坏账金额"栏中录入"2000.00",如图7-77所示。

单据类型	单据编号	单据日期	合同号	合同名称	到期日	余额	部门	业务员	本次发生坏账金额
销售专用发票	0000000001	2022-01-07			2022-01-07	135,600.00	销售部	吴勇	
其他应收单	0000000001	2022-01-07			2022-01-07	2,000.00	销售部	吴勇	2000
合 计						137,600.00			2,000.00

图 7-77 坏账发生单据明细

(4) 填制凭证。单击OK按钮,弹出"是否立即制单"对话框,单击"是"按钮,系统弹出"填制凭证"窗口,修改凭证类别为"转",制单日期"2022-01-26",单击"保存"按钮,凭证如图7-78所示。

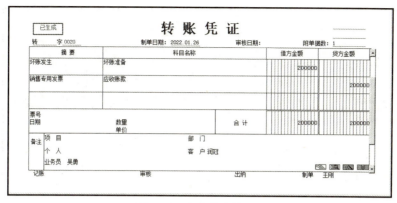

图 7-78 生成转账凭证 4

2. 坏账收回

该业务属于收回坏账，需要录入收款单。

（1）打开"收付款单录入"窗口。以往来会计"205 王刚"的身份登录企业应用平台，操作日期为 2022 年 01 月 31 日。在应收款管理系统中，执行"收款单据处理→收款单据录入"命令，系统打开"收付款单录入"窗口。

（2）填制收款单。单击"增加"按钮，录入收款单信息，客户选择"长春润冠"，结算方式"转账支票"，金额"2000"，票据号"12598"，摘要"收回坏账"，其他项为默认；然后单击表体部分，系统将自动生成一条记录，注意确认"款项类型"为"应收款"，单击"保存"按钮，如图 7-79 所示，退出。

图 7-79 收款单录入

> **温馨提示：**
> 该单据不需要审核。因为一旦审核，就要生成凭证，这样应收账款会出现赤字，此外已经审核的单据，在坏账收回时参照不到结算号。

（3）坏账收回。执行"坏账处理→坏账收回"命令，打开"坏账收回"对话框。客户选择"003"，金额录入"2 000"，单击"结算单号"栏的参照按钮，弹出收款单参照。双击收款单号"0000000005"，如图 7-80 所示。

（4）填制凭证。单击"确定"按钮，系统弹出"是否立即制单"对话框，单击"是"按钮，系统打开"填制凭证"窗口。单击"保存"按钮，凭证图 7-81 所示。

图 7-80 坏账收回

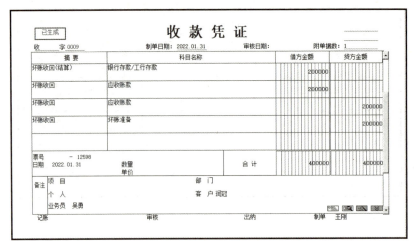

图 7-81　生成收款凭证 3

> 💡 **温馨提示：**
>
> 坏账收回制单不受系统选项中"方向相反分录是否合并选项"控制。另外，收回坏账凭证为系统自动生成，不要修改。可以理解为两笔凭证：
>
> 　　借：银行存款　　　　　　　　　　2 000
> 　　　　贷：应收账款　　　　　　　　　　　2 000
> 　　借：应收账款　　　　　　　　　　2 000
> 　　　　贷：坏账准备　　　　　　　　　　　2 000

3. 计提坏账准备

（1）在应收款管理系统，执行"坏账处理→计提坏账准备"命令，系统打开"应收账款百分比法"窗口，系统根据应收账款余额、坏账准备余额、坏账准备初始设置情况自动算出本次计提金额，结果如图 7-82 所示。

图 7-82　计提坏账准备

（2）单击工具栏中的"OK 确认"按钮，弹出"是否立即制单"对话框，单击"是"按钮，系统打开"填制凭证"窗口。修改凭证类别为"转"，单击"保存"按钮，凭证如图 7-83 所示。

图 7-83　生成转账凭证 4

工作任务六　期末处理与数据查询

📋 任务资料

（1）查询1月份填制的所有销售专用发票。
（2）对全部客户进行包括所有条件的欠款分析。
（3）查询业务总账。
（4）查询应收账款科目余额表。
（5）进行月末结账。

📝 任务要求

由"205王刚"完成应收款管理系统的期末处理。

💻 背景知识

应收款管理系统提供了查询统计功能，可以进行单据查询、业务账表查询、业务分析等查询。

1. 单据查询

1) 发票、应收单、结算单查询

发票、应收单、结算单查询可以查询会计期间的销售专用发票、普通发票、应收单、收付款单情况。

2) 凭证查询

通过凭证查询可查看、修改、删除、冲销应收款系统传到总账系统的凭证。

注意：如果凭证已在总账中记账，又需要对形成凭证的原始单据进行修改，则可以通过冲销方式冲销凭证，然后对原始单据进行其他操作后再重新生成凭证。如果要删除一张凭证，该凭证的凭证日期不能在应收系统的已结账月内。一张凭证被删除后，它所对应的原始单据及操作可以重新制单。例如，应收系统2015年6月已结账，凭证日期为2015年6月某日的凭证不能被删除。只有未审核、未经出纳签字的凭证才能删除。

3) 单据报警与信用报警查询

单据报警与信用报警查询主要有自动报警和人工查询两种方式。

4) 应收核销明细表

应收核销明细表可以清楚地反映应收款的具体核销日期、金额等情况。

2. 账表管理

（1）业务账表查询：可以查询业务总账、业务余额表、业务明细账、对账单，也可以与总账进行对账。
（2）统计分析：包括应收账龄分析、收款账龄分析、欠款分析、收款预测。
（3）科目账查询：包括科目明细账、科目余额表的查询。

3. 期末结账

期末结账是指确认本月的各项处理已经结束，可以选择执行月末结账功能，执行了月末结账功能后，该月将不能再进行任何处理。结账处理之后，没有进行其他操作之前，发现结账有问题，可以取消月结。

📝 任务指导

以会计"205 王刚"的身份登录企业应用平台，操作日期为 2022 年 01 月 31 日。

1. 查询 1 月份填制的销售发票

在应收款管理系统，执行"单据查询→发票查询"命令，打开"发票查询"窗口，发票类型选择"销售专用发票"，单击"确定"按钮。弹出"发票查询"界面，可以查看当月的销售专用发票。查询完毕，关闭退出。

2. 对全部客户进行包括所有条件的欠款分析

在应收款管理系统，执行"账表管理→统计分析→欠款分析"命令，打开"欠款分析"窗口，默认选中所有条件，如图 7-84 所示。

图 7-84　欠款分析条件

单击"确定"按钮，打开"欠款分析"窗口，如图 7-85 所示。然后关闭退出即可。

客户		欠款总计	信用额度	信用余额	货款金额	应收款金额	预收款金额
编号	名称						
02	青岛特汽有限公司	258,800.00		-258,800.00	258,800.00		
03	长春润冠股份有限…	35,600.00		-35,600.00	135,600.00		100,000.00
总计		294,400.00			394,400.00		100,000.00

图 7-85　欠款分析

> 💡 **温馨提示：**
> 在"统计分析"功能中，可以按定义的账龄区间，进行一定期间内应收账龄分析、收款账龄分析、往来账龄分析，了解各个客户应收款周转天数、周转率，了解各个账龄区间内应收款、收款及往来情况，能及时发现问题，加强对往来款项动态的监督管理；欠款分析是分析截止一定日期，客户、部门或业务员的欠款金额，以及欠款组成情况。

3. 查询业务总账

在应收款管理系统，执行“账表管理→业务账表→业务总账”命令，打开“应收总账表”窗口，单击“确定”按钮，弹出“应收总账表”对话框，如图 7-86 所示，关闭退出页面。

应收总账表

币种：

期间：2022 . 1 － 2022 . 1

期间	本期应收	本期收回	余额	月回收率%	年回收率%
	本币	本币	本币		
期初余额			508, 800. 00		
202201	220, 600. 00	435, 000. 00	294, 400. 00	197. 19	197. 19
总计	220, 600. 00	435, 000. 00	294, 400. 00		

图 7-86　应收总账表

温馨提示：

通过业务账表查询，可以及时了解一定期间内期初应收款结存汇总情况、应收款发生、收款发生的汇总情况、累计情况及期末应收款结存汇总情况；还可以了解各个客户期初应收款结存明细情况、应收款发生、收款发生的明细情况、累计情况及期末应收款结存明细情况，及时发现问题，加强对往来款项的监督管理。

业务总账查询是对一定期间内应收款汇总情况的查询。在业务总账查询的应收总账表中不仅可以查询“本期应收”款、“本期收回”应收款及应收款的“余额”情况，还可以查询到应收款的月回收率及年回收率。

4. 查询应收账款科目余额表

在应收款管理系统，执行“账表管理→科目账查询→科目余额表”命令，弹出“客户往来科目余额表”，单击“确定”按钮，弹出“科目余额表”，如图 7-87 所示。

科目余额表

科目　全部　　　　金额式

期间：2022. 01-2022. 01

科目编号	科目名称	客户编号	客户名称	方向	期初余额 本币	借方 本币	贷方 本币	方向	期末余额 本币
112101	银行承兑汇票	01	青岛宏发股份有限公司	借	58,500.00			借	58,500.00
小计：				借	58,500.00			借	58,500.00
112102	商业承兑汇票	02	青岛特汽有限公司	平			58,500.00	贷	58,500.00
112102	商业承兑汇票	03	长春润冠股份有限公司	平		100,000.00	100,000.00	平	
小计：				平		100,000.00	158,500.00	贷	58,500.00
1122	应收账款	01	青岛宏发股份有限公司	借	308,800.00	-108,800.00	508,800.00	贷	308,800.00
1122	应收账款	02	青岛特汽有限公司	借	200,000.00	189,800.00	131,000.00	借	258,800.00
1122	应收账款	03	长春润冠股份有限公司	平		275,200.00	104,000.00	借	171,200.00
小计：				借	508,800.00	356,200.00	743,800.00	借	121,200.00
2203	预收账款	02	青岛特汽有限公司	平				平	
小计：				平				平	
合计：				借	567,300.00	456,200.00	902,300.00	借	121,200.00

图 7-87　科目余额表

科目选中“1122 应收账款”，显示应收账款科目余额表，如图 7-88 所示，关闭退出页面。

科目余额表

科目　1122 应收账款　　　　金额式

期间：2022. 01-2022. 01

科目编号	科目名称	客户编号	客户名称	方向	期初余额 本币	借方 本币	贷方 本币	方向	期末余额 本币
1122	应收账款	01	青岛宏发股份有限公司	借	308,800.00	-108,800.00	508,800.00	贷	308,800.00
1122	应收账款	02	青岛特汽有限公司	借	200,000.00	189,800.00	131,000.00	借	258,800.00
1122	应收账款	03	长春润冠股份有限公司	平		275,200.00	104,000.00	借	171,200.00
小计：				借	508,800.00	356,200.00	743,800.00	借	121,200.00
合计：				借	508,800.00	356,200.00	743,800.00	借	121,200.00

图 7-88　应收账款科目余额表

> **温馨提示：**
>
> 科目账查询包括科目明细账和科目余额表；科目余额表查询可以查询应收受控科目各个客户的期初余额、本期借方发生额合计、本期贷方发生额合计、期末余额。细分为科目余额表、客户余额表、三栏余额表、部门余额表、项目余额表、业务员余额表、客户分类余额表及地区分类余额。

5. 月末结账

（1）结账之前，出纳对收付款凭证进行签字，会计审核、记账。

（2）以"201罗洁"身份登录企业应用平台，在应收款管理系统，执行"期末处理→月末结账"命令，双击一月结账标志栏，单击"下一步"按钮，弹出"月末处理"对话框，单击"确定"按钮，出现"1月份结账成功"，单击"确定"按钮。

> **温馨提示：**
>
> 如果当月业务已经全部处理完毕，应进行月末结账。只有当月结账后，才能开始下月的工作；进行月末处理时，一次只能选择一个月进行结账，前一个月未结账，则本月不能结账；在执行了月末结账后，该月将不能再进行任何处理。

课程思政

关于规范电子会计凭证报销入账归档的通知

《关于规范电子会计凭证报销入账归档的通知》是财政部、国家档案局发布的文件，发布日期是2020年03月23日。

为适应电子商务、电子政务发展，规范各类电子会计凭证的报销入账归档，根据国家有关法律、行政法规，现就有关事项通知如下：

一、本通知所称电子会计凭证，是指单位从外部接收的电子形式的各类会计凭证，包括电子发票、财政电子票据、电子客票、电子行程单、电子海关专用缴款书、银行电子回单等电子会计凭证。

二、来源合法、真实的电子会计凭证与纸质会计凭证具有同等法律效力。

三、除法律和行政法规另有规定外，同时满足下列条件的，单位可以仅使用电子会计凭证进行报销入账归档：

（一）接收的电子会计凭证经查验合法、真实；

（二）电子会计凭证的传输、存储安全、可靠，对电子会计凭证的任何篡改能够及时被发现；

（三）使用的会计核算系统能够准确、完整、有效接收和读取电子会计凭证及其元数据，能够按照国家统一的会计制度完成会计核算业务，能够按照国家档案行政管理部门规定格式输出电子会计凭证及其元数据，设定了经办、审核、审批等必要的审签程序，且能有效防止电子会计凭证重复入账；

（四）电子会计凭证的归档及管理符合《会计档案管理办法》(财政部国家档案局令第79号)等要求。

四、单位以电子会计凭证的纸质打印件作为报销入账归档依据的，必须同时保存打印该纸质件的电子会计凭证。

五、符合档案管理要求的电子会计档案与纸质档案具有同等法律效力。除法律、行政法规另有规定外,电子会计档案可不再另以纸质形式保存。

六、单位和个人在电子会计凭证报销入账归档中存在违反本通知规定行为的,县级以上人民政府财政部门、档案行政管理部门应当依据《中华人民共和国会计法》《中华人民共和国档案法》等有关法律、行政法规处理处罚。

七、本通知由财政部、国家档案局负责解释,并自发布之日起施行。

同学们在会计信息化工作中要及时学习并遵守国家出台的准则和文件。

资料来源:国家档案局.关于规范电子会计凭证报销入账归档的通知[EB/OL]. https://www.saac.gov.cn/daj/tzgg/202003/8ce4e7837d49494b9e35b74124cf8547.shtml(2020-03-31)[2023-05-08].

工作领域八

应付款管理系统业务处理

学习目标

1. 技能目标

(1) 能够使用用友 ERP-U8 V10.1 完成应付款的建账与初始化工作。

(2) 能够完成往来岗位操作。

(3) 能够进行往来账表查询及期末结账处理。

2. 知识目标

(1) 理解应付款管理系统功能,明确其与总账系统的关系。

(2) 掌握应付款管理系统初始化、日常业务处理及月末处理的操作。

(3) 理解应付款管理在总账核算与在应收款管理系统核算的区别。

3. 思政素养

(1) 培养学生认真、细致、耐心的工作态度。

(2) 培养科学严谨的工作作风。

(3) 培养求真务实的行为品质。

应付款管理系统主要实现企业与供应商之间业务往来账款的核算与管理,在应付款管理系统中,以采购发票、其他应付单等原始单据为依据,记录采购业务及其他业务所形成的往来款项,处理应付款项的支付、转账等情况,提供票据处理的功能,实现对应付款的管理。根据对供应商往来款项的核算和管理的程度不同,系统提供了"详细核算"和"简单核算"两种应用方案。不同的应用方案,其系统功能、产品接口、操作流程等均不相同。

该工作领域的具体工作内容如下。

(1) 应付款管理系统初始化:应付款管理系统的初始化包括设置控制参数、录入基础信息与期初余额,期初对账工作。

(2) 应付款管理系统的日常业务处理包括应付单据处理、付款单据处理、核销、票据管理与转账处理。

(3) 期末处理包括月末结账等。

工作任务一 应付款管理系统初始化

任务资料

1. 参数设置

应付款核销方式为"按单据",单据审核日期依据为"业务日期",应付款核算类型为"详细核算",受控科目制单依据为"明细到供应商",非受控科目制单方式为"汇总方式"。

2. 基本科目设置

应付科目为"2202 应付账款",预付科目"1123 预付账款",采购科目为"1403 原材料",税金科目为"22210101 应交税费——应交增值税（进项税额）",银行承兑科目为"2201 应付票据",商业承兑科目为"2201 应付票据",现金折扣科目为"660302 财务费用-其他",票据利息科目为"660301 财务费用-利息支出",票据费用科目为"660302 财务费用-其他",收支费用科目为"660205 管理费用-其他费用"。

3. 结算方式科目设置

现金结算方式科目为"1001 库存现金",现金支票结算方式为"100201 银行存款-工行存款",转账支票结算方式科目为"100201 银行存款-工行存款",银行汇票、银行本票结算方式科目为"1012 其他货币资金",电汇结算方式科目为"100201 银行存款-工行存款"。

4. 逾期账龄区间

逾期账龄区间设置总天数为 30 天、60 天、90 天、120 天。

5. 报警级别

A 级时的总比率为 10%,B 级时的总比率为 20%,C 级时的总比率为 30%,D 级时的总比率为 40%,E 级时的总比率为 50%,总比率在 50% 以上为 F 级。

6. 单据编号设置

将采购管理中采购专用发票、采购普通发票和采购运费发票的单据编号,设置为可以手工改动,重号时自动重取。

7. 期初余额

青岛海思曼公司期初余额见表 8-1。

表 8-1 期初余额

票据	开票日期	发票号	供应商	部门	科目	货物名称	数量	单价	金额
专用发票	21.12.25	40201458	德成	采购部	2202	甲材料	40 118	2.4	108 800
专用发票	21.12.28	40033452	美天	采购部	2202	乙材料	79 351.03	2.4	215 200

任务要求

请以"201 罗洁"的身份登录进入企业应用平台,进入应付款管理系统操作,请根据本单位财务工作的具体情况,将应付款管理系统设置为适合本单位核算要求的专用账务核算系统。

背景知识

应付款管理系统的期初数据包括未结算完的发票和应付单、预付单以及未结算完的应付票据。应付货款通过发票形式录入,预付款通过付款单形式录入,其他应付款通过其他应付单录入,以便在日常业务中对这些单据进行后续的核销、转账处理。

任务指导

1. 设置应付款系统参数

(1) 以账套管理员"201 罗洁"的身份登录进入系统,操作日期为"2022-01-01"。在企业应用平台中,打开"业务工作"选项卡,执行"财务会计→应付款管理→设置→选项"命令,打开"账套参数设置"对话框,显示五个选项卡:常规、凭证、权限与预警、核销设置、收付款控制。

(2) 单击"编辑"按钮,按照参数设置要求进行设置,单击"确定"按钮,如图8-1所示。

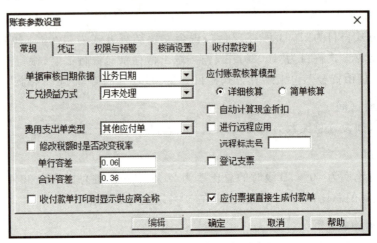

图 8-1 账套参数设置对话框

> **温馨提示:**
> (1) 在进入应付款系统之前应在建立账套后启用应付款系统,或在企业应用平台中启用应付款系统。应付款系统的启用会计期间必须大于等于账套的启用期间。
> (2) 在账套使用过程中可以随时修改账套参数。
> (3) 如果选择单据日期为审核日期,则月末结账时单据必须全部审核。
> (4) 关于应付账款核算模型,在系统启用时或者还没有进行任何业务处理的情况下才允许从简单核算改为详细核算;但从详细核算改为简单核算随时可以进行。

2. 设置基本科目

用户可以定义应付系统凭证制单所需要的基本科目,包括应付科目、预付科目、采购科目、税金科目等。当有的产品或客户使用特殊科目时,需要在控制科目和产品科目中进行单独定义。操作步骤如下。

(1) 打开"初始设置"功能。在应付款管理系统中,执行"设置→初始设置"命令,打开"初始设置"界面。

(2) 录入基本科目数据。在左侧的属性结构列表中,选中"设置科目"中的"基本科目设置",根据任务资料录入相应科目,如图8-2所示。

(3) 关闭窗口。单击工具栏上的"关闭"按钮,关闭当前界面。

图 8-2 基本科目设置

> **温馨提示：**
> (1) 应付科目的核算币种应不相同。如果没有外币核算，可以不输入外币科目。
> (2) 在基本科目设置中所设置的应付科目"2202 应付账款"、预付科目"1123 预付账款"及"2201 应付票据"，应在总账系统中设置其辅助核算内容为"供应商往来"，并且其受控系统为"应付系统"，否则在这里不能被选中。
> (3) 只有在这里设置了基本科目，在生成凭证时才能直接生成凭证中的会计科目，否则凭证中将没有会计科目，相应的会计科目只能手工再录入。
> (4) 如果应付科目、预付科目按不同的供应商或供应商分类分别设置，则可在"控制科目设置"中设置，在此可以不设置。
> (5) 如果针对不同的存货分别设置采购核算科目，则在此不用设置，可以在"产品科目设置"中进行设置。

3. 结算方式科目

不同的付款方式对应不同的会计科目，定义此内容后，付款时会自动填写凭证的借方科目。操作步骤如下。

(1) 打开"初始设置"功能。执行"应付款管理→设置→初始设置"命令，打开初始设置界面。

(2) 录入结算方式科目数据。选中"设置科目"下的"结算方式科目设置"，根据实训资料录入参数。录入结算方式"现金"，币种"人民币"，科目"1001"；依次录入其他数据，如图 8-3 所示。

图 8-3 设置结算方式科目

(3) 关闭窗口。单击工具栏上的"关闭"按钮，关闭当前界面。

> **温馨提示：**
> （1）结算方式科目设置是针对已经设置的结算方式设置相应的结算科目。即在付款或收款时只要告诉系统结算时使用的结算方式就可以由系统自动生成该种结算方式所使用的会计科目。
> （2）如果在此不设置结算方式科目，则在付款或收款时可以手工输入不同结算方式对应的会计科目。

4．设置逾期账龄区间

（1）在应付款管理系统中，执行"设置→初始设置→逾期账龄区间设置"命令，进入"初始设置-逾期账龄区间设置"窗口。

（2）根据任务资料录入参数，在"总天数"栏中输入"30"，按 Enter 键，接着在"总天数"栏中输入"60"，按此方法输入其他内容，如图 8-4 所示。

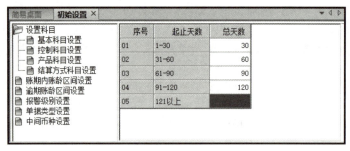

图 8-4 设置逾期账龄区间

（3）关闭窗口。单击工具栏上的"关闭"按钮，关闭当前界面。

> **温馨提示：**
> （1）序号由系统自动生成，不能修改和删除。
> （2）总天数栏直接输入截止区间的账龄总天数。
> （3）最后一个区间不能修改和删除。

5．设置报警级别

（1）打开"初始设置"功能。在应付款管理系统中，执行"设置→初始设置"命令，打开初始设置界面。

（2）录入报警级别数据。单击"报警级别设置"，进入"报警级别设置"窗口。在总比率栏输入"10"，在"级别名称"栏输入"A"，按 Enter 键，按此方法输入其他内容，如图 8-5 所示。

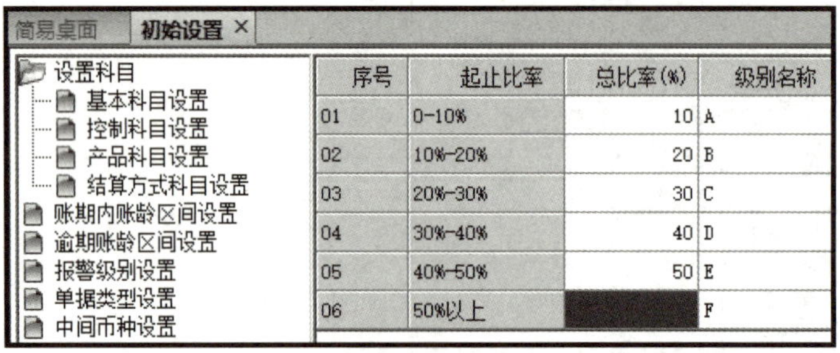

图 8-5 设置预警级别

（3）关闭窗口。单击工具栏上的"关闭"按钮，关闭当前界面。

> **温馨提示：**
> （1）应直接输入该区间的最大比率及级别名称，系统根据输入的比率自动生成相应的区间。
> （2）删除一个级别后，该级别后的各级比率会自动调整。
> （3）最后一个级别为某一比率之上，所以在"总比率"栏不能录入比率，否则将不能退出。
> （4）最后一个比率不能删除，如果录入错误则应先删除上一级比率，再修改最后一级比率。

6．设置单据编号

设置单据编号是指设置单据的编号是由手工录入的还是由计算机自动编码的，有些单据的编码具有特殊的用处，比如发票的编号，特别是采购发票的编号。操作步骤如下。

（1）在企业应用平台，执行"基础设置→单据设置→单据编号设置"命令，进入"单据编号设置"窗口。

（2）在左边的单据类型中，选中"采购管理→采购专用发票"，打开"单据编号设置-采购专用发票 *"对话框。

（3）单击工具栏上的"修改"按钮，选择"手工改动，重号时自动重取"复选框，如图 8-6 所示。

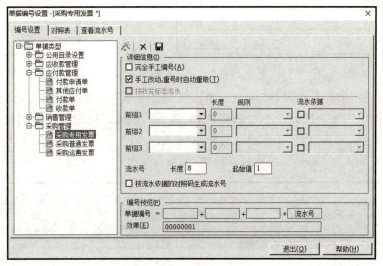

图 8-6　设置单据编号

（4）单击"保存"按钮，自动保存修改。按此方法设置应付款管理系统中的"其他应付单"和"付款单"，编号允许修改。

（5）关闭窗口。单击"关闭"按钮，关闭当前界面。

> **温馨提示：**
> （1）"完全手工编号"是指没有默认值，需要操作员手工录入。
> （2）"手工改动，重号时自动重取"是指系统按下面的规则提供默认值，操作员可以修改。
> （3）如果没有选择这两项，表示由计算机按下面的规则自动编号，不能修改。
> （4）在查看流水号页签中可以查看和设置最后一个流水号。

7．录入期初采购发票

应付款系统数据的输入有形成应付和付款结算两个方面。因此，其期初值也有这两个方面，比如未核销的采购发票和预付款。操作步骤如下。

(1) 在应付款管理系统中,执行"设置→期初余额"命令,打开"期初余额→查询"对话框,如图 8-7 所示。单击"确定"按钮,进入"期初余额明细表"窗口。

(2) 单击工具栏上的"增加"按钮,打开"单据类别"对话框,单据名称选择"采购发票",单据类型选择"采购专用发票",方向选择"正向",单击"确定"按钮,如图 8-8 所示。

图 8-7　期初余额-查询　　　　　　　　图 8-8　单据类别

(3) 在打开的"采购专用发票"窗口。单击工具栏上的"增加"按钮,自动增加一张空表。修改"开票日期"为"2021-12-25","供应商"选择"德成",系统自动带出该公司信息。录入发票号"40201458",录入税率"13％"。在"存货编码"栏输入"0102",在"原币单价"栏输入"2.4",在原币价税合计栏输入"108800",数量自动计算,如图 8-9 所示。

图 8-9　录入采购专用发票 1

(4) 单击工具栏上的"保存"按钮。按照上述流程录入第二张专用发票,如图 8-10 所示。

(5) 单击窗口上的"关闭"按钮,关闭当前界面。

图 8-10 录入采购专用发票 2

> 💡 **温馨提示：**
>
> （1）在初次使用应付款系统时，应将启用应付款系统时未处理完的所有供应商的应付账款、预付账款、应付票据等数据录入到本系统。进入第二年度时，系统自动将上年度未处理完的单据转为下一年度的期初余额。在下一年度的第一个会计期间，可以进行期初余额调整。
>
> （2）在日常业务中，可对期初发票、付款单、预付款、票据进行后续的核销、转账处理。
>
> （3）如果退出了录入期初余额的单据，在"期初余额明细表"窗口中并没有看到新录入的期初余额，应单击"刷新"按钮，就可以列示所有期初余额的内容。
>
> （4）在录入期初余额时一定要注意期初余额的会计科目，如果科目错误，在应付款系统与总账系统进行对账时，将会导致对账错误。
>
> （5）如果未设置允许修改采购专用发票的编号，则在填制采购专用发票时不允许修改采购专用发票的编号。

8. 应付款系统与总账系统对账

期初数据录入完成后，一定要和总账进行对账，保持数据一致。操作步骤如下。

（1）在应付款管理系统中，执行"设置→期初余额"命令，打开"期初余额明细表"界面，如图 8-11 所示。

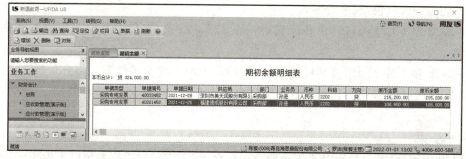

图 8-11 期初余额明细表

（2）单击工具栏上的"对账"按钮，打开"期初对账"界面，如图 8-12 所示。

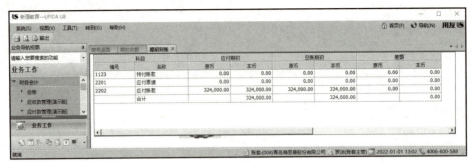

图 8-12 期初对账

（3）关闭窗口。单击"关闭"按钮，关闭当前界面。

> **温馨提示：**
> （1）保存了期初余额结果，在结账前或在下一年使用需要调整时可以进行修改。结账后，期初余额只能查询不能修改。
> （2）期初余额所录入的票据保存后自动审核。

> **问题与反思：**
> （1）为什么在应付款系统"初始设置"时，"应付科目""预付科目"不能被选中？
> 在设置基本科目的应付、预付科目时，应在总账系统中把"应付科目"和"预付科目"设置为"供应商往来"辅助核算，且受控系统为"应付系统"。否则在这里不能被选中。
> （2）在应付款系统自动生成凭证时，为什么缺少会计科目？
> 在应付款系统设置"系统参数"时应定义相应的"基本科目"，只有这样，系统自动生成凭证时才会出现相应的会计科目，否则，需要手工输入会计科目。

工作任务二　单据处理

任务资料

（1）2022年1月2日，采购部通过青岛虎山公司购入甲材料50吨（50 000公斤），单价2 400元（2.4元/公斤），取得增值税专用发票，税率13％，票号6004456。

（2）2022年1月6日，采购部从福建德成公司购入乙材料60吨（60 000公斤），单价3 000元（3元/公斤），采购专用发票号码6005879，对方帮忙代垫运杂费3 800元，取得普通发票（普通发票不能抵扣进项税，税率为零）。

（3）2022年1月15日，开出转账支票一张135 600元，支付本月购买甲材料的货款，票号Z00125。

（4）2022年1月25日，将预付虎山公司的150 000元定金冲抵前欠部分货款。

（5）2022年1月26日，核销青岛虎山公司的往来账。

任务要求

请以"201罗洁"的身份登录进入企业应用平台，进入应付款管理系统以下操作。

（1）录入采购发票、应付单据、付款单据。

（2）修改采购发票、应付单据、付款单据。

（3）核销付款单据。

背景知识

1. 应付单据和付款单据

应付款系统中包括两种类型的单据：应付单据和付款单据。

（1）应付单据是企业确认应付的单据，主要包括采购发票和应付单。采购发票是企业采购货物的证明，其他应付单是记录除采购货物之外的其他应付款项。

（2）付款单据是确认付款的依据。付款单据处理主要是对收付款单据（付款单、收款单即红字付款单）进行管理。包括付款单、收款单的录入和审核。

2. 核销

核销是指付款冲销应付款的操作。系统提供按单据和按产品两种应付款的核销方式。单据核销是收到客户所欠的应收款项后，将收款单和对应的应收单进行冲销，在机内建立收款和应收款的核销记录，表示该笔往来业务已经结清。单据核销的作用是解决付给客商款项并核销该客商应付款的处理，建立付款和应付款的核销记录，监督应付款及时核销，加强往来款项的管理。明确核销关系后，可以进行精确的账龄分析，更好地管理应付账款。

任务指导

1. 第一笔业务处理——填写采购专用发票

单据的录入包括应付单据与付款单据。在应付单据中包括采购发票与应付单的录入；在付款单据录入中包括付款单与预付单，其操作步骤相似。下面以录入采购专用发票为例，讲解其操作步骤。

（1）以"201 罗洁"的身份登录企业应用平台，在应付款管理系统中，执行"应付单据处理→应付单据录入"命令，打开"单据类别"对话框。

（2）单据名称选择"采购发票"，"单据类型"选择"采购专用发票"，"方向"选择"正向"，如图8-13所示。单击"确定"按钮，进入"专用发票"窗口。

图8-13 选择单据类别

（3）单击工具栏上的"增加"按钮，自动增加一张空表。将开票日期修改为"2022-01-02"，录入发票号"6004456"，选择供应商"青岛虎山"，税率改为"13%"，单击"采购类型"参照按钮，进入"参照"窗口，单击"编辑"按钮，进入"采购类型"窗口，单击"增加"按钮，输入采购类编码"1"、采购类型名称为"厂商采购"，单击"入库类别"参照窗口，单击"编辑"按钮，单击"增加"按钮，"收发类别编码"为"6"，"收发类别名称"为"采购入库"，收发标志为"收"，单击"保存"按钮，继续输入其他内容，如图8-14所示。

（4）单击"退出"按钮，回到"收发类别档案基本参照"窗口，如图8-15所示。选择"采购入库"，单击"确定"按钮，回到"采购类型"窗口，单击"保存"按钮。

（5）录入其他采购类型，如图8-16所示。单击"退出"按钮，关闭该窗口。

（6）回到"参照窗口"，选择采购类型"厂商采购"，选择存货编码"0101"，录入数量"50000"，录入原币单价"2.4"，如图8-17所示。单击工具栏上的"保存"按钮，保存数据。

（7）与第一笔业务相同，录入第二笔业务的采购专用发票，如图8-18所示。

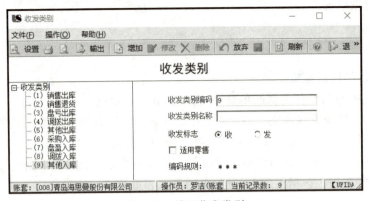

图 8-14 设置收发类别

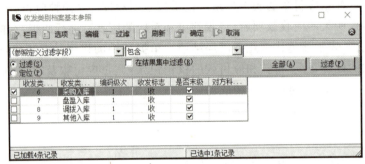

图 8-15 收发类别档案基本参照

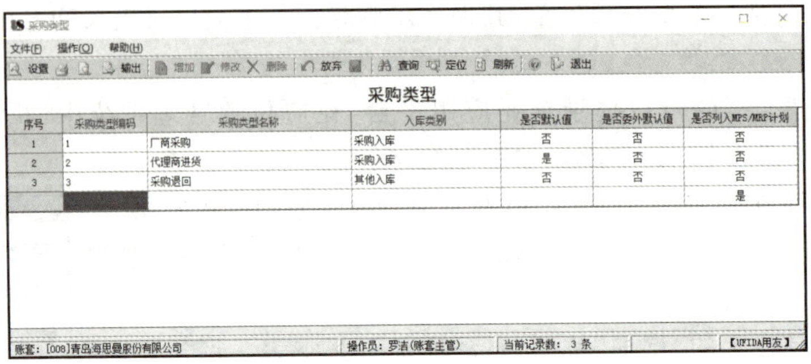

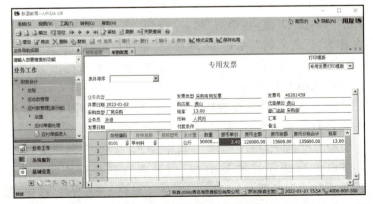

图 8-16 "采购类型"窗口

图 8-17 采购专用发票 1

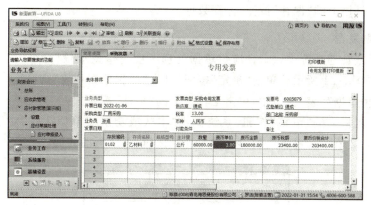

图 8-18　采购专用发票 2

> 💡 **温馨提示:**
>
> (1) 如果应付款系统与采购管理系统同时使用,采购发票在采购管理系统录入,在应付款系统中可以对单据进行查询、核销、制单等操作。此时应付款系统需要录入的只限于应付单。
>
> (2) 如果没有使用采购管理系统,则所有发票和应付单均需在应付款系统录入。如果要修改采购专用发票,进入采购专用发票窗口后,单击工具栏上的"放弃"按钮,再单击工具栏上的"下一张"按钮,找到要修改的发票进行修改。

2. 第二笔业务处理——填写采购普通发票

(1) 在应付款管理系统中,执行"应付单据处理→应付单据录入"命令,进入"单据类别"对话框。单据名称选择"采购发票",单据类型选择"采购普通发票",方向选择"正向",如图 8-19 所示。单击"确定"按钮,进入"普通发票"窗口。

图 8-19　"单据类别"对话框

(2) 单击工具栏上的"增加"按钮,自动增加一张空表。将开票日期修改为"2022-01-06",选择供应商"德成",在"税率"栏输入"9.00",选择存货编码"0401",在"原币金额"栏输入"3 800",在"税率"栏输入"9.00",如图 8-20 所示。

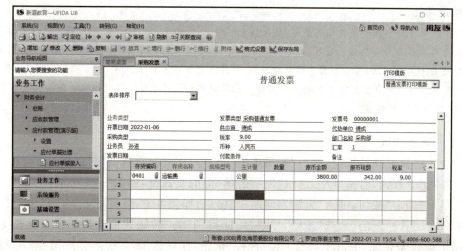

图 8-20　录入采购普通发票

（3）单击工具栏上的“保存”按钮，保存数据。

3. 审核采购发票

（1）在应付款管理系统中，执行“应付单据处理→应付单据审核”命令，打开“应付单查询条件”对话框，如图 8-21 所示。单击“确定”按钮，进入“应付单据列表”窗口。

（2）在“应付单据列表”窗口中，单击工具栏上的“全选”按钮。

（3）单击工具栏上的“审核”按钮，系统提示“本次成功审核单据 3 张”对话框。单击“确定”按钮，如图 8-22 所示。再单击窗口上的“关闭”按钮，关闭当前界面。

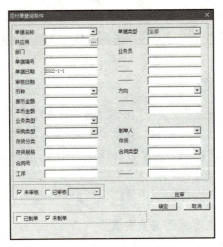

图 8-21 应付单查询条件

简易桌面 单据处理

应付单据列表

记录总数：3

选择	审核人	单据日期	单据类型	单据号	供应商名称	部门	业务员	制单人	币种	汇率	原币金额	本币金额
	罗洁	2022-01-02	采购专...	40201459	青岛虎山股份有限公司	采购部	孙进	罗洁	人民币	1.00000000	135,600.00	135,600.00
	罗洁	2022-01-06	采购普...	00000001	福建德成股份有限公司	采购部	孙进	罗洁	人民币	1.00000000	3,800.00	3,800.00
	罗洁	2022-01-06	采购专...	6005879	福建德成股份有限公司	采购部	孙进	罗洁	人民币	1.00000000	203,400.00	203,400.00
合计											342,800.00	342,800.00

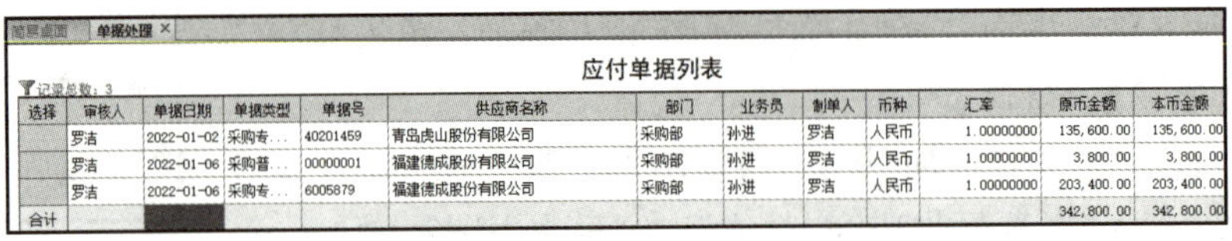

图 8-22 审核成功提示

温馨提示：

（1）已经审核的单据不能修改或删除，已生成凭证或进行过核销的单据在应付单据列表界面不再显示。录入采购发票后可以直接进行审核，审核后系统会提示“是否立即制单”，此时可以直接制单。如果录入采购发票后不直接审核，可以打开审核功能审核，再打开制单功能制单。

（2）已经审核的单据在未进行其他处理之前可以取消审核后再修改。取消审核时在条件中需选择“已审核”才能显示已审核单据。

4. 生成记账凭证

（1）在应付款管理系统中，执行“制单处理”命令，打开“制单查询”对话框。

（2）在“制单查询”对话框中，选中“发票制单”前的复选框，如图 8-23 所示。

（3）单击“确定”按钮，进入“采购发票制单”窗口，如图 8-24 所示。

（4）单击工具栏上的“全选”按钮，修改“凭证类别”为“转账凭证”，再单击工具栏上的“制单”按钮，生成转账凭证，单击工具栏上的“保存”按钮，保存数据，如图 8-25～图 8-27 所示。

（5）单击工具栏上的“退出”按钮，关闭当前界面。

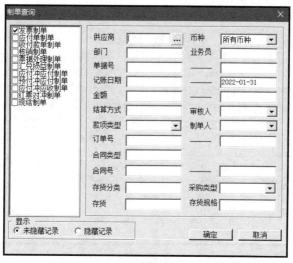

图 8-23 "制单查询"对话框

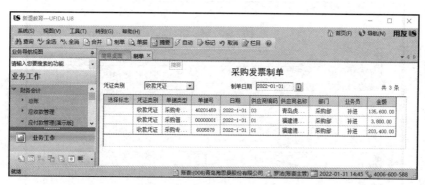

图 8-24 "采购发票制单"窗口

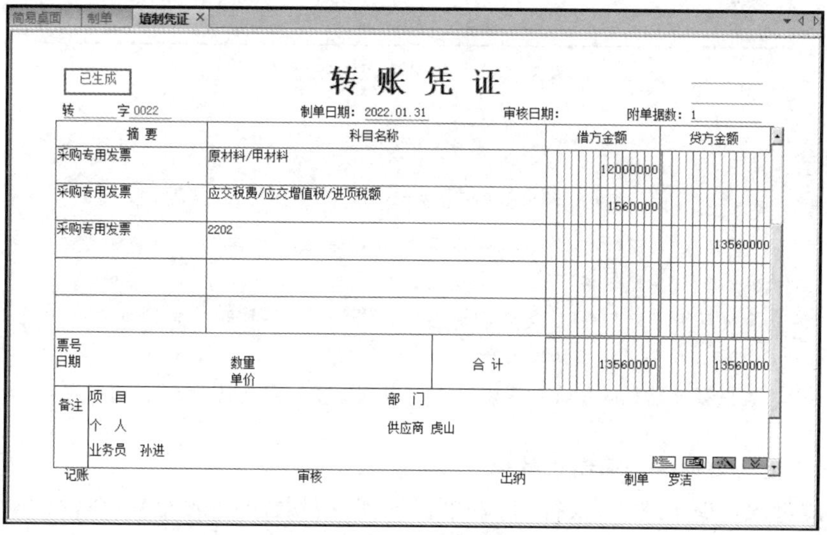

图 8-25 向虎山公司购货制单

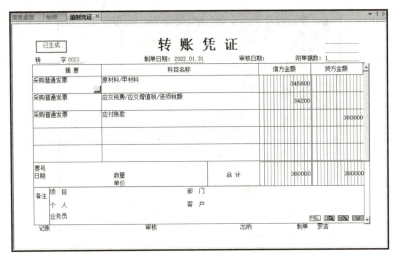

图 8-26 向德成公司购货运费制单

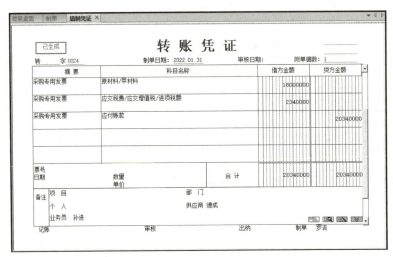

图 8-27 向德成公司购货制单

> **温馨提示：**
> (1) 在"制单查询"窗口中，如果只选中"发票制单"选项，则制单窗口显示的是"采购发票制单"。如果同时选中"发票制单"和"收付款单制单"，则制单窗口显示的是"应付制单"。
> (2) 如果所选择的凭证类型错误，可以在生成凭证后再修改。
> (3) 如果一次生成了多张记账凭证，可以在保存了一张凭证后再打开其他的凭证，直到全部保存为止。未保存的凭证视为放弃本次凭证生成的操作。
> (4) 凭证只有在保存后才能传递到总账系统，再在总账系统进行审核和记账等。

5. 第三笔业务处理——填制付款单

(1) 在应付款管理系统中，执行"付款单据处理→付款单据录入"命令，打开"付款单"对话框。

(2) 单击工具栏上的"增加"按钮，自动增加一张空表。将日期修改为"2022-01-15"，选择供应商"虎山"，选择结算方式"转账支票"，录入金额"135600"，录入票据号"Z00125"，录入摘要"向青岛虎山支付货款",如图8-28所示。

图8-28 录入付款单

(3) 单击工具栏上的"保存"按钮,保存数据。
(4) 单击窗口上的"关闭"按钮,退出当前界面。

> 💡 **温馨提示:**
> (1) 单击付款单的"保存"按钮后,系统会自动生成付款单表体的内容。表中的款项类型系统默认为"应付款",是可以修改的。若一张付款单中表头供应商与表体供应商不同,则视表体供应商的款项为代收款。
> (2) 填制付款单后,可以直接单击工具栏上的"核销"按钮进行单据核销的操作。
> (3) 如果向供应商退货,则可以单击工具栏上的"切换"按钮,填制红字付款单。

6. 审核付款单

(1) 在应付款管理系统中,执行"付款单据处理→付款单据审核"命令,进入"付款单查询条件"界面,如图8-29所示。

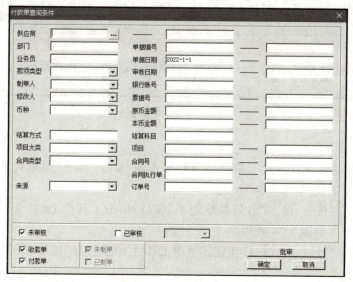

图8-29 付款单查询条件

(2) 单击"确定"按钮,进入"收付款单列表"窗口,单击工具栏上的"全选"按钮,再单击"审核"按钮,系统提示"本次成功审核1张单据",如图8-30所示。

图 8-30　收付款单列表

(3) 单击"确定"按钮,再单击窗口上的"关闭"按钮,关闭当前界面。

7. 核销付款单

(1) 在应付款管理系统中,执行"核销处理→手工核销"命令,打开"核销条件"对话框,如图 8-31 所示。

(2) 在"供应商"栏输入"虎山",单击"确定"按钮,进入"单据核销"窗口。

(3) 在上半部分的"本次结算"栏的第一行录入"135600"。在下半部分的"本次结算"栏的第一行录入"135600",如图 8-32 所示,单击"保存"按钮。

图 8-31　"核销条件"对话框

图 8-32　"单据核销"窗口

8. 生成记账凭证

(1) 在应付款管理中,执行"制单处理→制单查询"命令,打开"制单查询"对话框。选中"收付款单制单"复选框,如图 8-33 所示。

(2) 单击"确定"按钮,进入"收付款单制单"窗口,单击工具栏上的"全选"按钮,"凭证类别"选择"付款凭证",如图 8-34 所示。

(3) 单击"制单"按钮,生成记账凭证。单击工具栏上的"保存"按钮,保存数据。如图 8-35 所示。

(4) 单击工具栏上的"退出"按钮,关闭当前界面。

工作领域八 应付款管理系统业务处理

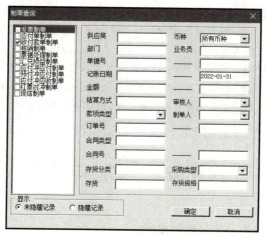

图 8-33 "制单查询"对话框

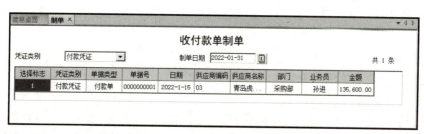

图 8-34 "收付款单制单"窗口

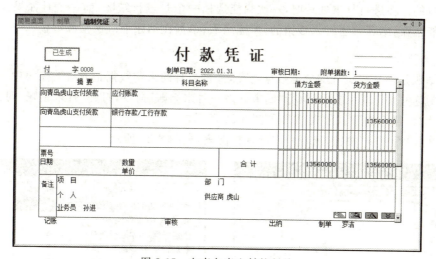

图 8-35 向青岛虎山付款制单

> **温馨提示：**
>
> 在"制单查询"窗口中，如果只选中"收付款单制单"选项，则会打开"收付款单制单"窗口。如果同时选中"发票制单"和"收付款单制单"，则制单窗口显示的是"应付制单"，但两种待制的单据都会显示出来。
>
> 在制单功能中还可以根据需要进行合并制单。
>
> （1）保存核销内容后，单据核销窗口中将不再显示已经核销的内容。核销时，结算单列表中款项类型

为应付款的记录默认本次结算金额为该记录的原币金额；款项类型为预付款的记录默认本次结算金额为空。核销时可以修改本次结算金额，但是不能大于该记录的原币金额。在结算单列表中，单击"分摊"按钮，系统将当前结算单列表中的本次结算金额合计自动分摊到被核销单据的本次结算栏中。

（2）一次只能对一种结算单类型进行核销，即在手工核销的情况下需要将收款单和付款单分开核销。手工核销保存时，若结算单列表的本次结算金额大于或小于被核销单据的本次结算金额合计，系统将提示结算金额不相等，不能保存。若发票中同时存在红蓝记录，则核销时先进行单据的内部对冲。如果核销后未进行其他处理，可以在期末处理的"取消操作"功能中取消核销操作。

工作任务三　期末处理

📋 任务资料

（1）所有业务完成，将本月应付账款结账。

（2）在执行月末结账后，发现该月还需处理有关业务，或该月有关业务处理有误，需要修改，取消应付款管理系统结账。

📝 任务要求

进行应付款管理系统期末处理。

📖 任务指导

如果当月应付款业务已经全部处理完毕，应执行月末结账功能。月末结账是在系统引导方式下进行的。在进行月末处理时，一次只能选择一个月进行结账，前一个月如果没有结账，则本月不能结账；结算单还有未核销的，不能结账；单据在结账前应该全部审核。

1. 月末结账

月末结账是逐月将每月的单据数据封存，并将当月的采购数据记入有关账表中。

（1）在应付款管理系统中，执行"期末处理→月末结账"命令，打开"月末结账"对话框。双击"一月"后"结账标志"栏，出现"Y"，如图8-36所示。

（2）单击"下一步"按钮，出现月末处理情况表，如图8-37所示。

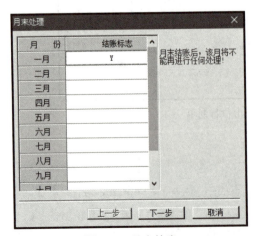

图8-36　月末结账

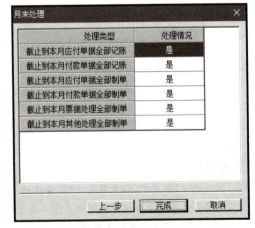

图8-37　月末处理完成

(3) 单击"完成"按钮,系统提示"1月份结账成功",然后单击"确定"按钮。

2. 取消结账

月末结账后,如有需要可以逐月取消结账。执行"期末处理→取消结账"命令,选中已经结账的最后月份,单击"取消记账"按钮,即可以取消该月的月末结账,如图8-38所示。

图 8-38　取消结账

3. 结转上年

结转上年是将上年的基础数据和各种单据的数据全部转入本年度账套中,起到承上启下的作用。如果系统中没有上年度的数据将不能进行结转。执行"系统管理→年度账→结转上年数据"命令,进行相应的操作。

📖 课程思政

2020年11月24日,在全国劳动模范和先进工作者表彰大会上,习近平总书记精辟阐释了这三种精神的科学内涵,分别是"爱岗敬业、争创一流、艰苦奋斗、勇于创新、淡泊名利、甘于奉献的劳模精神""崇尚劳动、热爱劳动、辛勤劳动、诚实劳动的劳动精神""执着专注、精益求精、一丝不苟、追求卓越的工匠精神",强调它们"是以爱国主义为核心的民族精神和以改革创新为核心的时代精神的生动体现,是鼓舞全党全国各族人民风雨无阻、勇敢前进的强大精神动力"。

资料来源:新华社.习近平:在全国劳动模范和先进工作者表彰大会上的讲话[R/OL]. http://www.gov.cn/gongbao/content/2020/content_5567743.htm?ivk_sa=1024320u(2020-11-24)[2023-05-08].

工作领域九

供应链管理系统业务处理

学习目标

1. 技能目标
(1) 掌握供应链管理系统的数据流程。
(2) 熟练进行采购、销售、库存和存货核算的日常业务处理。
(3) 能够进行供应链的期末处理。

2. 知识目标
(1) 熟悉供应链管理系统的功能。
(2) 了解供应链管理系统的重要性。
(3) 掌握各个模块的作用。

3. 思政素养
(1) 树立规则意识,遵守行业规范。
(2) 具备主动思考、发现和解决问题的能力。
(3) 具有较好的沟通技巧和良好的团队协作精神。
(4) 培养会计软件操作的规范性和发现问题的敏感性。

用友 ERP-U8 V10.1 软件中的供应链管理系统,是以企业购、销、存业务环节中的各项活动为对象,记录各项业务的发生,并有效跟踪其发展过程,为财务核算、业务分析和管理决策提供依据。

供应链管理系统主要对采购、销售、库存和存货等各个方面进行管理,其主要任务包括管理采购订单、采购入库单和采购发票,管理销售订单、销售发货单和销售发票,管理各种存货的入库和出库业务,核算应收、应付账款,核算物资采购、销售收入和税金,核算存货入库成本、出库成本和结余成本。

供应链管理系统包括采购管理系统、销售管理系统、库存管理系统和存货核算系统 4 个紧密连接、协同工作的子系统。

工作任务一 供应链管理系统的基础设置

任务资料

1. 仓库档案

仓库档案见表 9-1。

表 9-1 仓库档案

仓库编号	仓库名称	计价方式
01	原材料库	先进先出法
02	成品库	先进先出法
03	配套用品库	先进先出法

2. 基础科目设置

存货科目设置具体内容见表 9-2。

表 9-2 存货科目设置

仓　　库	存　货　名　称	存货科目编码
原材料库	甲材料	140301
原材料库	乙材料	140302
原材料库	丙材料	140303
成品库	A 商品	140501
成品库	B 商品	140502

对方科目设置具体内容见表 9-3。

表 9-3 对方科目设置

收发类别	对　方　科　目
采购入库	银行存款/工行存款(100201)
盘盈入库	待处理财产损溢/待处理流动资产损溢(190101)
销售出库	主营业务成本(6401)
领料出库	生产成本/直接材料(500101)

任务要求

请以账套主管"201 罗洁"的身份登录企业应用平台,完成供应链管理系统的初始设置。

背景知识

1. 仓库档案

存货一般是存放在仓库中保管的。对存货进行核算管理,就必须建立仓库档案。

2. 设置存货系统业务科目

存货核算系统是供应链管理系统与财务系统联系的桥梁,各种存货的购进、销售和其他出入库业务,均在存货核算系统中生成凭证,并传递到总账管理系统。为了快速、准确地完成制单操作,应事先设置凭证上的相关科目。

1) 设置存货科目

存货科目是指设置生成凭证所需要的各种存货科目和差异科目。存货科目既可以按仓库也可以按存货分类分别进行设置。

2) 设置对方科目

对方科目是指设置生成凭证所需要的存货对方科目,可以按收发类别设置。

📝 任务指导

1. 启用供应链子系统

以"201 罗洁"的身份登录企业应用平台,登录日期为 2022 年 02 月 01 日。执行"基础设置→基本信息→系统启用"命令,启用采购管理、销售管理、库存管理和存货管理子系统,启用日期为 2022 年 02 月 01 日,如图 9-1 所示。

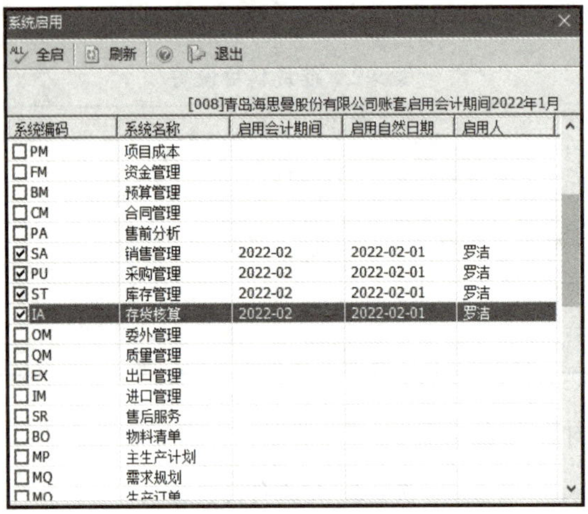

图 9-1 系统启用

2. 设置基础信息

(1)执行"基础档案→业务→仓库档案"命令,进入"仓库档案"窗口。

(2)单击"增加"按钮,进入"增加仓库档案"窗口,输入仓库编码"01"、仓库名称"原材料库"、计价方式"先进先出法",如图 9-2 所示。单击"保存"按钮保存设置。

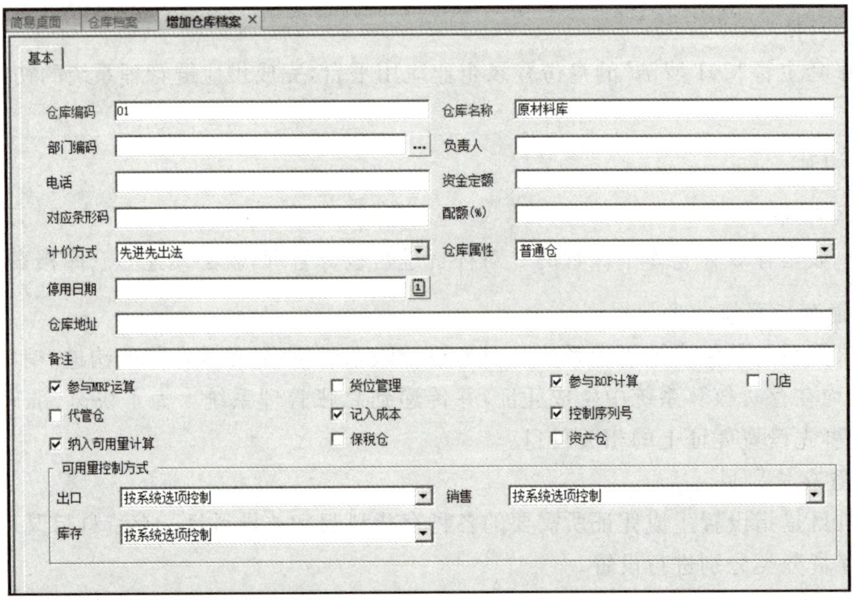

图 9-2 "增加仓库档案"窗口

(3) 同理输入其他仓库的相关内容。

3. 设置基础科目

1) 存货核算科目设置

(1) 执行"供应链→存货核算→初始设置→科目设置→存货科目"命令,进入"存货科目"窗口,输入仓库编码"01"、仓库名称"原材料库"、存货编码"0101"、存货名称"甲材料"、存货科目编码"0101"。

(2) 单击"增加"按钮,输入其他科目资料,如图9-3所示。

仓库编码	仓库名称	存货分类编码	存货分类名称	存货编码	存货名称	存货科目编码	存货科目名称
01	原材料库			0101	甲材料	140301	甲材料
01	原材料库			0102	乙材料	140302	乙材料
01	原材料库			0103	丙材料	140303	丙材料
02	成品库			0301	A商品	140501	A商品
02	成品库			0302	B商品	140502	B商品

图9-3 存货科目设置结果

2) 对方科目设置

(1) 执行"供应链→存货核算→初始设置→科目设置→对方科目"命令,进入"对方科目"窗口,输入收发类别编码"6"、收发类别名称"采购入库"、存货分类编码"01"、存货分类名称"甲材料"、对方科目编码"100201"。

(2) 单击"增加"按钮,输入其他科目资料,结果如图9-4所示。

收发类别编码	收发类别名称	存货分类编码	存货分类名称	存货编码	存货名称	部门编码	部门名称	项目大类编码	项目大类名称	项目编码	项目名称	对方科目编码	对方科目名称
6	采购入库	01	甲材料									100201	工行存款
7	盘盈入库											190101	待处理流动资
1	销售出库											6401	主营业务成本
5	领料出库											500101	直接材料
9	产成品入库											5001	生产成本

图9-4 存货对方科目设置结果

工作任务二 供应链管理系统的期初余额录入

任务资料

(1) 采购管理系统期初数据(无)。
(2) 销售管理系统期初数据(无)。
(3) 库存和存货管理系统期初数据。

库存和存货管理系统的期初数据见表9-4。

表 9-4　库存和存货管理系统期初数据

仓库名称	存货名称	数量	金额
原材料库	甲材料	10112	24 268.80
成品库	A产品	60	600 000
	B产品	100	800 000

📋 任务要求

完成供应链管理系统的期初数据处理。

📊 背景知识

初次使用存货核算系统时,应先输入全部末级存货的期初余额。存货核算的期初数据,一般与库存管理系统的期初数据相对应,可以直接录入。但若在库存管理系统中已经录入,则可以在存货核算系统中通过"取数"功能,从库存管理系统中取数。当然,库存的期初数据也可以与存货核算的期初数据不一致,系统提供两边互相取数和对账的功能。

📋 任务指导

1. 录入采购管理系统期初数据

采购管理系统有可能存在两类期初数据,一类是货到票未到,即暂估入库业务,对于这类业务应调用期初采购入库单录入;另一类是票到货未到,即在途业务,对于这类业务应调用期初采购发票录入。

本例中采购管理系统无期初数据,直接进行采购管理系统期初记账。

(1) 执行"采购管理→设置→采购期初记账"命令,系统弹出"期初记账"信息提示对话框,如图 9-5 所示。

(2) 单击"记账"按钮,系统弹出"期初记账完毕!"信息提示对话框,如图 9-6 所示。

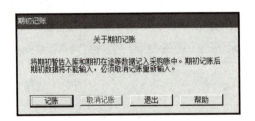
图 9-5　"期初记账"信息提示对话框

图 9-6　期初记账完毕提示

(3) 单击"确定"按钮,返回采购管理系统。

> 💡 **温馨提示:**
> 采购管理系统如果不执行期初记账,无法开始日常业务处理,因此,如果没有期初数据,也要执行期初记账。
> 采购管理系统如果不执行期初记账,库存管理系统和存货核算系统不能记账。采购管理系统若要取消期初记账,执行"设置→期初记账"命令,单击"取消记账"按钮即可。

2. 录入库存管理和存货核算期初数据

各个仓库存货的期初余额既可以在库存管理系统中录入，也可以在存货核算系统中录入。因涉及总账对账，所以建议在存货核算系统中录入。

1）录入存货核算期初余额数据并记账

（1）进入存货核算系统，执行“初始设置→期初数据→期初余额”命令，进入“期初余额”窗口。

（2）仓库选择“01 原材料库”，单击“增加”按钮，输入存货编码“0101”，数量“10112.00”、金额“24268.80”，如图 9-7 所示。

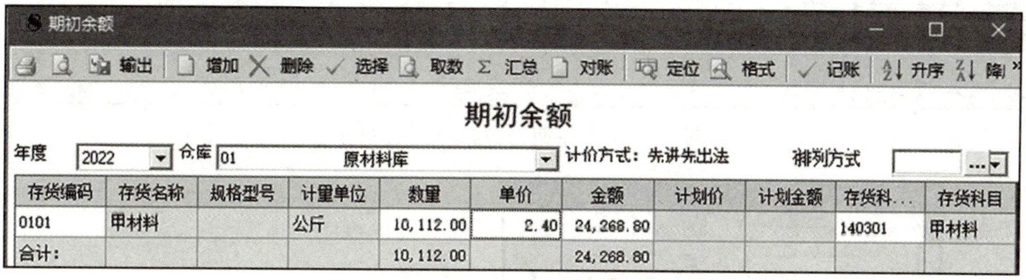

存货编码	存货名称	规格型号	计量单位	数量	单价	金额	计划价	计划金额	存货科...	存货科目
0101	甲材料		公斤	10,112.00	2.40	24,268.80			140301	甲材料
合计:				10,112.00		24,268.80				

图 9-7　存货核算期初余额窗口（原材料库）

（3）仓库选择“02 成品库”，单击“增加”按钮，输入存货编码“0301”、数量“60.00”、金额“600000.00”。

（4）仓库选择“02 成品库”，单击“增加”按钮，输入存货编码“0302”、数量“100.00”、金额“800000.00”，如图 9-8 所示。

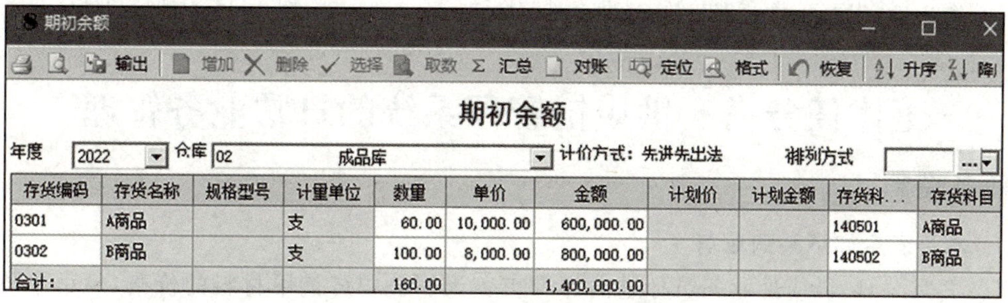

存货编码	存货名称	规格型号	计量单位	数量	单价	金额	计划价	计划金额	存货科...	存货科目
0301	A商品		支	60.00	10,000.00	600,000.00			140501	A商品
0302	B商品		支	100.00	8,000.00	800,000.00			140502	B商品
合计:				160.00		1,400,000.00				

图 9-8　存货核算期初余额窗口（成品库）

（5）单击“记账”按钮，系统对所有仓库进行记账，然后系统弹出“期初记账成功！”信息提示对话框。要查看情况，可单击“汇总”按钮，显示全部存货资料。

2）录入库存管理期初数据

（1）进入库存管理系统，执行“初始设置→期初结存”命令。

（2）选择“原料库”，单击“修改”按钮，再单击“取数”按钮，如图 9-9 所示。然后单击“保存”按钮。录入完成后，单击“审核”按钮，系统弹出“审核成功”信息提示对话框。单击“确定”按钮。

（3）同理，通过取数方式输入其他仓库存货期初数据。完成后，单击“对账”按钮，弹出“库存与存货期初对账查询条件”对话框，如图 9-10 所示。核对库存管理系统和存货核算系统的期初数据是否一致。若一致，系统弹出“对账成功！”信息提示对话框，如图 9-11 所示。

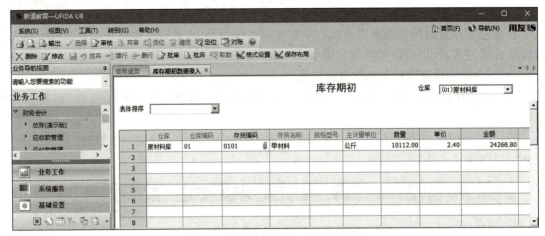

图 9-9 "库存期初"窗口(原材料库)

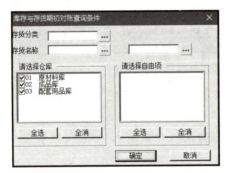

图 9-10 "库存与存货期初对账查询条件"对话框

图 9-11 对账成功提示

工作任务三 供应链管理系统的日常业务管理

任务资料

1. 本月发生如下采购业务

(1) 2月8日,供应处业务员孙进向深圳市美天润公司咨询甲材料的价格,原币单价2.5元/公斤,觉得价格合适,随后向公司上级主管提出请购要求,请购数量10 000公斤,业务员据此填制请购单。

(2) 2月8日,上级主管同意向深圳市美天润公司订购甲材料10 000公斤,原币单价2.5元/公斤,要求15日到货,业务员据此填制订单。

(3) 2月15日,收到所订购的甲材料,填写到货单。

(4) 2月15日,将收到的货物验收入原材料库,填制采购入库单。

(5) 2月20日,收到该笔货物的增值税专用发票一张,发票号000000003。

(6) 2月28日,业务部门将采购发票交给财务部门,财务部门确定此业务所涉及的应付账款及采购成本、材料明细账。

2. 本月发生如下销售业务

(1) 2月16日,四川思达公司想购买A产品10支,向销售处了解价格,销售处报价13 000元/件,填制并审核报价单。

（2）2月16日，该客户了解情况后，要求订购10支，要求发货日期为2月16日，填制并审核销售订单。

（3）2月16日，销售处从成品库向四川思达公司发出其所订货物，填制并审核发货单。

（4）2月16日，依据发货单填制销售出库单。

（5）根据发货单开具专用发票一张。

（6）2月28日，业务部门将销售专用发票交给财务部门，财务部门结转此业务的收入及成本。

任务要求

完成供应链管理系统的日常业务处理。

背景知识

（1）采购管理系统是用友 ERP-U8 V10.1 供应链管理系统的重要性组成部分，采购管理系统对企业采购业务的全部流程进行管理，包括请购、采购订货、采购到货、采购入库、采购发票、采购结算的完整采购流程，企业可以根据自身实际情况进行灵活设置。

（2）销售管理系统以发票、费用单、其他应收单等原始单据为依据，记录销售业务及其他业务所形成的往来款项，处理应收款项的收回、坏账、转账等情况，同时提供票据处理功能。系统根据客户对往来款项核算和管理的程度不同，提供了两种方案：在应收款管理系统核算客户往来款项和在总账管理系统核算客户往来款项。

（3）库存管理系统的主要任务是通过对企业存货进行管理，正确计算存货购入成本，促使企业努力降低存货成本；反映和监督存货的收发、领退和保管情况；反映和监督存货资金的占用情况，促使企业提高资金的使用效果。

（4）存货核算系统是从资金角度管理存货的出入库业务，核算企业的入库成本、出库成本及结余成本。该系统的日常业务主要包括相关单据的记账、暂估成本处理、单据制单等工作。存货核算系统能够处理采购入库单、产成品入库单、其他入库单、销售出库单、材料出库单、其他出库单、入库调整单、出库调整单等业务单据。

任务指导

1. 普通采购业务

以"204 白雪"的身份登录进入采购管理系统，登录日期 2022-02-28。

1）在采购管理系统中填制并审核采购请购单

（1）选择"供应链"中的"采购管理"，在选择"请购"中的"请购单"。

（2）单击"增加"按钮，日期选择"2022-02-08"，"请购部门"选择"采购部"，"采购类型"选择"厂商采购"，"存货编码"选择"0101"，输入数量"10000.00"，本币单价"2.50"，供应商为"美天"，如图 9-12 所示。然后单击"审核"按钮审核。

> **温馨提示：**
> （1）供应链各业务环节的单据，应该由业务人员填制单据，业务主管审核，在软件中业务人员录入完单据后，由业务主管登录软件对该单据进行审核。但为了练习方便，教材中填制完单据后，直接由填制人进行审核，省略了"更换操作员"这个环节。

(2)请购单是由各需求部门提出的,原则上不用录入单价、供应商等信息,只需录入请购部门、存货、数量、需求日期即可。如果某部门提出的请购,特意指定了供应商,经公司批准,在录请购单时选择指定的供应商。

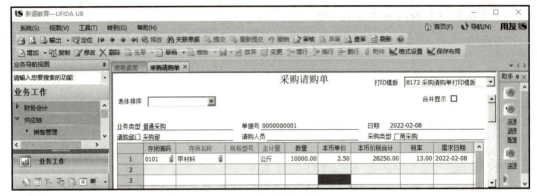

图 9-12 "采购请购单"窗口

2）在采购管理系统中填制并审核采购订单

执行"采购订货→采购订单"命令,进入"采购订单"窗口,单击"增加"按钮,单击"生单"下的"请购单",单击"确定"按钮,双击需要参照的采购请购单,单击"确定"按钮,完成了将采购请购单的相关信息代入采购订单的任务,调整"订单日期"为"2022-02-08",调整"税率"为"13％",调整"计划到货日期"为"2022-02-15",单击"保存"按钮,然后审核,结果如图 9-13 所示。

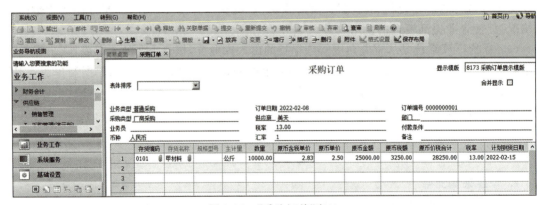

图 9-13 "采购订单"窗口

温馨提示：

(1) 表头录入业务员,目的是统计各采购员的采购量,同时便于对采购员进行考核。

(2) 在参照请购单生成采购订单时,一笔请购单可以分批生成多张采购订单,多笔请购单也可以合并生成一张采购订单。

(3) 以下采购环节的单据,均可手工直接录入,也可参照前一阶段的单据生成。

3）在采购管理系统中填制并审核到货单

选择"采购到货",进入"到货单"窗口,单击"增加"按钮,单击"生单"下的"采购订单",单击"确定"按钮,双击需要参照的采购订单,单击"确定"按钮,修改日期为"2022-02-15",部门选择

"采购部",业务员选择"孙进",单击"保存"按钮,然后审核。结果如图 9-14 所示。

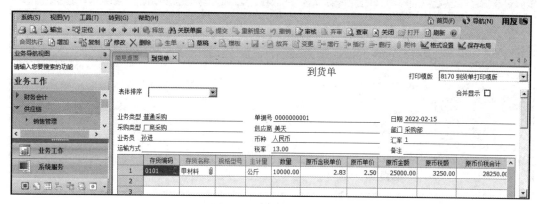

图 9-14 "到货单"窗口

4) 在库存管理系统中填制并审核采购入库单

进入"库存管理"系统,选择"入库业务"中的"采购入库单",进入"采购入库单"窗口,单击"生单"按钮,选择"采购到货单(蓝字)",单击"确定"按钮,双击选择需要参照的采购到货单,单击"确定"按钮,打开"采购入库单",入库日期选择"2022-02-15",仓库选择"原材料库",单击"保存"按钮,然后审核。结果如图 9-15 所示。

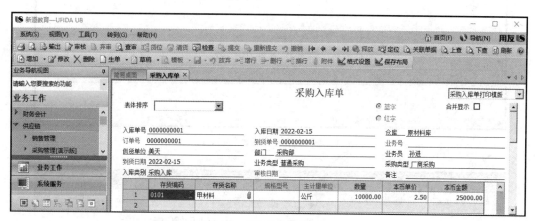

图 9-15 "采购入库单"窗口

5) 在采购管理系统中填制专用采购发票并执行采购结算

(1) 进入"采购管理"系统,选择"采购发票"中的"专用采购发票",单击"增加"按钮,单击"生单"按钮,选择"入库单",在打开的"查询条件选择"窗口中单击"确定"按钮,双击选择需要参照的采购入库单,单击"确定"按钮,完成了将采购入库单的相关信息代入采购专用发票的任务。修改开票日期为"2022-02-20",修改税率为"13.00",单击"保存"按钮。结果如图 9-16 所示。

(2) 进入"采购结算"中的"手工结算"。单击"选单"按钮,进入"手工结算"窗口,如图 9-17 所示。

(3) 单击"查询"按钮,筛选出"采购发票"和"采购入库单",分别选择需要结算的发票和入库单,单击"确定"按钮,如图 9-18 所示。

(4) 单击"结算"按钮,如图 9-19 所示,完成结算。

图 9-16 "专用发票"窗口

图 9-17 "手工结算"窗口 1

图 9-18 "手工结算"窗口 2

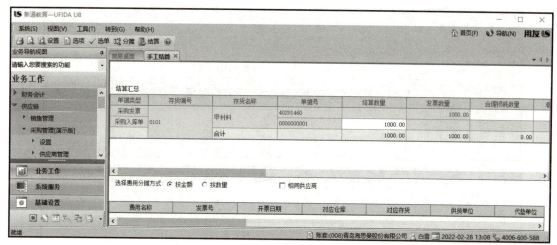

图 9-19　"手工结算"窗口 3

> **温馨提示：**
> 　　如果采购发票参照采购入库单自动生成，且入库单的数量和发票数量一致，在无运费发票的情况下，可以直接单击发票上方的"结算"按钮进行自动结算；如果入库单数量和发票数量不一致，只能采用手工结算。结算时，录入损耗数量，如果是非合理损耗，还需录入损耗的金额。

6) 在应付款管理系统中审核采购专用发票并生成应付凭证

(1) 进入"应付款管理"系统，执行"应付单据处理→应付单据审核"命令，打开"应付单查询条件"对话框，单击"确定"按钮，进入"应付单据列表"窗口，双击需要审核的单据，如图 9-20 所示。单击"审核"按钮，弹出提示窗口后，单击"确定"按钮。

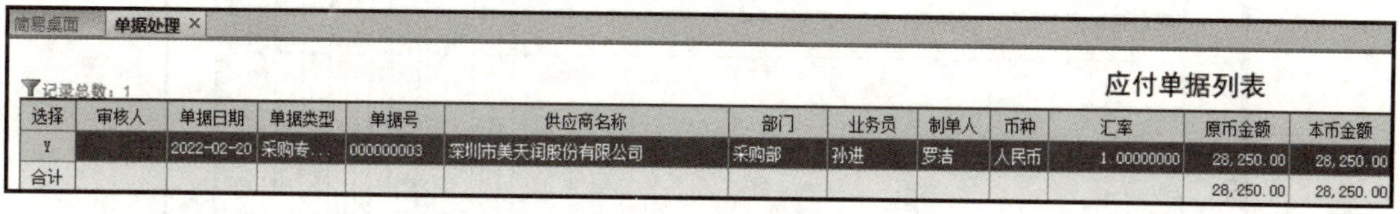

图 9-20　应付单据列表

> **温馨提示：**
> 　　如果"204 白雪"进行"应付票据审核"时，没有可供审核的单据，可以执行"系统→服务权限→数据权限分配"命令，进行相应权限的分配与设置。

(2) 执行"应付款管理→制单处理"命令，打开"制单查询"对话框，选择"发票制单"，单击"确定"按钮，进入制单窗口，单击"全选"按钮，修改凭证类别为"转账凭证"，如图 9-21 所示。

(3) 单击"制单"按钮，进入"填制凭证"窗口，修改制单日期为"2022-02-20"，如图 9-22 所示，单击"保存"按钮。

7) 在存货核算系统中记账并生成入库凭证

(1) 进入"存货核算"系统，执行"业务核算→正常单据记账"命令，打开"正常单据记账条件"对话框，单击"确定"按钮，进入"正常单据记账列表"窗口，如图 9-23 所示。

(2) 双击选中要记账的单据，单击"记账"按钮，系统弹出"记账成功"信息提示对话框，如图 9-24 所示，单击"确定"按钮。

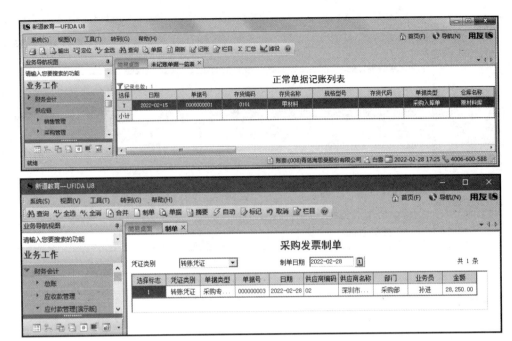

图 9-21 采购发票制单

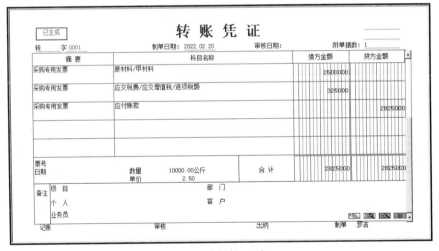

图 9-22 "填制凭证"窗口1

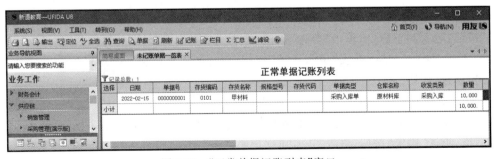

图 9-23 "正常单据记账列表"窗口

8)在应付款管理系统中生成凭证

(1)进入"存货核算"系统,执行"财务核算→生成凭证"命令。单击"选择"按钮,选择"采购入库单",单击"确定"按钮,如图9-25所示。

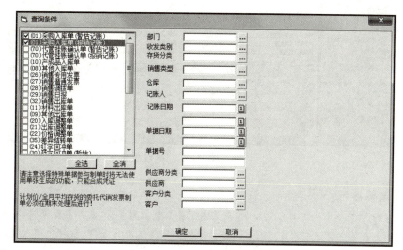

图9-24 "记账成功"提示   图9-25 选择采购入库单

(2)进入"未生成凭证单据一览表"窗口,双击选择要生成凭证的单据,凭证类型选择"转账凭证",单击"确定"按钮。单击"生成"按钮,进入"填制凭证"窗口,如图9-26所示。单击"保存"按钮,凭证保存成功。

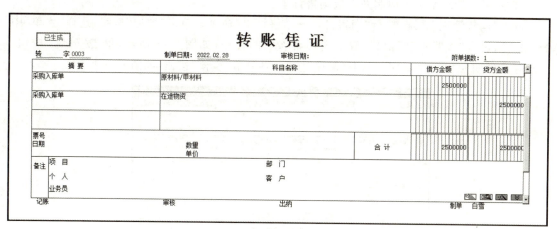

图9-26 "填制凭证"窗口2

2. 普通销售业务

以"205 王刚"的身份登录进入采购管理系统。

1)在销售管理系统中填制并审核销售报价单

进入"销售管理"系统,执行"销售报价→销售报价单"命令。单击"增加"按钮,填写报价单,日期选择"2022-02-16",输入客户简称"思达"、税率"13.00"、存货编码"0301"、数量"10.00"、无税单价"13 000.00",单击"保存"按钮,然后单击"审核"按钮,如图9-27所示。

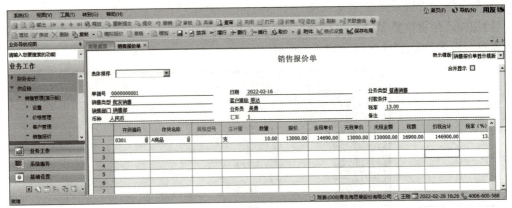

图 9-27 "销售报价单"窗口

> **温馨提示：**
> （1）供应链各业务环节的单据，应该由业务人员填制单据，业务主管审核，在软件中业务人员录入完单据后，由业务主管登系统件对该单据进行审核。但为了练习方便，教材中填制完单据后，直接由填制人进行审核，省略了"更换操作员"这个环节。
> （2）各企业在对销售业绩进行审核时，会考核各个部门、业务员的销售业绩，在销售模块的单据录入中，表头中的业务员、部门需要选择，以便后期进行销量统计、分析、考核。
> （3）执行"销售管理→选项→业务控制"命令，可以设定报价是否含税，企业可以根据实际情况选择。

2）在销售管理系统中填制并审核销售订单

进入"销售管理"系统，执行"销售订货→销售订单"命令。单击"增加"按钮，选择"生单"中的"报价"，进入"参照生单"窗口，双击选择要参照的订单，如图 9-28 所示，单击"确定"按钮。修改订单日期为"2022-02-16"，单击"保存"按钮，再单击"审核"按钮，如图 9-29 所示。

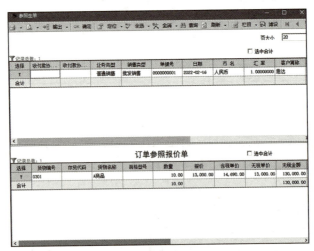

图 9-28 订单参照报价单

3）在销售管理系统中填制并审核发货单

进入"销售管理"系统，执行"销售发货→发货单"命令。单击"增加"按钮，进入"订单参照"窗口，单击"确定"按钮，双击选择要参照的订单，单击"确定"按钮，进入"发货单"窗口，仓库名称选择"成品库"，补充其他信息后，单击"保存"按钮后，单击"审核"按钮，如图 9-30 所示。

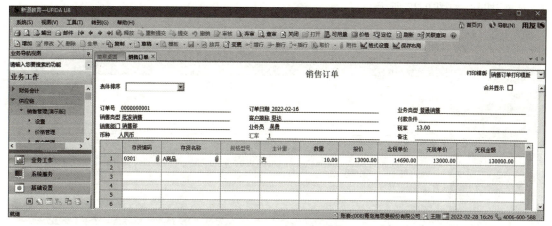

图 9-29 "销售订单"窗口

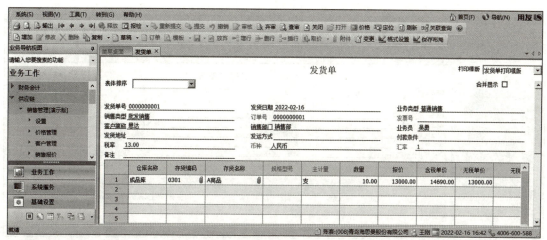

图 9-30 "发货单"窗口

> 温馨提示：
>
> （1）系统可以设定新增单据操作方式，是直接手工录入还是参照其他单据生成。执行"销售管理→设置→销售选项"命令进入"其他控制"页签，可以设定发货单、退货单、发票的增加方式。
>
> （2）销售订单表头的"送货地址"可以手工录入，也可以参照客户档案中的"收货地址"生成，如果客户送货地址相对固定，可以在客户档案中维护好收货地址，以减轻订单录入的工作量；系统支持一个客户多个送货地址。

4）在库存管理系统中审核出库单

进入"库存管理"系统，执行"出库业务→销售出库单"命令。单击"生单"按钮，选择"销售生单"，单击"确定"按钮，选择"记录"后，单击"确定"按钮，返回至"销售出库单"窗口，输入"单价"为"13 000.00"后，单击"保存"按钮，单击"审核"按钮，如图 9-31 所示。

5）在销售管理系统中填制并复核销售专用发票

进入"销售管理"系统，执行"销售开票→销售专用发票"命令。单击"增加"按钮，单击"取消"按钮，关闭查询条件选择，选择"生单"中的"销售发货单"，进入"发票参照发货单"窗口，单击"确定"按钮，双击选择发货单，单击"确定"按钮。补充其他信息后，单击"保存"按钮，然后单击"复核"按钮,如图 9-32 所示。

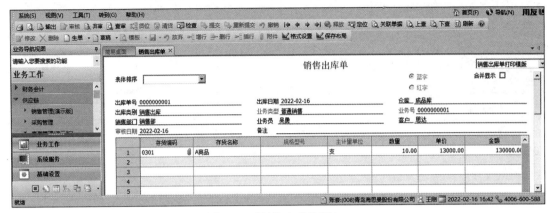

图 9-31 "销售出库单"窗口

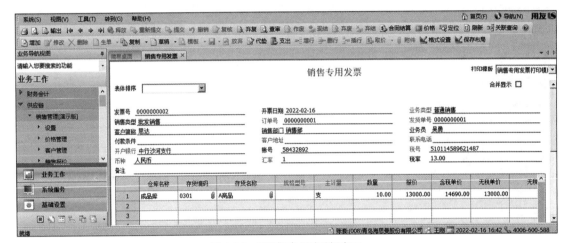

图 9-32 "销售专用发票"窗口

6)在应收管理系统中审核销售专用发票并制单

(1)进入"应收管理"系统,执行"应收单据处理→应收单据审核"命令,进入"应收单过滤"窗口,单击"确定"按钮,进入"应收单据列表"窗口,双击选择需要的销售专用发票,单击"审核"按钮,单击"确定"按钮。

(2)执行"应收款管理→制单处理"命令,打开"制单查询"对话框,选择"发票填制",单击"确定"按钮,选择"转账凭证",单击"全选"按钮,单击"制单"按钮,进入"填制凭证"窗口,选择凭证类别、制单日期,单击"保存"按钮,如图 9-33 所示。

7)在存货核算系统中执行正常单据记账并制单

(1)进入"存货核算"系统,执行"业务核算→正常单据记账"命令,单击"确定"按钮,进入"正常单据记账列表"窗口,如图 9-34 所示。选择要记账的单据,单击"记账"按钮,系统提示"记账成功"。

(2)执行"财务核算→生成凭证"命令。单击"选择"按钮,选择相应的销售专用发票,单击"确定"按钮,进入"未生成凭证单据一览表"窗口,双击选择要生成凭证的单据,单击"确定"按钮,进入"生成凭证"窗口,选择"转账凭证",补充对方科目为"6401",单击"生成"按钮,进入"填制凭证"窗口,单击"保存"按钮,如图 9-35 所示。

图 9-33 "填制凭证"窗口 3

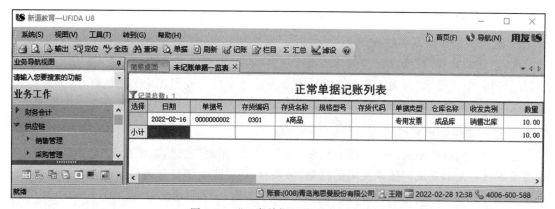

图 9-34 "正常单据记账列表"窗口

图 9-35 "填制凭证"窗口 4

工作任务四　供应链管理系统的期末处理

📋 任务资料

（1）进行采购管理系统结账。
（2）进行销售管理系统结账。
（3）进行库存管理系统结账。
（4）进行存货核算系统结账。

📝 任务要求

请以账套主管"201 罗洁"的身份登录企业应用平台，完成供应链管理系统的期末工作任务。

📒 任务指导

以"201 罗洁"的身份登录进入供应链管理系统。

1. 进行采购管理系统结账

进入"采购管理"系统，执行"月末结账"命令，选择要结账的月份，如图 9-36 所示。单击"结账"按钮，系统提示"请确认本年度是否有业务已经全部完成但还未关闭的订单，如果有，请您先关闭订单再做结账工作。是否关闭订单？"，单击"否"按钮，完成采购管理系统的结账。

2. 进行销售管理系统结账

进入"销售管理"系统，执行"月末结账"命令，单击"结账"按钮，系统提示"请确认本年度是否有业务已经全部完成但还未关闭的订单，如果有，请您先关闭订单再做结账工作。是否关闭订单？"，单击"否"按钮，完成销售管理系统的结账，如图 9-37 所示。

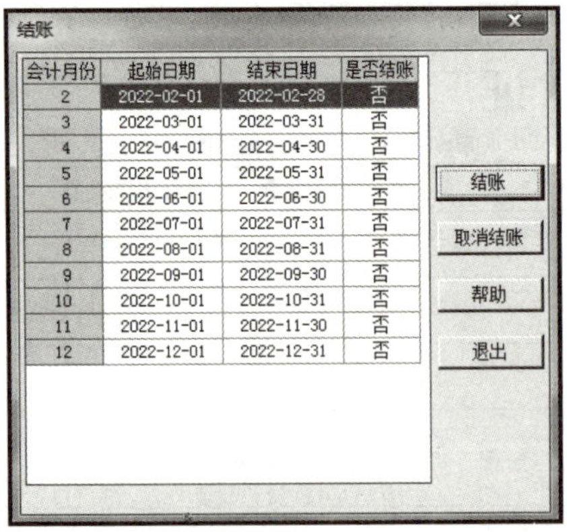

图 9-36　采购管理系统月末结账 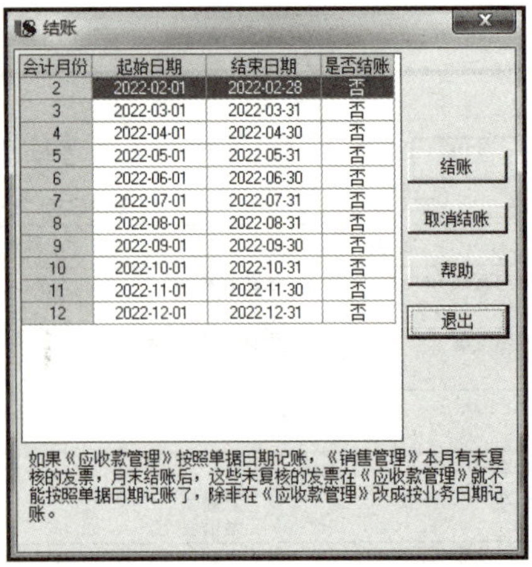　　　图 9-37　销售管理系统月末结账

3. 进行库存管理系统结账

进入"库存管理"系统，执行"月末结账"命令，单击"结账"按钮，在弹出的提示框中，单击"是"按钮，完成销售管理系统的结账，如图 9-38 所示。

图 9-38　库存管理系统月末结账

4. 进行存货核算系统结账

（1）进入"存货核算"系统，执行"业务核算→期末处理"命令，如图 9-39 所示，选中进行期末处理的所有仓库，单击"处理"按钮后，系统提示"期末处理完毕！"，单击"确定"按钮。

图 9-39　存货核算期末处理

（2）进入"存货核算"系统，执行"业务核算→月末结账"命令，单击"结账"按钮，系统提示"月末结账完成！若想进行下月业务，请在'系统'菜单中选择'重新注册'进行下月处理！"，单击"确定"按钮，完成存货核算系统的结账处理。

课程思政

树立终身学习理念，提高职业能力

由于经济的快速发展，企业的会计工作人员在工作能力方面显得越来越吃力，尤其是在实施新的会计准则之后，对会计工作人员的学习能力和职业水平更是提出了新的要求，而且会计职能以及会计工作人员知识结构的不断改变也使得企业中会计核算的难度不断增加。会计人员的终身学习能力成为影响企业健康稳步发展的一个重要因素。

在这个快速发展的信息时代，会计工作人员必须具备这种终身学习的能力，通过不断学习会计专业知识以及增强自身的实践能力，才能不被这个时代淘汰，与时代的发展同步。从这方面来看，对会计人员的终身学习能力进行培养有着十分重要的意义。而且对于即将走出大学校门的同学们来说，我们可能不缺乏理论知识，但是在实际工作中运用理论的能力以及熟练的专业技能就显得比较欠缺，从而出现在日常的工作中只能应付一些操作简单的工作，稍有难度和复杂性的工作就处理不了了。因此，同学们在毕业后日常工作中一定不能忽略培养终身学习能力，从内心深处树立终身学习的理念，通过自学、实践以及企业的培训教育来不断提高自身的工作能力。

工作领域十

综 合 实 训

学习目标

（1）掌握总账、固定资产、薪资管理、应收应付管理系统初始化。

（2）能够运用如上系统进行日常业务处理。

（3）掌握各管理系统与总账系统的关系。

实训任务一　系统管理

1. 增加操作员

操作员信息见表10-1。

表10-1　操作员信息

编　码	用户姓名	密　码
201	自己的姓名	1
202	张洁	2
203	王晓君	3
204	李娜	4

2. 建立账套

（1）账套信息：账套号"班级＋学号"；账套名称"蓝天公司"；启用日期"2022年1月"。

（2）单位信息：单位名称为"青岛市蓝天公司"，单位简称为"蓝天"，税号为"111122223333"。

（3）核算类型：企业类型为"工业"，行业性质为"2007年新会计制度科目""按行业性质预置科目"，其他系统默认。

（4）基础信息：存货、客户及供应商均分类，有外币核算。

（5）编码方案：科目编码42222；存货编码234；客户和供应商分类编码124；部门编码122；结算编码12；地区编码23。

（6）数据精度：存货与开票单价小数位为4，其余为2。

（7）系统的启用：不启用。

3. 设置用户权限

（1）账套主管：201"自己的姓名"，拥有"账套主管"的全部权限。

（2）会计：202"张洁"，拥有"总账、UFO报表、固定资产、薪资、应收、应付"的全部权限。

(3) 出纳：203"王晓君"，拥有"出纳签字和出纳"的全部权限。
(4) 业务：204"李娜"，拥有采购管理、销售管理、库存管理、存货管理系统的全部操作权限。

实训任务二　基础设置

1. 系统启用

登录企业应用平台，启用总账、应收、应付、薪资管理、固定资产模块，启用日期均为2022年1月1日。

2. 设置部门档案及职员档案

部门档案见表10-2。

表10-2　部门档案

部门编码	部门名称	部门编码	部门名称
1	企划部	3	制作部
2	财务部	4	市场部

职员档案见表10-3。

表10-3　职员档案

编号	职员姓名	所属部门	职员属性	编号	职员姓名	所属部门	职员属性
101	郑和平	企划部	总经理	301	黄建国	制作部	部门经理
102	李煜	企划部	行政秘书	302	孔俊杰	制作部	开发主管
201	学生自己	财务部	财务主管	303	冯结	制作部	开发主管
202	张洁	财务部	会计	401	李斯奇	市场部	部门经理
203	王晓君	财务部	会计	402	付海涛	市场部	销售
204	李娜	财务部	出纳	403	梅眉	市场部	市场推广

3. 设置客户分类、地区分类、供应商分类、客户档案与供应商档案

客户分类信息见表10-4。

表10-4　客户分类

分类编码	分类名称	分类编码	分类名称
1	代理商	102	二级代理
101	一级代理	2	零散客户

地区分类信息见表10-5。

表10-5　地区分类

地区分类编码	地区分类名称	地区分类编码	地区分类名称
01	东北地区	01003	辽宁省
01001	黑龙江省	02	华北地区
01002	吉林省	02001	北京市

续表

地区分类编码	地区分类名称	地区分类编码	地区分类名称
02002	天津市	02005	内蒙古
02003	山西省	99	其他
02004	河北省		

客户档案信息见表10-6。

表10-6 客户档案

客户编号	客户名称	客户简称	所属分类码	地区码	所属行业	邮编	开户银行	银行账号
001	北京创业学校	创业	9	02001	事业单位	100077	工行	123456
002	天津海达公司	海达	101	02002	商业	200088	工行	234567
003	北京翰博书店	翰博	102	02001	事业单位	100088	工行	345678

供应商分类信息见表10-7。

表10-7 供应商分类

分类编码	分类名称	分类编码	分类名称
01	硬件供应商	02	软件供应商

供应商档案信息见表10-8。

表10-8 供应商档案

编号	供应商名称	简称	所属分类码	所属地区码	所属行业	开户银行	银行账号
001	北京益众科技公司	益众	01	02001	商业	工行	456789
002	北京萤火虫软件公司	萤火虫	02	02001	商业	工行	567890
003	北京光明出版社	光明出版社	02	02001	事业	工行	678901

4. 设置存货分类、计量单位及存货档案

存货分类信息见表10-9。

表10-9 存货分类

分类编码	分类名称	分类编码	分类名称
01	自制产品	02	外购产品

存货计量单位信息见表10-10。

表10-10 存货计量单位

计量单位组编码	计量单位组名称	计量单位组类别	计量单位编码	计量单位名称
01	无换算	无换算	01001	片
			01002	盒
			01003	套
			01004	部分

存货档案信息见表 10-11。

表 10-11　存货档案

存货编码	存货名称	计量单位	是否销售	是否外购	是否自制	是否生产耗用	计划价售价	参考成本	参考售价	最低售价	最新成本
0001	CD-RW 光盘片	片	√	√		√	90	60	80	75	70
0002	CD-R 光盘片	片	√	√		√	15	7	20	12	8
0003	3.5 软盘	盒	√	√		√	30	20	28	28	12
0004	多媒体教程	套	√	√			32	28	0	0	0
0005	电子商务讲座	套	√	√			25	20	0	0	0
0006	多媒体开发工具	套	√	√			8 000	6 500	0	0	0
0007	网页制作工具	套	√	√			1 200	800	0	0	0
0008	多媒体课件	套	√	√			58	35	0	0	0
0009	101 软件产品	套	√		√		100 000	80 000	0	0	0
0010	网站内容	部分	√		√		60 000	45 000	0	0	0
0011	101 软件培训工具	套	√		√		78	38	0	0	0

注:增值税税率 13%。

5. 调整会计科目

要求:请参照表 10-12 设置调整会计科目

表 10-12　2021 年 12 月会计科目体系

科目名称	账　　类	方向	币别/计量
库存现金(1001)	日记	借	
银行存款(1002)		借	
人民币户(100201)	银行日记	借	
美元户(100202)	银行日记	借	
		借	美元
应收票据(1121)	客户往来	借	
应收账款(1122)	客户往来	借	
预付账款(1123)	供应商往来	借	
其他应收款(1221)		借	
备用金(122101)	部门核算	借	
应收个人款(122102)	个人往来	借	
坏账准备(1231)		贷	
材料采购(1401)		借	
原材料(1403)		借	
CD-RW 光盘片(140301)	数量金额	借	
		借	张
CD-R 光盘片(140302)	数量金额	借	
		借	张
软盘(140303)	数量金额	借	
		借	盒

续表

科 目 名 称	账　类	方向	币别/计量
库存商品(1405)		借	
多媒体教程(140501)	数量金额	借	
		借	套
电子商务讲座(140502)	数量金额	借	
		借	套
多媒体开发工具(140503)	数量金额	借	
		借	套
网页制作工具(140504)	数量金额	借	
		借	套
多媒体课件(140505)	数量金额	借	
		借	套
固定资产(1601)		借	
累计折旧(1602)		贷	
固定资产清理(1606)			
无形资产(1701)		借	
累计摊销(1702)		贷	
短期借款(2001)		贷	
应付票据(2201)	供应商往来	贷	
应付账款(2202)	供应商往来	贷	
预收账款(2203)	客户往来	贷	
应付职工薪酬(2211)		贷	
工资(221101)		贷	
职工福利(221102)		贷	
社会保险(221103)		贷	
应交税费(2221)			
应交增值税(222101)		贷	
进项税额(22210101)		贷	
销项税额(22210102)		贷	
转出多交增值税(22210103)		贷	
转出未交增值税(22210104)		贷	
应交营业税(222102)		贷	
应交城建税(222103)		贷	
应交所得税(222104)		贷	
未交增值税(222105)			
应交个人所得税(222106)		贷	
应付利息(2231)		贷	
其他应付款(2241)		贷	
实收资本(4001)		贷	
资本公积(4002)		贷	

续表

科目名称	账类	方向	币别/计量
盈余公积(4101)		贷	
本年利润(4103)		贷	
利润分配(4104)		贷	
提取盈余公积(410401)		贷	
应付股利(410402)		贷	
未分配利润(410403)		贷	
生产成本(5001)		借	
直接材料(500101)	项目核算	借	
直接工资(500102)	项目核算	借	
制造费用(500103)	项目核算	借	
生产成本转出(500199)	项目核算	借	
制造费用(5101)		借	
工资费用(510101)	项目核算	借	
折旧费用(510102)	项目核算	借	
其他费用(510103)	项目核算	借	
主营业务收入(6001)		贷	
多媒体教程(600101)	数量金额	贷	
电子商务讲座(600102)	数量金额	贷	
多媒体开发工具(600103)	数量金额	贷	
网页制作工具(600104)	数量金额	贷	
多媒体课件(600105)	数量金额	贷	
其他业务收入(6051)		贷	
营业外收入(6301)		贷	
主营业务成本(6401)		借	
多媒体教程(640101)	数量金额	借	
电子商务讲座(640102)	数量金额	借	
多媒体开发工具(640103)	数量金额	借	
网页制作工具(640104)	数量金额	借	
多媒体课件(640105)	数量金额	借	
其他业务成本(6402)		借	
营业税金及附加(6403)		借	
销售费用(6601)		借	
工资费用(660101)		借	
折旧费用(660102)		借	
办公费用(660103)		借	
其他费用(660104)		借	
管理费用(6602)		借	
工资费用(660201)	部门核算	借	
折旧费用(660202)	部门核算	借	

续表

科目名称	账类	方向	币别/计量
办公费用(660203)	部门核算	借	
业务招待费(660204)	部门核算	借	
其他费用(660205)	部门核算	借	
财务费用(6603)		借	
利息支出(660301)		借	
银行手续费(660302)		借	
资产减值损失(6701)		借	
计提的坏账准备(670101)		借	
营业外支出(6711)		借	
所得税费用(6801)		借	

注:指定现金、银行科目。

6. 设置凭证类别

请将凭证类别设置成收、付、转凭证,具体要求见表10-13。

表10-13 凭证类别设置

类别字	类别名称	限制类型	限制科目
收	收款凭证	借方必有	1001,100201,100202
付	付款凭证	贷方必有	1001,100201,100202
转	转账凭证	凭证必无	1001,100201,100202

7. 外币设置

币符:$,币名:美元,固定汇率,记账汇率为:6.8725。

8. 项目设置

项目设置信息见表10-14。

表10-14 定义项目类别

核算科目	项目目录	项目大类:产品生产	
		教学工具包研发	ERP实验室建设
		多媒体学习光盘	电子教案	实验室规划设计
5001 生产成本				
500101 直接材料				
500102 直接工资				
500103 制造费用				
500199 生产成本转出				
5101 制造费用				
510101 工资费用				
510102 折旧费用				
510103 其他费用				

9. 设置结算方式

结算方式信息见表 10-15。

表 10-15　结算方式一览表

结算方式编码	结算方式名称	票据管理
1	现金结算	否
2	支票	否
201	现金支票	是
202	转账支票	是
3	银行汇票	否
4	商业汇票	否
401	商业承兑汇票	否
402	银行承兑汇票	否
5	其他	否

10. 设置付款条件

设置付款条件为 $5/10,2/20,1/30,n/60$。

11. 设置开户银行

工行海淀支行，账号：08091001。

实训任务三　总账管理

1. 录入期初余额

公司会计科目体系及期初余额见表 10-16。

表 10-16　2021 年 12 月会计科目体系及余额表

科目名称	方向	币别/计量	期初余额
库存现金(1001)	借		7 417.70
银行存款(1002)	借		194 598.83
人民币户(100201)	借		194 598.83
美元户(100202)	借		0.00
	借	美元	0.00
应收票据(1121)	借		0.00
应收账款(1122)	借		160 000.00
预付账款(1123)	借		0.00
其他应收款(1221)	借		3 800.00
备用金(122101)	借		2 000.00
应收个人款(122102)	借		1 800.00
坏账准备(1231)	贷		800.00
材料采购(1401)	借		0.00
原材料(1403)	借		2 050.00

续表

科 目 名 称	方　　向	币别/计量	期初余额
CD-RW 光盘片(140301)	借		400.00
	借	张	5.00
CD-R 光盘片(140302)	借		450.00
	借	张	30.00
软盘(140303)	借		1 200.00
	借	盒	40.00
库存商品(1405)	借		200 000.00
多媒体教程(140501)	借		28 000.00
	借	套	1 000.00
电子商务讲座(140502)	借		21 000.00
	借	套	1 050.00
多媒体开发工具(140503)	借		40 000.00
	借	套	5.00
网页制作工具(140504)	借		6 000.00
	借	套	5.00
多媒体课件(140505)	借		105 000.00
	借	套	3 000.00
固定资产(1601)	借		260 680.00
累计折旧(1602)	贷		12 512.64
固定资产清理(1606)	借		0.00
无形资产(1701)	借		58 500.00
累计摊销(1702)	贷		5 878.06
短期借款(2001)	贷		200 000.00
应付票据(2201)	贷		0.00
应付账款(2202)	贷		222 300.00
预收账款(2203)	贷		0.00
应付职工薪酬(2211)	贷		8 400.00
工资(221101)	贷		0.00
职工福利(221102)	贷		8 400.00
社会保险(221103)	贷		0.00
应交税费(2221)	贷		−17 000.00
应交增值税(222101)	贷		0.00
进项税额(22210101)	贷		0.00
销项税额(22210102)	贷		0.00
转出多交增值税(22210103)	贷		0.00
转出未交增值税(22210104)	贷		0.00
应交营业税(222102)	贷		0.00
应交城建税(222103)	贷		0.00
应交所得税(222104)	贷		0.00
未交增值税(222105)	贷		−17 000.00

续表

科 目 名 称	方　　向	币别/计量	期初余额
应交个人所得税(222106)	贷		0.00
应付利息(2231)	贷		0.00
其他应付款(2241)	贷		2 100.00
实收资本(4001)	贷		500 000.00
资本公积(4002)	贷		0.00
盈余公积(4101)	贷		0.00
本年利润(4103)	贷		0.00
利润分配(4104)	贷		−30 778.43
提取盈余公积(410401)	贷		0.00
应付股利(410402)	贷		0.00
未分配利润(410403)	贷		−30 778.43
生产成本(5001)	借		17 165.74
直接材料(500101)	借		155.00
直接工资(500102)	借		15 000.00
制造费用(500103)	借		2 010.74
生产成本转出(500199)	借		0.00
制造费用(5101)	借		0.00
工资费用(510101)	借		0.00
折旧费用(510102)	借		0.00
其他费用(510103)	借		0.00
主营业务收入(6001)	贷		0.00
多媒体教程(600101)	贷		0.00
电子商务讲座(600102)	贷		0.00
多媒体开发工具(600103)	贷		0.00
网页制作工具(600104)	贷		0.00
多媒体课件(600105)	贷		0.00
其他业务收入(6051)	贷		0.00
营业外收入(6301)	贷		0.00
主营业务成本(6401)	借		0.00
多媒体教程(640101)	借		0.00
电子商务讲座(640102)	借		0.00
多媒体开发工具(640103)	借		0.00
网页制作工具(640104)	借		0.00
多媒体课件(640105)	借		0.00
其他业务成本(6402)	借		0.00
营业税金及附加(6403)	借		0.00
销售费用(6601)	借		0.00
工资费用(660101)	借		0.00
折旧费用(660102)	借		0.00

续表

科目名称	方向	币别/计量	期初余额
办公费用(660103)	借		0.00
其他费用(660104)	借		0.00
管理费用(6602)	借		0.00
工资费用(660201)	借		0.00
折旧费用(660202)	借		0.00
办公费用(660203)	借		0.00
业务招待费(660204)	借		0.00
其他费用(660205)	借		0.00
财务费用(6603)	借		0.00
利息支出(660301)	借		0.00
银行手续费(660302)	借		0.00
资产减值损失(6701)	借		0.00
计提的坏账准备(670101)	借		0.00
营业外支出(6711)	借		0.00
所得税费用(6801)	借		0.00

项目核算的期初余额均为"多媒体学习光盘"项目余额。

其他应收款(部门核算)期初余额见表10-17。

表10-17　2022年1月份其他应收款(部门核算)期初余额一览表

部门编码	部门名称	方向	本币期初余额
4	市场部	借	2 000
	合计	借	2 000

其他应收款(个人核算)期初余额见表10-18。

表10-18　2022年1月份其他应收款(个人核算)期初余额一览表

日期	凭证号数	部门名称	个人名称	摘要	方向	本币期初余额
2021.12.31	记-18	市场部	付海涛	出差借款	借	1 800
				合计	借	1 800

应收账款期初余额见表10-19。

表10-19　2022年1月份应收账款期初余额一览表

会计科目:1122 应收账款　　　　　　　　　　　　　余额:借 160 000 元

单据类型	单据编号	单据日期	客户	科目	摘要	方向	金额	部门	业务员
普通发票	P1111	2021-10-24	创业	1122	销售101软件产品1套	借	100 000.00	市场部	付海涛
专用发票	Z1111	2021-11-10	海达	1122	销售网站内容1部分	借	60 000.00	市场部	付海涛

应付账款期初余额见表10-20。

表10-20　2022年1月份应付账款期初余额一览表

会计科目:2202 应付账款　　　　　　　　　　　　　　余额:贷 222 300 元

单据类型	单据编号	单据日期	供应商	科目	摘要	方向	金额	部门	业务员
专用发票	C3333	2021-09-19	益众	2202	购买CD-RW光盘片3705片	贷	222 300.00	市场部	李斯奇

蓝天公司会计核算的凭证类型直接采用记账凭证。

2. 日常业务处理

(1) 填制凭证:要求,以202操作员的身份登录企业应用平台,填制如下凭证。

① 1月2日,市场部梅眉支付产品推广费3 000元,财务部开出转账支票一张(附单据2张,支票号1234)。

　　借:销售费用——其他费用(660104)　　　　　　3 000
　　　　贷:银行存款——人民币户(100201)　　　　　　　3 000

② 1月5日,财务部李娜从银行提取库存现金10 000元(附单据1张,库存现金支票号2345)。

　　借:库存现金(1001)　　　　　　　　　　　　　10 000
　　　　贷:银行存款——人民币户(100201)　　　　　　　10 000

③ 1月8日,市场部李斯奇支付本月租房费1 800元,财务部开出转账支票一张(附单据2张,支票号1235)。

　　借:销售费用——其他费用(660104)　　　　　　1 800
　　　　贷:银行存款——人民币户(100201)　　　　　　　1 800

④ 1月10日,市场部付海涛出差归来,报销差旅费1 600元,交回现金200元(附单据1张)。

　　借:销售费用——其他费用(660104)　　　　　　1 600
　　　　库存现金(1001)　　　　　　　　　　　　　　200
　　　　贷:其他应收款——应收个人款(122102)　　　　　1 800

⑤ 1月10日,财务部李娜以转账支票支付企划部电信费620元(附单据1张)。

　　借:管理费用——其他费用(660205)　　　　　　620
　　　　贷:银行存款——人民币户(100201)　　　　　　　620

⑥ 1月10日,收到泛美集团投资资金10 000美元,款项已存入银行(附单据2张)。

　　借:银行存款——美元户(100202)　　　　　　　68 725
　　　　贷:实收资本(4001)　　　　　　　　　　　　　　68 725

⑦ 1月15日,制作部为ERP多媒体学习光盘研发工程领取CD-RW光盘片5张,CD-R光盘片10张,软盘4盒(附单据1张)。

　　借:生产成本——直接材料(500101)　　　　　　670
　　　　贷:原材料——CD-RW光盘片(140301)　　　　　　400
　　　　　　——CD-R光盘片(140302)　　　　　　　　　150
　　　　　　——软盘(140303)　　　　　　　　　　　　120

⑧ 1月16日,企划部购买办公用品100元,以现金支付,202号操作员填制如下错误

凭证。

借：管理费用——办公费用(660203)　　　　　　　　　100
　　贷：银行存款——人民币户(100201)　　　　　　　　　100

（2）审核凭证：要求以 201 操作员的身份登录企业应用平台，对上题 02 号操作员填制的凭证进行审核。将 1~7 笔业务凭证审核通过，并对第 8 笔业务进行标错。

（3）查询凭证：要求：以 202 操作员的身份登录企业应用平台，查询标错的凭证，执行打印预览的操作。

（4）修改凭证：要求：以 202 操作员的身份登录企业应用平台，对标错的凭证进行修改，改为如下凭证，并保存。

借：管理费用——办公费用(660203)　　　　　　　　　100
　　贷：库存现金(1001)　　　　　　　　　　　　　　　100

（5）作废凭证：要求：以 202 操作员的身份登录企业应用平台，对上题修改的凭证进行作废处理。

（6）删除作废凭证：要求：以 202 操作员的身份登录企业应用平台，对上题作废的凭证进行整理。

（7）执行出纳签字：要求：以 203 操作员登录企业应用平台，对所有需要出纳签订的凭证进行出纳签字。

（8）执行主管签字：要求：以 201 操作员登录企业应用平台，对所有凭证进行主管签字。

（9）对凭证进行科目汇总：要求：以 201 操作的身份对所有未记账的凭证进行科目汇总，并执行打印预览命令。

（10）设置常用摘要。

① 支付费用。

② 提取库存现金。

③ 报销差旅费。

（11）设置常用凭证。

① 提取库存现金：

借：库存现金(1001)
　　贷：银行存款——人民币户(100201)

② 报销差旅费：

借：销售费用——其他费用(660104)
　　贷：其他应收款——应收个人款(122102)

③ 支付费用：

借：管理费用——其他费用(660205)
　　贷：银行存款——人民币户(100201)

（12）以 202 操作登录企业门户，练习调用常用凭证。

从银行提取现金 200 元。

借：库存现金(1001)　　　　　　　　　　　　　　　200
　　贷：银行存款——人民币户(100201)　　　　　　　　200

（13）以 201 操作员确认将所有凭证审核通过，并进行记账。

（14）冲销凭证，以 202 操作员登录企业门户，对 13 题所做凭证做一红字冲销凭证，然后再以 201 操作员对其审核并进行记账。

(15) 练习执行反记账命令。练习完成后重新将所有凭证记账。

3. 出纳的相关工作（以 203 号操作员登录企业门户）

(1) 查看 2022 年 1 月的现金日记账。

(2) 查看 2022 年 1 月的银行日记账。

(3) 查看 2022 年 1 月 19 日的资金日报表。

(4) 支票登记：2022 年 1 月 25 日市场部李斯奇领用现金支票一张，准备用于购买办公用品，预计花费金额为 1 000 元，票号：1235。

(5) 银行对账：银行账的启用日期为 2022/01/01，"人民币户 100201"科目，企业日记账余额为 194 598.83 元，银行对账单余额为 194 598.83 元，期初无未达账项。月底银行对账单如表 10-21 所示，进行对账。

表 10-21　银行对账单

日期	结算方式及结算号	收　　　入	支出
2022 01 18	202-1234		3 000
2022-01-18	1-2345		10 000
2022-01-18	202-1235		1 800
2022-01-18	202		620
2022-01-18	1		200
2022-01-18	1		−200
2022-01-19	202	17 550	
2022-01-19	202-1237		38 025

(6) 将银行对账期初录入。

(7) 录入银行对账单。

(8) 执行银行对账。

(9) 查看银行存款余额调节表。

(10) 查询银行对账两清情况。

(11) 核销银行账。

4. 期末对账与结账

(1) 对 2022 年 1 月进行对账处理。

(2) 对 2022 年 1 月进行结账处理。

(3) 练习取消结账，对 1 月份进行取消结账，并重新结账。

实训任务四　薪　资　管　理

1. 薪资初始化

(1) 以 201 号操作员身份登录企业门户进行期初设置。

工资系统的业务控制参数如下。

① 设置单个工资类别。

② 核算币种：人民币。

③ 不核算计件工资。
④ 从工资中扣除个人所得税,但不进行扣零处理。
⑤ 人员编码长度为:3位。
⑥ 启用月份:2022年1月1日。
(2) 增加人员附加信息:性别、婚否。

2. 基础档案设置

(1) 设置人员类别:01经理人员;02开发人员;03管理人员;04营销人员。
(2) 设置工资项目。工资项目信息见表10-22。

表10-22 工资项目一览表

项目名称	类型	长度	小数位数	工资增减项
等级工资	数字	10	2	增项
岗位工资	数字	10	2	增项
奖金	数字	8	2	增项
交通补助	数字	8	2	增项
应发合计	数字	8	2	增项
请假天数	数字	3	0	其他
请假扣款	数字	8	2	减项
代扣税	数字	8	2	减项
社会保险费	数字	8	2	减项
扣款合计	数字	8	2	减项
实发合计	数字	8	2	增项

(3) 银行名称:中国工商银行,账号定长为11。
(4) 设置人员档案,人员档案信息见表10-23。

表10-23 人员档案表

部门名称	人员编号	人员姓名	人员类别	账号	是否从工资中扣税
企划部	001	郑和平	经理人员	10255090001	是
企划部	002	李煜	管理人员	10255090002	是
企划部	003	王明宇	管理人员	10255090003	是
财务部	004	赵达	经理人员	10255090004	是
财务部	005	钱有财	管理人员	10255090005	是
财务部	006	孙淑芬	管理人员	10255090006	是
财务部	007	李纳	管理人员	10255090007	是
制作部	008	黄建国	经理人员	10255090008	是
制作部	009	孔俊杰	开发人员	10255090009	是
制作部	010	陈放	开发人员	10255090010	是
制作部	011	冯结	开发人员	10255090011	是
制作部	012	周亚洲	开发人员	10255090012	是
市场部	013	李斯奇	经理人员	10255080013	是

续表

部门名称	人员编号	人员姓名	人员类别	账号	是否从工资中扣税
市场部	014	付海涛	营销人员	10255080014	是
市场部	015	梅眉	营销人员	10255080015	是
市场部	016	郭英	营销人员	10255080016	是

注:部门编码、人员编码的设置参看"部门设置"部分,编码长度要符合系统规定。人员类别的设置参看"人员类别设置"部分。

(5)工资计算公式录入,工资计算公式见表10-24。

表10-24 工资计算公式表

工资项目	定 义 公 式
请假扣款	请假天数×20
岗位工资	iff(人员类别="经理人员",1600,iff(人员类别="开发人员"or 人员类别="管理人员",1000,iff(人员类别="营销人员",800,0)))
交通补助	iff(人员类别="经理人员"or 人员类别="营销人员",500,300)
应发合计	等级工资+岗位工资+奖金+交通补助
社会保险费	(等级工资+岗位工资)×0.07
扣款合计	请假扣款+代扣税+社会保险费
实发合计	应发合计-扣款合计

3. 工资模块业务处理

(1)录入工资期初余额,2022年1月份工资期初余额见表10-25。

表10-25 2022年1月份工资期初余额表

人员姓名	等级工资	人员姓名	等级工资
郑和平	4 800	孔俊杰	2 200
李煜	2 200	陈放	2 000
王明宇	2 800	冯结	2 200
赵达	3 000	周亚洲	2 000
钱有财	2 500	李斯奇	1 800
孙淑芬	2 200	付海涛	1 500
李纳	2 000	梅眉	1 500
黄建国	3 500	郭英	1 500

(2)增加人员:因业务拓展需要,从人才市场中招聘石磊作为公司营销助理,以进一步融通市场渠道,合同约定:试用期为三个月,基本工资为1 500元,人员编号为017,人员类别为管理人员,银行账号:10255090017,暂不享受其他福利待遇。

(3)修改人员属性:将企划部王明宇调到制作部工作,以补充技术力量,加快课件开发速度。根据上述情况,增加或调整这两位员工的基本信息。

(4)数据过滤:请过滤出工资表中的等级工资项目。

(5)定位人员:定位在市场部人员石磊处。

(6)过滤项目修改工资数据,制作部公布2022年1月员工出勤情况结果:孔俊杰因私事请假两天。

(7) 为了提高工作效率,经研究决定,从 2022 年 1 月起按以下标准发放信息费(先增加信息费项目:数字型,长度 8 位,小数 2 位,增项):经理人员及营销人员 200 元,其余人员 50 元。

(8) 查看分钱清单。

(9) 个人所得税基数为 5 000,修改整表。

4. 分配工资费用

请分摊 2022 年 1 月份的工资费用。

5. 月末结账

请完成 2022 年 1 月份薪资管理系统月末处理。

实训任务五　固定资产管理

1. 初始化设置

(1) 启用月份:2022 年 1 月。

(2) 折旧计算方法:平均年限法(一),分配周期为 1 个月。

(3) 固定资产类别编码方式为 2-1-1-2,编码方式:按"类别编码＋序号"自动编码;序号长度为 3。

(4) 与总账系统进行对账,固定资产对账科目"1601,固定资产",累计折旧对账科目"1602,累计折旧";并且在对账不平衡的情况不允许月末结账。

2. 基础设置

1) 设置部门及对应折旧科目

部门对应折旧科目见表 10-26。

表 10-26　部门及对应折旧科目

部　　门	对应折旧科目
企划部	660202
制作部	510102
市场部	660102

2) 设置固定资产类别

固定资产类别见表 10-27。

表 10-27　固定资产类别

编码	类 别 名 称	计提属性	净残值率	折旧方法	卡片式样
01	交通运输设备	正常计提	5%	平均年限法(一)	通用
011	经营用	正常计提	5%	平均年限法(一)	通用
012	非经营用	正常计提	5%	平均年限法(一)	通用
02	电子设备及其他通信设备	正常计提	4%	平均年限法(一)	通用
021	经营用	正常计提	4%	平均年限法(一)	通用
022	非经营用	正常计提	4%	平均年限法(一)	通用

3）设置增减方式对应科目

增减方式的对应科目见表10-28。

表10-28　增减方式对应科目

增减方式目录	对应入账科目
增加方式：直接购入	100201
减少方式：毁损	1606

4）录入固定资产原始卡片

固定资产原始卡片见表10-29。

表10-29　2022年1月份固定资产原始卡片资料

固定资产名称	类别编号	所在部门	可使用年限	开始使用日期	原值	累计折旧	对应折旧科目名称
轿车	012	企划部	6	2009.09.1	189 330	7 153.28	管理费用
笔记本电脑	022	企划部	5	2009.02.1	28 900	4 624.00	管理费用
传真机	022	企划部	5	2009.10.1	3 510	112.32	管理费用
微机01	021	制作部	5	2009.11.1	6 490	103.84	制造费用
微机02	021	制作部	5	2009.11.1	6 490	103.84	制造费用
微机03	021	制作部	5	2009.11.1	6 490	103.84	制造费用
微机04	021	制作部	5	2009.11.1	6 490	103.84	制造费用
微机05	021	制作部	5	2009.11.1	6 490	103.84	制造费用
微机06	021	制作部	5	2009.11.1	6 490	103.84	制造费用

注：原始卡片增加方式均为"直接购入"的方式，使用状况均为"在用"，各卡片折旧方法均为"平均年限法（一）"。

3. 固定资产日常业务处理

1）计提本月折旧

2022年1月15日，计提本月折旧费用。

2）固定资产增加

1月19日，市场部因业务需要，经申请获得批准后购买客货两用汽车一辆，全部价值支出160 000元，预计使用年限6年；笔记本电脑一台，全部价值支出18 900元，预计使用5年。

3）固定资产减少

1月20日，制作部04号计算机遇病毒，整机毁损，其零件残值变价收入500元现金。

4）对本月发生的固定资产相关业务进行制单：批量制单

请对2022年1月发生的固定资产业务进行批量制单处理。

5）固定资产变更

1月26日，因市场推广需要，企划部的传真机调拨到市场部使用。

4. 月末结账

请完成固定资产管理系统月末对账和结账处理。

实训任务六　应收账款模块

1. 基本设置（以 202 操作员登录企业门户）

选项设置：应收款系统的业务控制参数。
（1）应收款核销方式：按单据。
（2）单据审核日期依据：单据日期。
（3）汇兑损益方式：月末处理。
（4）坏账处理方式：应收余额百分比。
（5）代垫费用类型：其他应收单。
（6）应收账款核算类型：详细核算。
（7）是否自动计算现金折扣：√。
（8）是否登记支票：√。
（9）核销是否生成凭证：√。

2. 初始设置

1）应收款系统的常用科目
（1）应收科目：1122。
（2）预收科目：2203。
（3）应交增值税科目：22210102。
（4）银行承兑科目：1121。
（5）票据利息科目：660301。
（6）票据费用科目：660302。
2）应收款系统的结算方式科目
应收款结算方式科目间表 10-30。

表 10-30　结算方式科目设置一览表

结算方式	币　种	科　目
现金结算	人民币	1001（库存现金）
现金支票	人民币	1001（库存现金）
转账支票	人民币	100201（银行存款——人民币户）
银行汇票	人民币	100201（银行存款——人民币户）

3）应收款系统的坏账准备相关参数
（1）提取比率：0.5％。
（2）坏账准备期初余额：800。
（3）坏账准备科目：1231（坏账准备）。
（4）对方科目：670101（资产减值损失——计提的坏账准备）。

4）应收款系统的账龄区间
应收款系统的账龄区间见表 10-31。

表 10-31 账龄区间一览表

序　号	起止天数	总　天　数
01	0～30	30
02	31～60	60
03	61～90	90
04	91～120	120
05	121 以上	

5）应收款系统的报警级别

应收款系统的报警级别见表 10-32。

表 10-32 报警级别一览表

序　号	起止比率	总　比　率	级别名称
01	0 以上	10	A
02	10%～30%	30	B
03	30%～50%	50	C
04	50%～100%	100	D
05	100%以上		E

3. 发生销售业务，录入应收单据并进行审核

1）业务 1

（1）按以下信息录入应收单据：12 日，市场部付海涛向北京翰博书店售出电子商务讲座 600 套，单价 25 元，开具销售专用发票，货税款尚未收到（开户银行：工行丰台支行，账号 345678），税率 13%。

（2）对以上应收单据进行审核，并立即生成如下凭证：

借：应收账款(1122) 　　　　　　　　　　　　　　　16 950
　　贷：主管业务收入——电子商务讲座(600102) 　　　15 000
　　　　应交税费——应交增值税（销项税额）(22210102) 　1 950

2）业务 2

（1）按以下信息录入应收单据：14 日，市场部付海涛向天津海达公司销售商品一批：多媒体课件 50 套，单价 58 元；多媒体开发工具 1 套，单价 8 000 元；网页制作工具 1 套，单价 1 200 元；多媒体教程 50 套，单价 32 元。开具普通销售发票，货税款以不带息商业承兑汇票方式结算（票号：8806；期限：三个月），税率 13%。

（2）对以上应收单据进行审核，并立即生成如下凭证：

借：应收账款(1122) 　　　　　　　　　　　　　　　15 481
　　贷：主管业务收入——多媒体课件(600105) 　　　　2 900
　　　　主管业务收入——多媒体开发工具(600103) 　　8 000
　　　　主管业务收入——网页制作工具(600104) 　　　1 200
　　　　主管业务收入——多媒体教程(600101) 　　　　1 600
　　　　应交税费——应交增值税（销项税额）(22210102) 　1 781

(3) 针对以上业务增加一张商业承兑汇票。

3) 业务 3：收到应收账款，填制收款单据与审核

(1) 按以下信息录入收款单据：16 日，市场部付海涛收到北京翰博书店用于偿还电子商务讲座货款 17 550 元的转账支票一张。

(2) 对以上收款单据进行审核，并立即生成如下凭证：

借：银行存款——人民币账户　　　　　　　　　　　　16 950
　　贷：应收账款　　　　　　　　　　　　　　　　　　16 950

(3) 审核另一收款收据（即填制的那张商业承兑汇票），并立即生成如下凭证：

借：应收票据　　　　　　　　　　　　　　　　　　　15 481
　　贷：应收账款　　　　　　　　　　　　　　　　　　15 481

4. 应收账款模块其他练习

(1) 手工核销应以上两笔销售及收款业务。

(2) 执行查看"单据查询"下的各项操作。

(3) 账表管理：查看总账、明细账等。

(4) 进行月末结账处理。

实训任务七　应付款管理模块

1. 基本设置（以 202 操作员登录企业门户）

选项设置：应付款系统的业务控制参数。

(1) 应付款核销方式：按单据。

(2) 单据审核日期依据：单据日期。

(3) 汇兑损益方式：月末处理。

(4) 应付账款核算类型：详细核算。

(5) 是否自动计算现金折扣：√。

(6) 是否登记支票：√。

(7) 核销是否生成凭证：√。

2. 初始设置

应付款系统的核算规则如下：

(1) 基本科目设置如下：应付科目：2202；预付科目：1123；采购科目：1401；采购税金科目：22210101；商业承兑科目：2201；票据利息科目：660301；票据费用科目：660302。

(2) 应付款系统的结算方式科目设置见表 10-33。

表 10-33　结算方式科目设置一览表

结算方式	币　种	科　目
现金结算	人民币	1001（库存现金）
现金支票	人民币	1001（库存现金）
转账支票	人民币	100201（银行存款——人民币户）
商业承兑汇票	人民币	1401（材料采购）
银行承兑汇票	人民币	1401（材料采购）

(3) 应付款系统的账龄区间见表 10-34。

表 10-34 账龄区间一览表

序 号	起 止 天 数	总 天 数
01	0～30	30
02	31～60	60
03	61～90	90
04	91～120	120
05	121 以上	

(4) 应付款系统的报警级别见表 10-35。

表 10-35 报警级别一览表

序 号	起 止 比 率	总 比 率	级 别 名 称
01	0 以上	10	A
02	10%～30%	30	B
03	30%～50%	50	C
04	50%～100%	100	D
05	100%以上		E

3. 发生采购业务，录入应付单据并进行审核

1) 业务 1

(1) 按以下信息录入应付单据：17 日，市场部李斯奇从北京萤火虫软件公司购入多媒体开发工具 5 套，单价 6 500 元，对方开具销售专用发票，货税款暂欠，商品已验收入库。

(2) 对以上应付单据进行审核，并立即生成如下凭证：

借：库存商品——多媒体开发工具(140503)　　　　32 500
　　应交税费——应交增值税(进项税额)(22210101)　4 225
　　贷：应付账款(2202)　　　　　　　　　　　　　　36 725

2) 业务 2

(1) 按以下信息录入应付单据：18 日，市场部李斯奇从光明出版社购入电子商务讲座 1 000 套，单价 20 元，对方开具销售专用发票，货税款暂未支付，商品已验收入库。

(2) 对以上应付单据进行审核，并立即生成如下凭证：

借：库存商品——电子商务讲座(140502)　　　　　20 000
　　应交税费——应交增值税(进项税额)(22210101)　2 600
　　贷：应付账款(2202)　　　　　　　　　　　　　　22 600

3) 业务 3

支付应付账款，填制付款单据并审核。

(1) 按以下信息录入付款单据：19 日，市场部李斯奇归还前欠萤火虫软件货款 36 725 元，以转账支票支付，票据号为 1237。

对以上付款单据进行审核，并立即生成如下凭证：

借：应付账款(2202)　　　　　　　　　　　　　　　36 725
　　贷：银行存款——人民币户(100201)　　　　　　　36 725

(2)按以下信息录入付款单据:19日,市场部李斯奇归还前欠光明出版社货款22 600元,以转账支票支付,票据号为1238。

对以上付款单据进行审核,并立即生成如下凭证:

借:应付账款(2202)　　　　　　　　　　　　　22 600
　　贷:银行存款——人民币户(100201)　　　　　22 600

4. 应付款管理模块其他练习

(1)自动核销应以上两笔销售及收款业务。
(2)执行查看"单据查询"下的各项操作。
(3)账表管理:查看总账、明细账等。
(4)进行月末结账处理。

实训任务八　UFO 报表

1. 利用报表模本生成报表(201 登录完成)

(1)自动生成"资产负债表",存为"1月份资产负债表.xls"。
(2)自动生成"利润表",存为"1月份利润表.xls"。

2. 自定义报表

自定义一张货币资金表并取数,存为"1月份货币资金表.xls",具体格式见表10-36。

表10-36　货币资金表

单位名称:		年　　月　　日	单位:元
项　　目	行　次	期　初　数	期　末　数
库存现金	1		
银行存款	2		
合计	3		

制表人:

(1)标题:"货币资金表"设置为黑体、14号、居中。
(2)表头:"单位名称"和"年""月""日"设置为关键字。
(3)表体:设置为楷体、12号、居中。
表尾:"制表人:"设置为宋体、10号。

参 考 文 献

[1] 王忠孝,刘鹏.会计信息化(用友 U8-V10.1 版本)[M].7 版.大连:大连理工大学出版社,2021.
[2] 新道股份有限公司.业财一体信息化应用[M].北京:高等教育出版社,2020.
[3] 刘大斌,王新玲.会计信息化实训教程—财务链(用友 U8-V10.1)[M].北京:清华大学出版社,2019.
[4] 王珠强.会计电算化——用友 ERP-U8 V10.1 版[M].北京:人民邮电出版社,2018.
[5] 徐烨,袁东霞.会计信息化实务与实训[M].上海:立信会计出版社,2017.
[6] 李爱红.ERP 财务供应链一体化实训教程(用友 U8-V10.1)[M].北京:高等教育出版社,2016.
[7] 陆群,王凯,李艳.会计电算化项目化教程[M].上海:上海交通大学出版社,2016.
[8] 孙林英.会计电算化(用友 ERP-U8 V10.1 版)[M].北京:中国铁道出版社,2015.